新商科"互联网+教育"
电子商务专业系列教材

新媒体数据分析与应用

朱小栋 ◎ 主编
魏紫钰 ◎ 副主编

电子工业出版社
Publishing House of Electronics Industry
北京·BEIJING

内 容 简 介

伴随着移动互联网、物联网技术的普及和成熟，依托数字技术的新媒体，如微信公众号、新浪微博、今日头条、抖音、喜马拉雅等，成为越来越多用户青睐的媒体形式。新媒体的发展，带来大量新媒体数据的积淀，有效分析新媒体数据能极大提高新媒体账户的业务效率和市场竞争力。本书系统性地给出新媒体数据如何准备、如何预处理、如何分析挖掘，新媒体数据的分析结果如何可视化，并以微信数据分析、微博数据分析、抖音数据分析、网络舆情数据分析和新媒体数据营销为案例，以常用的 Excel 为分析工具，详细地阐述新媒体数据分析的过程，旨在帮助读者提高新媒体数据分析的能力。

本书适合作为普通高等本科院校及职业院校电子商务、市场营销、新闻与传播、网络与新媒体专业的教材。

未经许可，不得以任何方式复制或抄袭本书部分或全部内容。
版权所有，侵权必究。

图书在版编目（CIP）数据

新媒体数据分析与应用 / 朱小栋主编．—北京：电子工业出版社，2022.3

ISBN 978-7-121-42596-7

Ⅰ．①新… Ⅱ．①朱… Ⅲ．①数据处理－应用－传播媒介－教材 Ⅳ．①G206.2-39

中国版本图书馆 CIP 数据核字（2022）第 015196 号

责任编辑：袁桂春　　　　　特约编辑：田学清
印　　刷：北京天宇星印刷厂
装　　订：北京天宇星印刷厂
出版发行：电子工业出版社
　　　　　北京市海淀区万寿路 173 信箱　　邮编：100036
开　　本：787×1092　1/16　　印张：13.5　　字数：363 千字
版　　次：2022 年 3 月第 1 版
印　　次：2022 年 12 月第 2 次印刷
定　　价：49.80 元

凡所购买电子工业出版社图书有缺损问题，请向购买书店调换。若书店售缺，请与本社发行部联系，联系及邮购电话：（010）88254888，88258888。
质量投诉请发邮件至 zlts@phei.com.cn，盗版侵权举报请发邮件至 dbqq@phei.com.cn。
本书咨询联系方式：（010）88254199，sjb@phei.com.cn。

前 言

新媒体丰富多样，与电子商务结合越来越紧密，其社交化属性日益凸显。新媒体的运营人员包括个人和企事业单位人员等。随着新媒体的运营和推广，其中包含越来越多的数据，如订阅者的偏好、使用者的行为、运营人员自身的运营管理行为等，如果对这些数据加以分析利用，将极大提高新媒体账户的业务效率。然而，面对越来越多的平台历史数据，如果新媒体的运营人员没有掌握新媒体的数据分析过程和技术，则在激烈的市场竞争中容易被淘汰。

本书分为新媒体数据分析理论篇、实践篇和应用篇，系统性地给出新媒体数据如何准备、如何预处理、如何分析挖掘及其分析结果如何可视化，并以微信数据分析、微博数据分析、抖音数据分析、网络舆情数据分析和新媒体数据营销为案例，详细地阐述新媒体数据分析的过程。

本书的特色：第一，在实践篇，选用常用的 Excel 办公软件，通俗易懂地讲解新媒体数据分析的过程，旨在帮助读者提高新媒体数据分析的能力。相比复杂的 Python 脚本编程或 R 语言编程，本书的分析过程更容易理解，并足以满足企事业单位的新媒体数据分析的一般需要。第二，在应用篇，本书选用热门的新媒体应用 App，以案例的形式为读者呈现新媒体平台的丰富数据分析及决策支持的过程。

本书建议学时为 64 课时，其中机房实践课时不少于 32 课时。本书同步配套有电子课件、各章教案、各章重点和难点解析，以及各章习题参考答案，读者可以通过登录华信教育资源网（www.hxedu.com.cn）免费获取。

本书适合作为普通高等本科院校及职业院校电子商务、市场营销、新闻与传播、网络与新媒体专业的教材。

本书由朱小栋担任主编，编撰全书，魏紫钰担任副主编，魏紫钰参与了第 1 章、第 2 章的撰写，王晨悦参与了第 3 章的撰写，徐泽良参与了第 4 章、第 9 章的撰写，曹文会参与了第 5 章、第 7 章的撰写，颜礼蓉参与了第 6 章的撰写，陈美芳参与了第 8 章、第 10 章的撰写。隋东旭对书稿进行了细致的审校工作。在编写过程中，编者参阅了大量文献和互联网资料，在此对文献资料作者们表示衷心的感谢。

由于作者水平有限，书中的疏漏之处在所难免，敬请广大读者批评指正。作者的邮箱为 zhuxd1981@163.com。

目 录

第1章 绪论 ………………………… 1
1.1 数据分析的相关知识 …………… 2
1.2 新媒体与新媒体数据 …………… 5
1.3 新媒体数据分析的过程 ………… 10
本章知识小结 ……………………… 11
本章考核检测评价 ………………… 12

第2章 新媒体数据分析指标 ……… 13
2.1 新媒体数据分析指标体系 ……… 14
2.2 数据运营维度 …………………… 17
2.3 用户增长维度——以微信公众号
  为例 ……………………………… 19
2.4 用户属性与互动维度——以微信
  公众号为例 ……………………… 22
2.5 图文维度——以微信公众号为例 … 24
2.6 用户互动维度——以微信公众号
  为例 ……………………………… 28
本章知识小结 ……………………… 29
本章考核检测评价 ………………… 29

第3章 新媒体数据的准备 ………… 31
3.1 新媒体数据来源 ………………… 31
3.2 理解数据 ………………………… 39
本章知识小结 ……………………… 42
本章考核检测评价 ………………… 42

第4章 新媒体数据的处理 ………… 44
4.1 数据清洗 ………………………… 44
4.2 数据加工 ………………………… 52
本章知识小结 ……………………… 59
本章考核检测评价 ………………… 59

第5章 新媒体数据的分析视角 …… 61
5.1 现状分析 ………………………… 61
5.2 原因分析 ………………………… 65
5.3 预测分析 ………………………… 71
本章知识小结 ……………………… 78
本章考核检测评价 ………………… 79

第6章 新媒体数据的可视化 ……… 80
6.1 可视化的意义 …………………… 81
6.2 常用可视化图表 ………………… 81
6.3 复杂图表 ………………………… 97
6.4 利用编程语言绘图 ……………… 122
本章知识小结 ……………………… 124
本章考核检测评价 ………………… 124

第7章 微信数据分析 ……………… 125
7.1 微信数据分析概述 ……………… 126
7.2 微信公众号数据分析 …………… 129
7.3 微信小程序数据分析 …………… 132
7.4 新榜数据分析平台 ……………… 140
本章知识小结 ……………………… 143
本章考核检测评价 ………………… 143

第8章 微博数据分析 ……………… 145
8.1 微博数据分析概述 ……………… 145
8.2 微博基本数据分析 ……………… 146
8.3 微博内容数据分析 ……………… 151
8.4 微博粉丝数据分析 ……………… 159
8.5 知微数据分析平台 ……………… 164
本章知识小结 ……………………… 170
本章考核检测评价 ………………… 170

第 9 章 抖音数据分析 ·········· 171

9.1 抖音数据分析概述 ·········· 172
9.2 抖音基本数据分析 ·········· 176
9.3 抖查查数据分析平台 ·········· 180
9.4 飞瓜数据分析平台 ·········· 183
本章知识小结 ·········· 189
本章考核检测评价 ·········· 189

第 10 章 网络舆情数据分析 ·········· 190

10.1 网络舆情数据分析概述 ·········· 191
10.2 网络舆情基本数据分析 ·········· 193
10.3 新浪舆情通分析平台 ·········· 205
本章知识小结 ·········· 208
本章考核检测评价 ·········· 209

参考文献 ·········· 210

第1章 绪 论

【学习目标】

1. 了解数据分析的相关知识，数据、知识与信息的区别与联系，数据分析的定义、作用和意义；
2. 了解新媒体的概念和特征；
3. 了解新媒体数据的概念和特征；
4. 掌握新媒体数据分析和思路。

【学习重点、难点】

重点：数据、知识和信息的区别；新媒体数据的概念和特征。
难点：新媒体数据分析的思路和过程。

【本章思维导图】

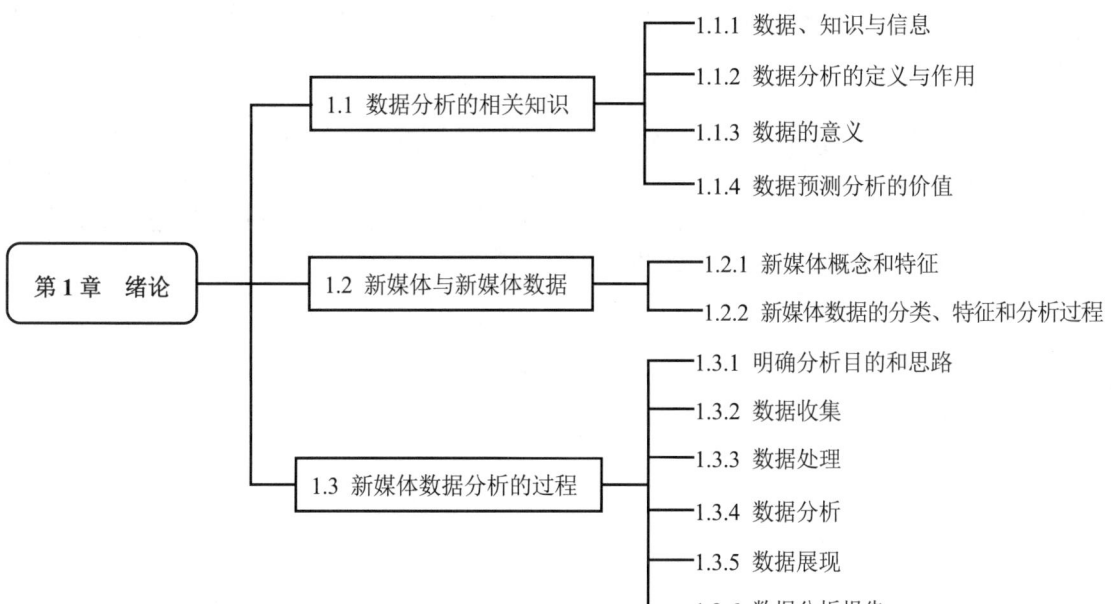

1.1 数据分析的相关知识

Netflix利用大数据分析，使其成为全球数一数二的网络流媒体视频平台，由此可见，数据分析是非常有意义且商业价值很高的。本节从数据分析的相关基础知识入手，介绍数据分析的基本概念。

1.1.1 数据、知识与信息

1. 数据

数据（也称资料），是关于事件的一组离散、客观的事实描述，是构成信息和知识的原始材料，是载荷或记录信息的按一定规则排列组合的物理符号。数据的表现形式有图形、图像、视频、音频、文字、数字、字符和符号等。

在计算机科学领域和电子商务领域，数据是指所有能输入计算机并被计算机程序处理的符号介质，是用于输入电子计算机进行处理并具有一定意义的数字、字母、符号和模拟量等的统称。数据是信息系统加工的"原料"。

国际商业机器公司，简称IBM，将数据定义为简单的事实（Simple Facts），数据可以通过数据库来存放。

2. 知识

知识是"与经验、上下文、解释和思考结合在一起的信息。它是一种可以随时帮助人们决策与行动的高价值信息"。知识可以分为显性知识和隐性知识。显性知识或已编码的知识是指一种用正式的、系统化的语言传输的知识；隐性知识拥有个人化的特征，这使得隐性知识很难正规化和传播。

事实上，不同的研究学者对知识有不同的认识，同时衍生出许多与知识相关的研究，如知识管理、知识表示、知识推理、知识经济、知识产权等。

数据和知识是人们认识事物的不同阶段，如图1-1所示。人们在认识事物的初期，往往获取的是与事物相关的数据；而知识是人们认知过程的一个高级阶段。人们对数据进行加工处理，发现事物的运行规律，并将其总结为学问，这些规律和学问就可称为知识。

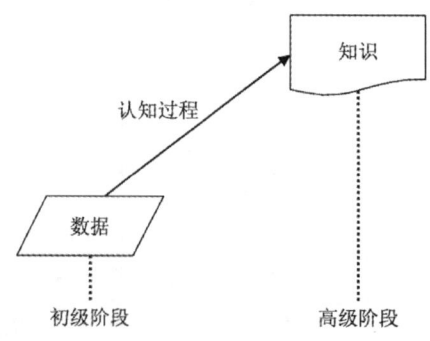

图1-1 认知过程

3. 信息

"信息"的英文是"information",它来源于拉丁文,原意是解释、陈述。"信息"可以解释为客观存在的消息、情况、情报等。虽然现在已很少用"情报"这个术语,但 information 在近代历史上解释为情报非常合适。在中国,高等学校的信息学专业、信息管理与信息系统专业是从早期的情报学专业衍生而来的。

关于信息,有两个经典的定义或观点。

1948 年,信息论的创始人申农(Shannon)在研究广义通信系统理论时把信息定义为信源的不定度,将信息看作用于消除信宿对信源发出何种消息的不确定性的对象。

1950 年,"控制论之父"维纳指出,信息既不是物质,又不是能量,信息是人与外界相互作用的过程中,同外部世界相互交换的内容的名称。该定义强调了信息的质的方面。

信息、物质和能源构成现代社会发展的三大支柱资源。信息与物质最大的区别在于信息具有共享性。例如,甲递给乙一个苹果,则甲不再拥有这个苹果。而甲告诉乙一则信息:"今天上证收盘上涨了 3%",乙获取这则信息的同时,甲仍然拥有这则信息。

信息是可以度量的。在信息论的理论中,可以用信息熵来计算一条信息含有的信息量,通常其单位是比特(bit)。

▶▶ 1.1.2 数据分析的定义与作用

数据分析是对数据检查、清理、转换和建模的过程,其目的是发现有用的信息,提供结论并支持决策。数据分析包含多个方面、多种方法和以各种名称命名的多种技术,并且用于不同的业务、学科和社会科学领域。在当今的商业世界中,数据分析在使决策更加科学、帮助企业更有效运营的方面发挥着重要作用。

数据分析运用适当的统计分析方法对收集来的大量数据进行分析,将它们加以汇总和理解并消化,以求最大化地开发数据的功能,发挥数据的作用。数据分析是为了提取有用的信息和形成结论,从而对数据加以详细研究和概括总结的过程。

数据分析的数学基础在 20 世纪早期就已确立,但直到计算机的出现才使实际操作成为可能,并使数据分析得以推广。数据分析是数学与计算机科学相结合的产物。

▶▶ 1.1.3 数据分析的意义

1. 现状分析——告诉你过去发生了什么

数据分析可以揭示企业的整体情况,并通过完成各种指标来衡量业务运行状况,从而显示整体情况是好是坏,表现如何。在企业运营中,数据分析可以显示业务的组成和运行情况,在关注业务发展和变化的同时,对企业的业务状态有更深入的了解。

2. 原因分析——告诉你为什么会发生

针对某一事件,在对相关的数据进行分析后,数据分析可以揭示该事件发生的原因。在企业运营中,对现状进行分析之后,人们对公司的运营有了基本的了解,但是不知道哪些地方运营得好,哪些地方运营得差,它们的差异是什么,运营好坏的原因是什么。这时,人们就需要进行数据分析,以进一步明确业务变更的具体原因。

3. 预测分析——告诉你未来会发生什么

数据分析能够综合目前已经有的信息和数据,通过一定的技术手段预测未来的情况。在企业运营中,了解该企业运营的现状后,人们需要对企业的未来发展趋势做出预测,为企业制定业务目标,并提供有效的战略参考和决策依据,以确保企业的健康持续发展,此时,就需要对已有数据进行分析。

▶▶ 1.1.4 数据预测分析的价值

数据预测分析是数据分析的重点,能够为企业创造显著的价值。对于企业而言,数据预测分析的价值主要体现在四大领域:改进优化业务、发现业务机会、创造新的商业价值和监视预警企业运营状态。

1. 改进优化业务

改进优化业务就是让业务变得更好,对企业而言主要体现在以下两个方面。

第一方面是对企业用户体验的改进,优化原有业务流程,为用户提供更好的用户体验。例如,之前的 QQ 游戏大厅对玩家进入游戏的流程再造,将原有的游戏登录环节从 4 个变更为 3 个。第二方面体现在对企业资源的合理化分配利用上,更合理地优化配置企业资源,进而达到效益最大化的目的。例如,企业日常运营中的广告投放及内部广告资源分配优化等就属于此范畴,一方面利用精准化广告投放,提高广告投放效率;另一方面根据广告引流客户量的大小做好企业资源分配,进而提高用户体验,提升用户留存率。

2. 发现业务机会

发现业务机会主要是利用数据查找发现人们思维上的盲点,进而发现新的业务机会。例如,游戏企业常在游戏中埋点分析玩家的游戏操作行为数据及关键节点进程数据,以达到控制游戏进度和难易度的目的,而在这个过程中可能发现新的业务机会,进而扩展出譬如游戏安全操作标准及游戏安全产品之类的新业务渗透点。

3. 创造新的商业价值

创造新的商业价值主要是在数据价值的基础上形成新的商业模式,将数据价值直接转化为金钱模式。例如,之前比较热门的个人征信业务就属于此类。腾讯、阿里巴巴等企业在其拥有广泛用户数据的基础上,分别成立了腾讯征信、芝麻信用等新的业务关联企业,而这些征信企业又衍生出相关的"刷脸"业务,并将其扩展到租车、租房等领域。

4. 监视预警企业运营状态

数据分析在企业运营过程中还发挥着"医生"的作用,一方面提供对企业日常运营活动的体检服务,对在业务运营过程中可能会出现的问题进行预警,将问题消灭在萌芽状态,防患于未然。例如，在企业业务扩充过程中，对投资合并对象的背景和发展历史等情况的尽职调查就属于此类。另一方面，数据分析还提供企业日常运营过程中的"巡诊就诊"服务，找出企业日常运营中的问题，揭露过去和预测未来。

1.2 新媒体与新媒体数据

在新媒体领域中，数据分析也有非常独特的价值。与普通的数据分析不同，新媒体领域中的数据和数据分析有其自身的特点。本节介绍了新媒体的概念、特征和发展趋势，以及新媒体数据的概念、特征和分析过程。

1.2.1 新媒体概念和特征

1. 新媒体的概念

新媒体的概念最先出自加拿大媒介研究学家马歇尔·麦克卢汉在1959年的全美高等教育学会会议中发表的题为"电子革命：新媒体的革命影响"演讲。麦克卢汉认为，媒体即信息，当社会靠集体行动开发出一种新媒介（如印刷术、电报、照片和广播）时，它就获得了表达新信息的权利。很显然，麦克卢汉所指的"新媒体"主要是相对印刷术而言的，具体是指广播，所以它并不是人们现在所熟知的新媒体的概念。所以，新媒体的"新"是一个相对的概念。

现在口口相传的"新媒体"概念出自20世纪60年代的美国。时任美国哥伦比亚广播电视网络技术研究所所长戈尔德马克在发表的一份关于开发电子录像商品的计划中提出了"New Media"（新媒体）。1969年，美国传播政策总统特委会主席罗斯托在提交给时任美国总统尼克松的报告中，也多次使用了"New Media"。那时，新媒体更多的是指电子媒体中的创新性应用。

进入互联网时代，新媒体通常与电视、广播和印刷媒体等"旧媒体"形成对比。

广义的新媒体包括两大类：第一类是基于技术进步而产生的媒体形态，尤其是基于无线通信技术和网络技术出现的媒体形态，如数字电视、IPTV（交互式网络电视）、手机终端等；第二类是随着人们生活方式的转变，以前就已经存在，现在才被应用于信息传播的载体，如楼宇电视、车载电视等。狭义的新媒体仅指第一类。

实际上，新媒体可以被视为新技术的产物，数字化、多媒体、网络等最新技术均是新媒体出现的必备条件。新媒体诞生以后，媒介传播的形态就发生了翻天覆地的变化，诸如地铁阅读、写字楼大屏幕等，都是将传统媒体的传播内容移植到全新的传播空间。这种变化包含两个技术元素。

首先，数字化的出现使大量的传统媒体加入新媒体的阵营，这一改变主要表现为媒体的技术变革，无论是内容存储的数字化，还是传播的数字化，都大幅度提升了媒介的传播效率。

其次，媒介形态也因新技术的诞生而呈现多样化，网络电视、网络广播、电子阅读器等均将传统媒体的内容移植到新的媒介平台上。

2. 新媒体的特征

（1）迎合人们休闲娱乐、学习时间"碎片化"的需求。

随着社会发展和生活节奏的高速化，人们很难抽出集中的时间来娱乐、学习与消遣。新媒体的出现正好迎合了这种"碎片化"时间消费的趋势。这种迎合体现在几个方面：首先，新媒体打破地域的限制，使信息的传播超越地理条件的制约，无论是在城市还是在乡村，信息伴随着各种媒介出现在大众面前，使得在信息面前"人人平等"的局面出现。其次，新媒体打破了时间的限制，人们可以随时随地获取信息。伴随着网络的普及，这种趋势会更加明显，借助于客户终端的多样化，受众人群可以借助形式多样的新媒体实现"碎片化"的时间消费。

（2）满足随时随地互动性表达、娱乐与信息需要。

传统的报纸、广播、电视等传播方式是"中心化"，是一对多的圆锥形传播。但是新媒体完全是"去中心化"，实现点对点、面对面的传播。这样就有利于受众针对不同的信息进行自我化、个性化的"评头论足"。同时，受众还可以借助各种客户端实现远程视频、远程图片的交流，使交流的形式更具多元化、多样化。这些优势是传统媒体不能具备的，也是传统媒体"望尘莫及"的。

（3）人们使用新媒体的目的性与选择的主动性更强。

如果人们要在传统媒体上发表意见，往往需要付出比较高的代价，这种代价有经济实力方面的，有社会地位方面的，还有个人水平方面的，没有一定的代价就无法进入传统媒体的视野。新媒体技术的发展彻底改变了受众这种被动接受、传播信息的局面。随着以互联网为主的新媒体等手段的发展，受众可以借助各种形式的"话筒"发表自己的个性化的语言，现在比较流行的形式有论坛、微博、微信、邮箱等。这些新颖的信息传播工具的出现给受众带来了极大的便利性，受众可以持各种观点进行交流、探讨。

（4）新媒体的使用使市场细分更加充分，内容选择更具个性化。

新媒体已经对传统媒体的所有方面进行全面的融合，新媒体应用日益广泛。即时通信早已由文字聊天发展到语音聊天、视频聊天；博客也已经发展到利用语音甚至图像传播信息；手机媒体更有一种融合所有传统媒体的势头。新媒体多种多样的载体、媒介形式能够很好地供使用者更替使用，同时使网络资料不断更新和扩充。新媒体将图形、文字、声音、动画等融为一体，提供点对点的信息传播服务，每个人都可以拥有一个私有的可信赖的传播载体，而信息传播者针对不同的受众提供个性化的服务。在传播形式上，新媒体具有很强的直观性、形象性和娱乐性。

3. 我国新媒体的发展趋势

（1）新基建带动数字经济迎来全面提速提质阶段。

随着国家积极布局加快新型基础设施建设，新基建将为数字经济发展提供技术支撑，直接带动数字经济增长，并促进数字经济相关产业升级。数据被正式纳入生产要素范围，数据资产成为数据经济发展的新动能，激发新型数字业态和模式，数据成为数字经济发展的关键要素，拉动数字经济增长。

(2)直播和短视频仍处于黄金发展赛道。

当前,互联网企业纷纷入局直播赛道,直播功能成为社交、电商等移动应用的标配。目前,在短视频方面,抖音、快手两家公司占据两强位置,随着两家公司打造闭环生态加快流量变现,二者的用户重合度将会不断提升。同时,直播、短视频等领域的网络监管将会快速跟进并不断严格化,直播和短视频将会持续发挥公益价值、社会价值。

(3)"5G+"加速产业互联网变局。

新冠肺炎疫情加速了我国产业互联网发展进程,传统产业数字化发展共识进一步凝聚,产业互联网化实践加速推进。未来,5G、云计算、大数据、人工智能、区块链等技术将与产业发展紧密融合,使产品研发得到升级,产业链得到优化,催生新的产品类型、商业模式和管理服务。2020年2月,国际电联(ITU)已启动6G研究工作,IPv6(互联网协议第6版)的产业实践也在加速产业变革。

(4)互联网巨头积极布局超级App生态。

2020年3月,蚂蚁金服宣布支付宝从金融支付平台全面升级为数字生活开放平台,聚焦服务业数字化。疫情期间,生鲜电商、在线办公、无接触服务等新数字化服务模式在培养用户使用习惯的同时,加速了生活服务数字化转型,也使平台经济快速发展。中国互联网巨头纷纷抢占"新赛道",强化超级App功能,新技术带动互联网应用边界不断扩张。

(5)微传播价值与媒体融合价值回归本质。

公众迫切的信息需求及信息过剩现状,引发人们关于微传播、媒体融合、融媒体价值导向问题的思考。随着微传播、移动传播成为主流信息传播方式,媒体融合不断深入,新传播技术不断更迭,新闻传播工作的价值本质问题值得关注。新媒体工作需要将出发点和落脚点落在对人的关注上。因此,建设性新闻将是未来媒体业务发展的重点。

(6)"耳朵经济"迸发市场发展活力。

根据易观数据,2019年音频市场规模约87.72亿元,相比2018年增长56.5%。根据市场研究机构IDC发布的数据,2019年中国智能音箱市场出货量达到4589万台,同比增长109.7%。随着智能家居和产品的发展、5G等新技术的推动、智能语音交互系统的落地,音频内容使用场景会迅速拓展,中国数字音频市场迎来发展新契机。

同时,数字音频的伴随性和收听性的属性,在满足儿童、中老年等特定人群需求上具有优势。疫情期间,在线音频平台荔枝App上的曲艺相声和读物朗诵等内容版块受到中老年人的热捧。2020年4月,腾讯音乐娱乐集团投资线下公播公司瑞迪欧,双方就公播音乐与数字音乐的消费进行探索。无线耳机产业的发展与在线音频互相促进,数字音频成为智能互联时代的重要入口,消费场景和模式不断多元化。

(7)网络文化呈"破圈化"发展趋势。

新传播技术赋予传统文化源源不断的生机与活力,"互联网+文化""智能+文化"等模式催生网络文化新业态。文创产品不断融合经济价值与文化价值并对其进行创新,文化产业发展势头强劲。根据国家统计局数据,2019年全国文化及相关产业企业营业收入约86624亿元,比2018年增长7.0%。网络文化内容和平台不断"出圈",线上线下影响力提升。一方面,围绕网络文学IP,网络文学阅读、数字出版、影视作品、相关游戏等文化产品产业链成熟发展。《后浪》演讲的"刷屏"也表明以哔哩哔哩为代表的网络文化平台不断主流化。另一方面,网络文学等网络文化在海外成绩瞩目,成为提升中华文化国际影响力的重要方式。

(8)数字社会治理共同体建设不断推进。

我国数字社会治理体系不断完善,随着政务新媒体建设的不断优化、政务数据的有序共享、社会数据的合理利用、互联网平台的有效协同、公众的积极参与,多元共治的数字治理模式逐渐形成。数字社会治理注重融合治理方式,做到线上线下融合治理、国内国外全盘化治理。数字治理手段不断得到理念认同和实际应用,助力提升国家治理体系和治理能力现代化水平。

▶▶ 1.2.2 新媒体数据的分类、特征和分析过程

1. 新媒体数据的分类

新媒体工作中会产生大量数据,这些数据具有多种形式,并且不同平台、不同形式的数据,其分析方式或统计方式都会不同。新媒体数据主要分为两大类:数值型数据和图文型数据。

(1)数值型数据。

数值型数据主要由数字组成。通过对大量数字进行统计与分析,可以总结并评估营销效果。常见的数值型数据包括阅读量数据(见图1-2)、粉丝数据、网店销售数据、网站浏览数据、活动参与数据等。

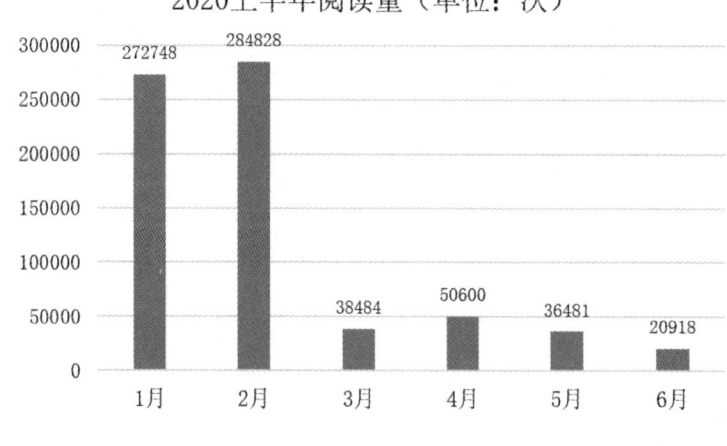

图1-2 阅读量数据

(2)图文型数据。

图文型数据不是由数字构成的,而是由文字或图片等形式构成的。图文型数据主要通过问卷调查、结构化比较、分析汇总等形式获得,其研究目的不是评估量化的数据结果,而是找到运营方向。

常见的图文型数据包括网站结构分类(在线学习网站结构分类,见图1-3)、账号粉丝分类、同行微信公众号自定义菜单归类、消费者反馈、多平台矩阵分布等。

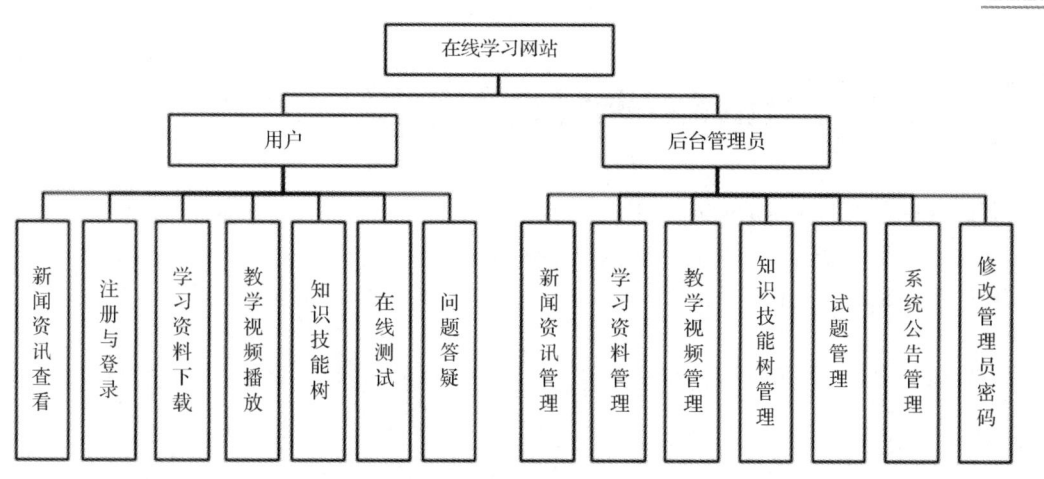

图 1-3　在线学习网站结构分类

2. 新媒体数据的特征

（1）即时性。

新媒体传播的速度非常快，新媒体数据表现出明显的即时性特征，网民通过手机、电脑或其他智能终端能够快速发布数据和及时接收数据。新媒体打破了传统媒体定时传播的规律，可以把数据无时间限制和无地域限制地进行传播。

（2）交互性。

新媒体与传统媒体相比具有超强的交互性。传统媒体是单向传播，无论是广播、电视还是报纸都是单向传送数据的，传统媒体处于强势地位，决定着受众接受什么样的数据，用户很难进行数据反馈，其交互性很差。在新媒体环境下，数据的传输是双向的，甚至是多向的。同时，以微博、博客等为代表的新媒体技术，也从根本上改变了用户的受众角色，公众既可以是数据的接收者，又可以是数据的发送者；既可以是数据的制作者，又可以是数据的传播者。

（3）跨时空性。

新媒体利用通信卫星和全球联网的网络进行数据传输，完全打破了有线网络的限制和国家等行政区划及地理区域的限制，可以在地球上的任何角落和世界相连。特别是手机新媒体发送数据时间短、接收数据速度快、受制约因素少，几乎不受任何时间和地域的限制，在移动互联网络覆盖的全球任何地方、任何时间都可以搜索数据、查阅数据、发布数据，这是报刊、广播、电视等传统媒体无法实现的。

（4）失真性。

微博、微信、QQ、论坛等作为新媒体的重要数据传播工具，它们可以为每个人提供自己的客户终端。以手机微博、微信等新媒体作为传播媒介，可以随时随地发布自己的位置、状态、心情和所见所闻，同时由于互联网为用户提供了虚拟的空间，用户可以匿名登录，广大用户可以自由地表达自己的观点、发布消息、传达资讯，可以就自己关心的话题留言、发帖、评论、投票，在传统媒体不能说的内容在新媒体可以轻松实现。虽然匿名登录的特性可以更好地保护公众隐私，在最大程度上实现言论自由，但也导致虚假数据泛滥，通过新媒体传播出来的数据可信度不高等问题，数据的真实性遭到公众的质疑。

1.3 新媒体数据分析的过程

互联网每天都有大量的数据产生，新媒体运营团队每天都会遇到粉丝数据、流量数据、转化数据、下载数据等。如果将所有数据都进行统计与分析，会严重影响工作效率，同时导致大量的资源浪费。因此，人们必须有目的、有方法地分析与挖掘数据，使数据展现出真正的价值。

新媒体数据分析是通过有目的地收集、处理、分析数据，提炼有价值信息的过程（见图1-4）。

图1-4 新媒体数据分析过程

1.3.1 明确分析目的和思路

在获取数据之前，首先需要根据数据分析的目的筛选出需要采集的目标数据，这是确保整个数据分析过程合理有效的首要条件，因为只有对目标数据进行分析，才有可能得到对分析者有用的分析结果。确定需要采集的目标数据种类时，不仅要全面地筛选出重要数据的种类，还要避免筛选出具有重复功能的数据种类。例如，需要知道公众号粉丝喜欢看什么类型的文章，可以将数据分析的目的定位在分析公众号粉丝的性别、年龄、职业等方面。

1.3.2 数据收集

确定好目标数据以后，依据确定的目标数据列表对目标数据进行有效采集。根据数据采集的难易程度，可以将数据采集分为数据实时采集和数据抽样采集。虽然数据实时采集的成本较高，但是其数据分析的结果能够更真实地反应数据总体的情况，且随着计算机软硬件技术和传感器设备的快速发展，数据实时采集的成本也将快速降低，因此，现在已经有越来越多的数据采集过程使用数据实时采集的形式。

通常，数据实时采集的数据量都很庞大，所以对于一般数据量的数据分析，更多采用数据抽样采集的形式，然后用样本的数据特征来推断总体的数据特征。例如，运用问卷调查的形式对App使用满意程度进行抽样调查就是数据抽样采集的过程。数据抽样采集首先需要从总体中抽取合适的样本，尽量使样本反映总体的特征，这样才能具有参考性。

1.3.3 数据处理

数据处理是指对收集到的数据进行加工、整理，以便开展数据分析，它是数据分析前必不可少的阶段。这个过程在整个数据分析过程中占据时间的比重最大，海量数据处理也在一定程度上取决于数据仓库的搭建和数据质量的保证。数据处理主要包括数据清洗、数据转化等方面。

▶▶ 1.3.4 数据分析

数据分析是指通过数据分析手段、方法和技巧对准备好的数据进行探索、分析，从中发现因果关系、内部联系和业务规律，并提供决策参考。

到了这个阶段，想要驾驭数据、开展数据分析，就要涉及工具和方法的使用。其一要熟悉常规数据分析方法，最基本的要了解例如，方差、回归、因子、聚类、分类、时间序列等多元数据分析方法的原理、适用范围、优缺点和对结果的解释；其二要熟悉数据分析工具，Excel是十分常见的数据分析软件，一般的数据分析既可以通过 Excel 完成，又可以通过更加专业的数据分析软件或运用 Python 等语言编写程序脚本完成。

▶▶ 1.3.5 数据展现

数据展现也称数据可视化。在一般情况下，数据分析的结果都是通过图表等方式来展现的。借助数据展现手段，能更直观地让数据分析师表述想要展现的信息、观点和建议。

▶▶ 1.3.6 数据分析报告

最后阶段就是撰写数据分析报告，这是对整个数据分析成果的汇总和呈现。通过数据分析报告，把数据分析的目的、过程、结果及方案完整地呈现出来，为商业目的提供参考。

一份好的数据分析报告，首先需要有一个好的数据分析框架，并且图文并茂、层次明确，能够让阅读者一目了然。结构清晰、主次分明可以使阅读者正确理解报告的内容；图文并茂可以使数据更加生动活泼，提高视觉冲击力，有助于阅读者更形象、更直观地看清楚问题并对其进行总结，从而引发思考。

本章知识小结

本章通过介绍数据、知识和信息的定义来引入数据分析的概念。数据是事实或观察的结果，是对客观事物的逻辑归纳，是用于表示客观事物的未经加工的原始素材。知识阐述了数据分析的定义和作用。数据分析是检查、清理、转换和建模数据的过程，其目的是发现有用的信息，提供结论并支持决策。通过数据分析，我们能够进行现状分析、原因分析和预测分析。

新媒体数据分析主要由六个步骤组成：明确分析目的和思路、数据收集、数据处理、数据分析、数据展现和数据分析报告。

 **本章考核检测评价**

一、名词解释

数据　知识　信息　新媒体　新媒体数据

二、简答题

1. 以下数据哪些属于数值型数据,哪些属于图文型数据?
（1）大众点评网站的好评类别。
（2）网站浏览量。
（3）京东店铺阅读销售额。
（4）百度知道差评分类。
（5）某条微博转发量与单击量。
（6）同行微信公众号选题分类。

2. 假如你在一家体育用品销售公司负责微信朋友圈的运营,在朋友圈发出一张产品推广海报时,有 106 人点赞、58 人互动留言,但是扫码购买者为 0。分析这组数据时,以下哪些可能是导致购买者为 0 的因素?
（1）海报二维码无法识别。
（2）在朋友圈只发海报,没有写文案。
（3）扫码进入的页面设计没有吸引力。
（4）产品定价过高。
（5）朋友圈留言没有及时回复。

三、案例分析

在美国纽约,非法在屋内打隔断的建筑物着火的可能性比其他建筑物高很多。纽约市每年接到 2.5 万宗有关房屋居住过于拥挤的投诉,但市里只有 200 名处理投诉的巡视员。市长办公室的一个分析专家小组认为大数据可以帮助解决这一需求与资源的落差。该小组建立了一个纽约市内约 90 万座建筑物的数据库,并在其中加入市里 19 个部门所收集到的数据:欠税扣押记录、水电使用异常、欠费拖欠、鼠患投诉等。接下来,将这一数据库与过去五年中按严重程度排列的建筑物着火记录进行比较。果然,建筑物类型和建造年份是与火灾相关的因素。不过,一个预料外的结果是,获得外砖墙施工许可的建筑物与较低的严重火灾发生率之间存在相关性。利用这些数据,该小组找到了一个可以帮助他们确定火灾的原因,但这些数据与火灾隐患的增加或降低存在相关性。这种知识被证明是极具价值的:过去的房屋巡视员出现场时,签发房屋腾空令的比例只有 13%,在采用新办法后,这个比例上升到 70%,大大提高了效率。

请分析:纽约是如何利用数据分析解决建筑物着火的可能性的?带给你哪些启发?

第2章 新媒体数据分析指标

【学习目标】

1. 掌握新媒体数据分析的指标体系；
2. 了解新媒体数据分析指标的五个维度：数据运营维度、用户增长维度、用户属性与互动维度、图文维度和用户互动维度；
3. 能够从不同维度思考新媒体数据分析的相关问题，运用相应的数据分析指标分析数据。

【学习重点、难点】

重点：数据分析的指标体系。

难点：以微信公众号为例的各项平台指标维度。

【本章思维导图】

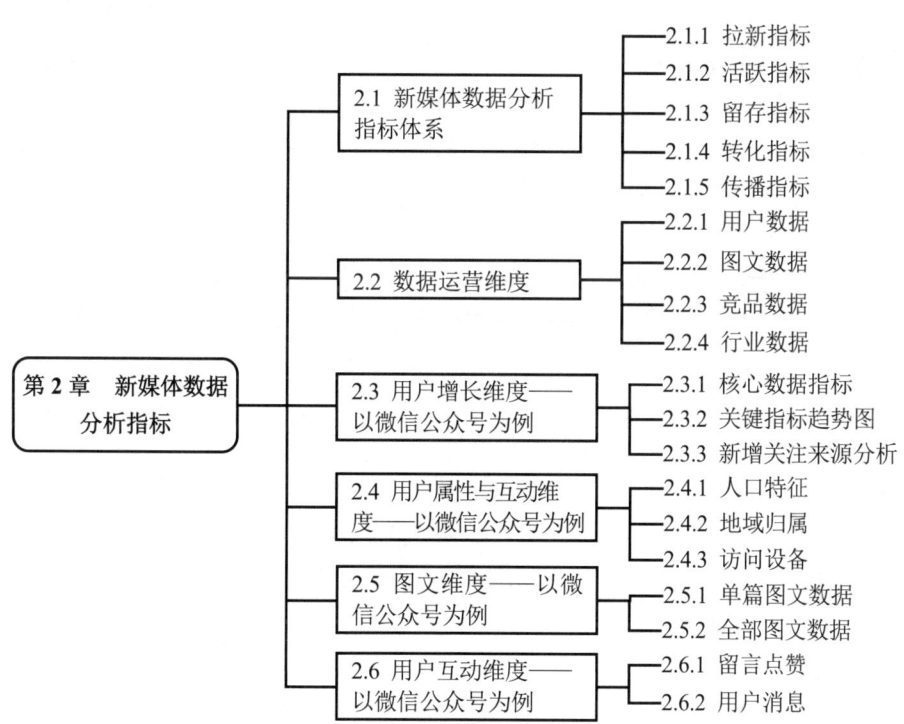

2.1 新媒体数据分析指标体系

用数据分析来实现新媒体运营工作的日常优化和迭代,其前提是搭建指标体系,做好数据采集和监控工作,其中第一步就是梳理业务流程,搭建影响关键指标的数据模型。

AARRR 模型(见图 2-1)即 Acquisition(拉新用户)、Activation(活跃用户)、Retention(留存用户)、Revenue(获取收入)、Refer(传播),它是运营行业普遍认可的一个业务分析模型,可以将其简单理解为:用户怎么来,来了以后怎么活跃,活跃以后怎么留下来,留下来以后怎么为产品付费,付费以后怎么进行口碑传播。接下来,分别介绍这五个阶段在新媒体数据分析中各自的常用指标。

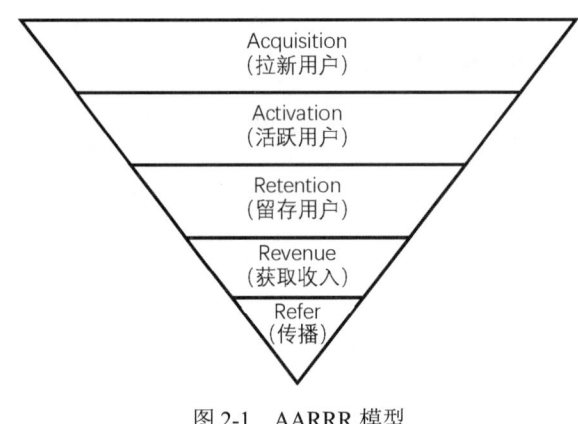

图 2-1　AARRR 模型

2.1.1 拉新指标

拉新指标是获取新用户时最重要的指标。拉新的过程主要为:新媒体运营人员进行渠道投放后,用户接触到产品后进行下载,最终注册成为新用户。

(1)浏览量。

浏览量也称曝光量,是指产品的推广信息在社交媒体、搜索引擎、应用商店等渠道中被多少用户看到。与浏览量相对应的是单击量,单击量与浏览量之比称为单击通过率 CTR(CTR=单击量/浏览量),很多广告平台会用 CTR 来评估广告质量。

(2)下载量。

下载量指的是某个产品的下载次数,是衡量拉新效果的结果指标。

(3)新增用户。

新增用户是指下载并成功注册的用户。单纯下载下来并不意味着就是新用户,如果没有注册,那么只能算是一个无效用户。每个产品对新用户的界定是不一样的,大部分的产品是用户注册了 App 就被定义为新用户。

(4)获取成本。

获取新用户要花费一定成本,而这是非常容易被忽略的。目前常见的成本的计算方式有

CPM（Cost Per Mill，千次曝光成本，每展现给 1000 个人所花费的成本）、CPC（Cost Per Click，单次单击成本，每单击一次所花费的成本）、CPA（Cost Per Action，单次获客成本，每获取一个新用户所花费的成本）。

2.1.2 活跃指标

当获取了新用户后，接下来关注这些新用户是否在使用产品，以及他们是否活跃的问题。

（1）活跃用户数。

活跃用户数所查看的指标主要是 DAU（Daily Active User，每日活跃用户数），指的是在 24 小时内活跃用户的总量。与其对应的还有 WAU（Weekly Active User）、MAU（Monthly Active User）等。

（2）活跃率。

活跃用户数衡量的是产品的市场体量，而活跃率衡量的则是产品的健康。

（3）在线时长。

通过在线时长可以分析出用户黏性。但需要注意的是，不同产品类型的访问时长不同，社交类产品的用户在线时长通常会长于工具类产品的用户在线时长，内容平台类产品的用户在线时长通常会长于金融理财类产品的用户在线时长等。

（4）启动次数。

启动次数体现了用户的使用频率。用户的日均启动次数越多，说明用户对产品的依赖性越高，活跃度也就越好。

（5）页面浏览量。

页面浏览量主要分为 PV 和 UV 两个指标。PV（Page View）是页面浏览量，UV（Unique Visitor）是一定时间内访问网页的人数，用户在网页的一次访问请求可以看作 1 个 PV，用户看了 10 个网页，则 PV 为 10。

2.1.3 留存指标

在理解了拉新指标和活跃指标之后，理解有关留存指标的概念就会容易很多。留存指的是在一批新增用户中，在指定的时间段内没有卸载 App 的用户。

新增、卸载、留存的关系可用如下关系式表达：

$$新增=卸载+留存$$

（1）留存率。

留存率表示留存的好坏，常用的留存率指标有：24 小时留存率、次日留存率、7 日留存率、15 日留存率、30 日留存率。

24 小时留存率表示：一批新增用户中，从首次打开示例 App 的时刻算起，24 小时过后，依然能被数据统计平台统计到用户数量占据新增用户数量的百分比。例如，第一天的新增用户为 100 个人，这 100 个人里面，在安装了 App 24 小时之后，还能被统计平台统计到 30 个人，那么这批新增用户的 24 小时留存率为 30%。

次日留存率表示：第一天的新增用户中，在第二天依然能被数据统计平台统计到的用户。例如，第一天的新增用户为 100 个人，如果过了第一天 24 点，还剩下 50 个人，那么次日留存率为 50%。

（2）留存系数。

留存系数指的是对已有 App 的留存率进行积分运算，得到一个比较稳定的积分公式。有了留存系数，人们只需要知道第一天的留存率，就能大概预测出未来几天示例 App 的留存情况。

图 2-2 是某产品留存率示意图。

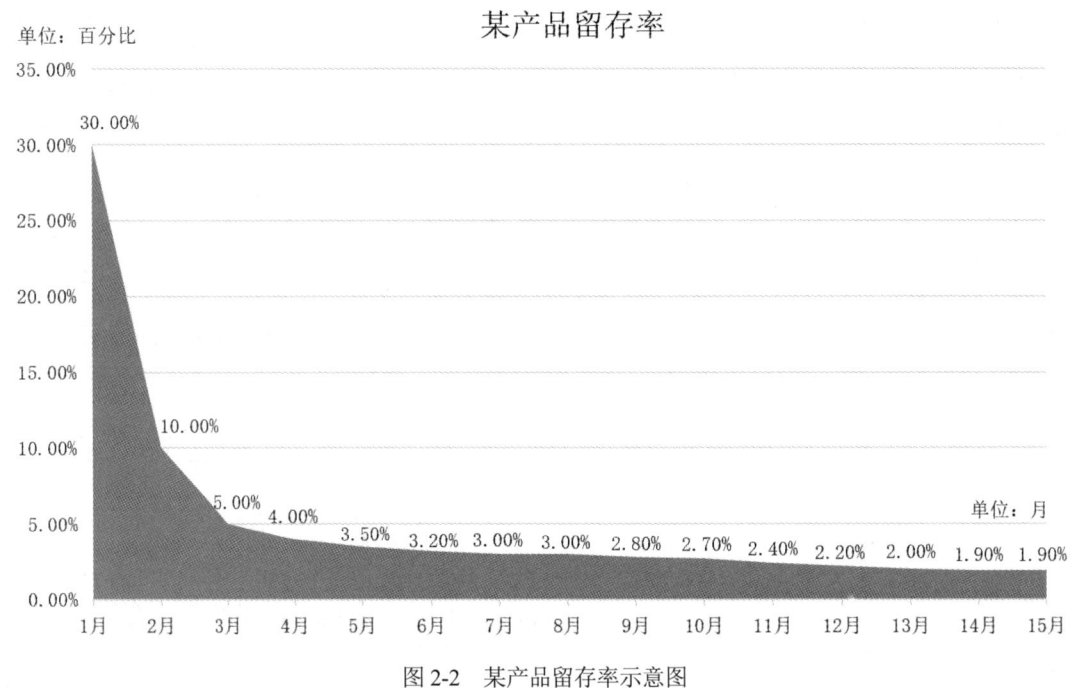

图 2-2 某产品留存率示意图

从图 2-2 中可以看到，某产品留存率在前几天急剧下降，后面几天的产品留存率基本上没有太大的变化。阴影部分的面积可以表示这些天的累计留存用户。

累计留存用户指标直接决定了示例 App 的存活。因为只有留下来的用户越多，示例 App 才有能有更多的收益，反之，如果累计留存的用户越少，那么示例 App 所属的公司可能再也熬不过互联网的寒冬了。

所以，越早知道累计留存的用户，越有利于及时做出调整，赢得更多的生存空间。

（3）留存存活率。

留存存活率指的是一批新增用户中，活跃用户在留存用户中（这里特指没有卸载的用户）的占比，留存存活率主要用于衡量示例 App 的存活能力。

简单来说，每款 App 都希望被用户一直使用，但是，现在手机对于 App 的管理越来越严苛，一旦示例 App 放入后台，那么其存活的可能性就变得极低。在这种情况下，如何保证 App 的存活率就成了一件十分头疼的事情。留存存活率可用如下公式表示：

留存存活率=活跃用户÷（新增用户-卸载用户）

2.1.4 转化指标

(1) 转化次数。

转化次数是指访客到达转化目标网页或完成了站长所期望完成动作的次数,比如拨打了热线电话组件,或者点开了咨询按钮组件。

(2) 转化率。

转化率是指用户进行相应的行动访问次数与总访问次数的比率,这里所指的相应的行动可以是用户购买、用户登录、用户注册、用户订阅、用户下载等一系列用户行为。转化率的计算公式为:

$$转化率=访问次数\div 总访问次数$$

以用户登录为例,如果每十次访问中,就有一个登录网站,那么此网站的登录转化率就为10%,通常网站转化率的数据可以通过日志文件和流量统计分析系统获得。转化率的数值越高,说明越多的访次完成了网站运营人员希望访客进行的操作。

2.1.5 传播指标

(1) K 因子。

K 因子也称病毒系数,用来衡量推荐的效果,即一个发起推荐的用户可以带来多少新用户。K 因子的计算公式为:

$$K 因子=发起邀请的用户数\times 转化率$$

例如,发起邀请的用户数为 3,转化率为 30%,则 K=3×0.3=0.9,也就是说一个发起邀请的用户最终可以带来 0.9 个用户。

(2) 邀请率和邀请接受率。

邀请率是指收到邀请信息的用户数占全部用户的百分比,而邀请接受率是成功接受邀请的用户数占收到邀请信息的用户数的百分比,计算公式为:

$$邀请率=邀请用户数\div 邀请总用户数$$
$$邀请接受率=接受用户数\div 邀请总用户数$$

(3) 传播周期。

传播周期是指用户完成从传播到转化为新用户所需要的时间,一般用来衡量传播的速度。

2.2 数据运营维度

2.2.1 用户数据

用户数据是反映用户属性和用户相关的数据。

虽然用户数据定义很简洁,但其并不简单,用户数据包含的内容很多。从小的方面来讲,用户数据包含日活和月活等,大的方面则包含从用户画像、用户属性、用户层级到用户心理、用户行为习惯等。这一切都需要用户数据的支持。

当然，根据产品特性的不同，人们要了解用户的深度和侧重点都有所不同，例如，电商更侧重于用户的喜好、年龄及购买力等，金融类更侧重于用户的信用、工作信息、财务信息等。

2.2.2 图文数据

新媒体平台自带的图文数据通常被称为基础图文指标，这是运营人员必看的数据。例如，运营人员通过查看图文数据可以知道每篇公众号图文的送达人数、阅读人数、转发人数。

以微信公众号为例，公众号基础图文指标主要包含单篇图文阅读数据、单篇图文传播数据和多篇图文阅读数据。

2.2.3 竞品数据

竞品就是竞争对手的产品。竞品数据就是竞争对手产品的相关数据。竞品分析基于"如何更好地满足用户需求"，通过对比自家产品和竞争产品在各个维度上的指标，明确自身的优势、劣势、机会和威胁，为产品设计、运营活动、战略规划等提供市场参考和行动建议。

竞品数据主要包含以下几个方面的内容。

（1）企业信息。

企业信息指的是竞争对手的公司技术、市场、产品、运营团队规模、核心目标、产品定位和行业品牌影响力，实际季度、年度营利数值，各条产品线资金重点投入信息，占据公司主营利的产品线等。

（2）产品信息。

产品信息指的是竞品版本发布的情况，产品功能细分和对比，产品的稳定性、易用性、用户体验交互、视觉设计实力、技术实现框架优劣势等。

（3）运营信息。

运营信息指的是竞品用户群体覆盖及市场占有率，以及竞品运营策略、营利模式等。

在新媒体运营过程中，除了分析自身数据，对竞品的数据观测和分析也是一项很重要的工作。做好竞品数据分析可以更客观地评估自身运营状况，也可以从中发现新的机会。

在做竞品数据分析前，首先要确定自己的竞争对手，一般运营人员会将所属领域相同、目标用户相同、目标市场一致的账号视为直接竞争对手。在分析新媒体账号的竞品数据时，可以针对某一个账号进行细致的调研，也可以同时对比多个账号，最终得到对自身运营有用的结论。

2.2.4 行业数据

不同的行业往往有不同的数据指标。行业数据能帮助运营人员了解市场格局和行业变化，制订适宜的运营策略。例如，QuestMobile、易观千帆、极光、TalkingData等平台，以及清博大数据、新榜、西瓜数据等新媒体数据榜单平台，都会发布一些行业数据报告。

（1）互联网行业。

互联网行业主要按照产品生命周期来划分，在拉新阶段有成本指标、策略指标等；在活跃阶段需要关注周期性的活跃用户数、产品使用时长等指标；在留存阶段，如何让用户持续活跃、提高用户黏性，或者将已经流失的老用户重新召回成为使用用户，所以留存率、流失率和召回率是这个阶段需要重点关注的；在转化阶段，用户开始贡献商业价值，不同产品的转化目标不同；最后在传播阶段需要关注老用户传播推荐产品及带来新用户的过程。

（2）在线教育行业。

在线教育行业的分析指标在流程上可以按照：拉新获课—付费—续费复购的过程来分析，其重点在于提高转化率，降低投产比，同时对学员、课程进行分析，打造出符合用户需求，受用户欢迎的课程产品与组合。

（3）零售行业。

零售行业主要分为三个方面：人、货和场。

这里的人指的是两个方面，一是企业员工，二是消费者。在这个消费者掌握主动权的时代，想要做好零售，除了加强企业员工管理，提升人员效率，更重要的是提高消费者忠诚度。

货就是指商品，商品数据分析的核心就是围绕进销存展开的，其重点就是对商品结构的分析和商品消化跟进分析。

场就是指消费场景，所有连接消费者和商品的终端就是场，如线下门店、线上的购物网站、App、小程序等。

2.3 用户增长维度——以微信公众号为例

2.3.1 核心数据指标

以微信公众平台为例，可以在微信公众号后台查看昨天的关注人数变化，以及与前天、7天前、30天前的关注人数进行对比，表现为日、周、月的百分比变化，如图2-3所示。

图2-3 用户增长核心数据指标

运营人员优先需要关注的指标是"新关注人数"，它是账号拉新能力的体现。如果某天发现"新关注人数"相比平时的数据有明显上升，要么说明上一篇文章内容受到用户的欢迎，要么说明某项推广起作用了，这样就可以多准备一些与之相关的内容。

与新关注人数相关的其他数据指标及其含义如下。

（1）新关注人数：新关注的用户数（不包括当天重复关注的用户）。

（2）取消关注人数：取消关注的用户数（不包括当天重复取消关注的用户）。

（3）净增关注人数：新关注的用户数与取消关注的用户数之差。

（4）累积关注人数：当前关注的用户总数。

2.3.2 关键指标趋势图

除了查看当前数据，运营人员还可以针对新关注人数、取消关注人数、净增关注人数、累积关注人数进行趋势分析。在微信公众号后台，趋势分析可选择的时间周期为 7 天、14 天、30 天或 365 天之内某个时间段的关注人数变化。图 2-4 所示为某微信公众号 2020-10-21 至 2020-11-19 的新关注人数变化。

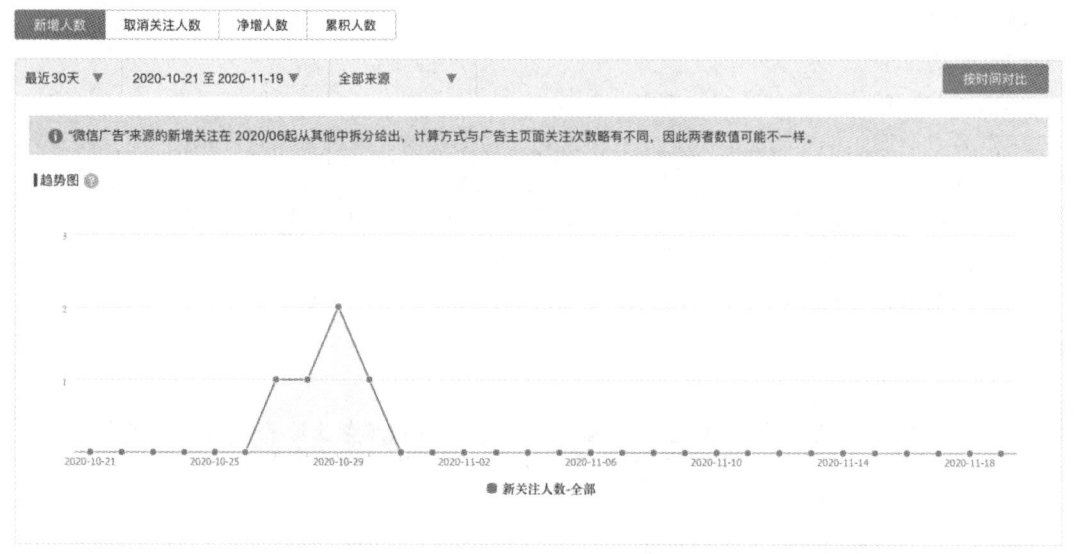

图 2-4　某微信公众号 2020-10-21 至 2020-11-19 的新关注人数变化

如果要将上个月与这个月用户的增长情况进行对比分析，则可以选择按时间进行单月的数据对比分析，如图 2-5 所示。如果对比后发现自己的账号"涨粉"数比上个月同期的"涨粉"数少，那就需要寻找原因。

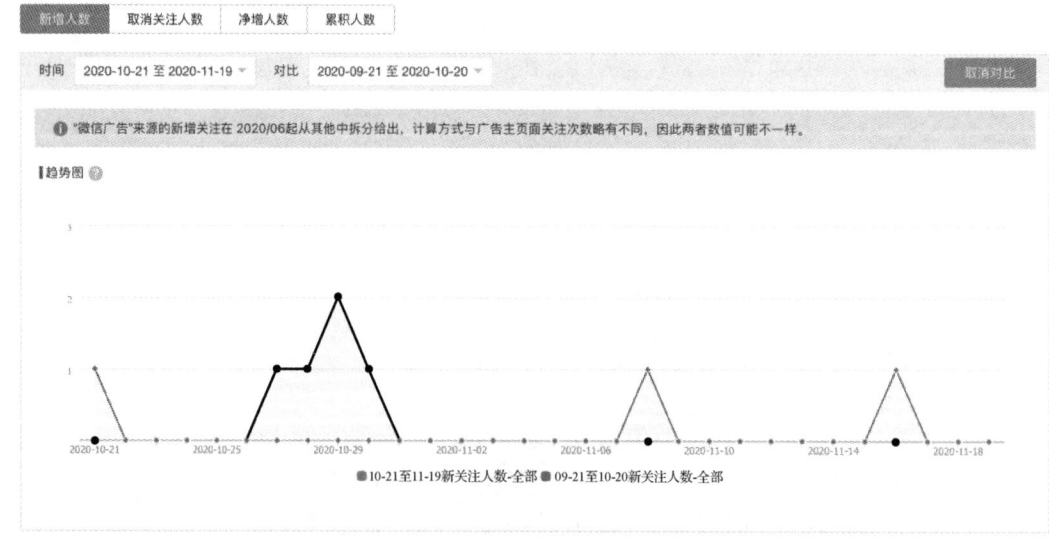

图 2-5　两个月新增关注人数对比图

▶▶ 2.3.3 新增关注来源分析

新增关注来源是大部分数据分析人员很容易忽略的数据，它的研究价值在于了解目前哪个推广方式的效果更好，如图 2-6 所示。

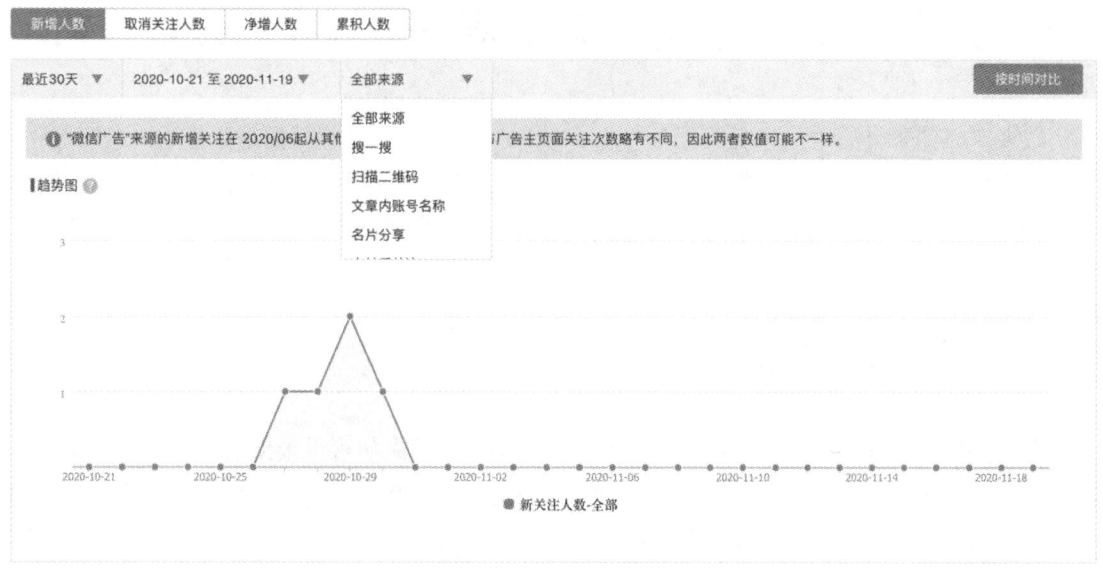

图 2-6 新增关注来源

以微信公众号为例，目前用户关注公众号的方式主要分为搜一搜、扫描二维码、名片分享、其他。

（1）搜一搜。

如果有 40%的关注量来自公众号搜索，则说明这类公众号已经有一定的品牌知名度，定位也相对垂直，或者是在广告宣传方面做得比较到位。想要提高公众号来自搜索的关注量，除了推广要给力，还要取一个高搜索量的关键词作为公众号名称，例如，某个城市或某类人群。

需要注意的是，如果公众号名称出现业务关键词排名靠后的情况，则可以通过选择申请认证、注册商标、提高粉丝互动率等方式提高公众号排名。

（2）扫描二维码。

这是十分常见的关注方式，用户通过扫描二维码关注主要分为线上和线下两种场景。线上包括公众号互推及图文文末的引导关注、二维码海报活动的宣传、PC 端页面、视频广告等；线下包括用户通过宣传单、促销活动海报等。为了满足用户渠道推广分析和用户账号绑定等场景的需要，公众号提供了生成带参数的二维码的接口。使用该接口可以获得多个带不同场景的二维码，用户扫描二维码后，公众号可以接收到事件推送，通过带参数的二维码亦可做各个推广渠道的效果统计。

（3）名片分享。

名片分享一般是用户主动将公众号推荐给朋友或分享到群，如果通过这个方式带来新增用户,则说明公众号质量很不错。

(4) 其他。

微信常见的几种关注方式,在微信公众平台上已经有具体类别,至于其他来源,平台上并没有具体说明,在通常情况下朋友圈广告、广告通广告、被转载后显示来源等。

2.4 用户属性与互动维度——以微信公众号为例

很多新媒体平台的数据分析后台会包含用户属性数据。用户属性数据是指对用户按照性别、年龄、城市等不同属性进行划分。通过了解用户属性,运营人员可以更有针对性地、更好地为用户提供内容和服务。以微信公众号平台为例,主要的用户属性数据有人口特征、地域归属、访问设备。

2.4.1 人口特征

人口特征包括性别分布、年龄分布和地区分布等。运营人员可以根据这些数据对文章的风格进行调整。例如,在中年男性用户占比较大的情况下,通常不适合讨论与美妆、时尚相关的话题,也不适合使用可爱的语言风格。图 2-7、图 2-8 分别为某平台粉丝管理中心的粉丝性别、粉丝年龄分布。

需要注意的是,"年龄分布"是在 2019 年 8 月之后微信公众号后台改版中新增的,这一项变化意味着公众号后台的用户数据维度增加,可以实现更精准的分析和推荐,对微信生态内的广告投放也有比较明显的影响。

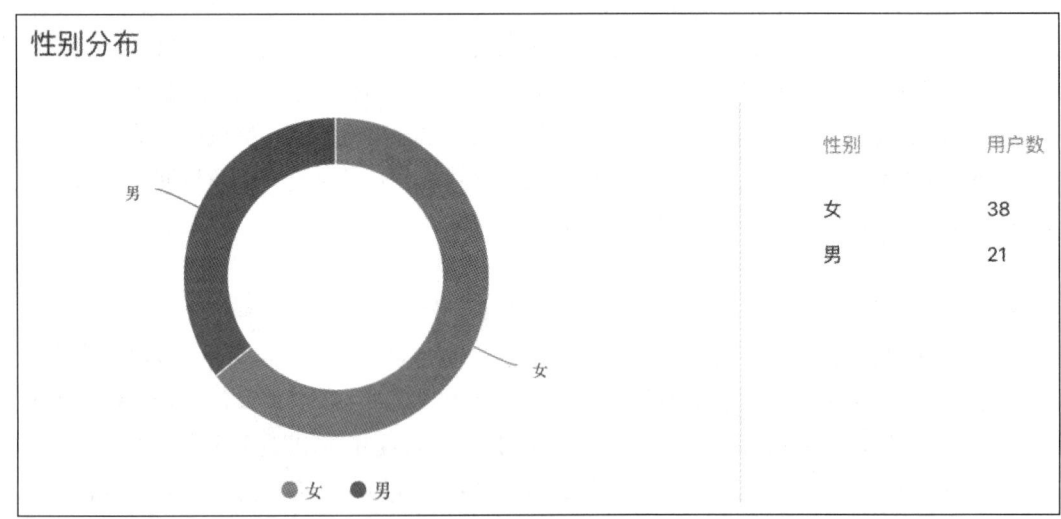

图 2-7 关注用户性别分布

第 2 章 新媒体数据分析指标

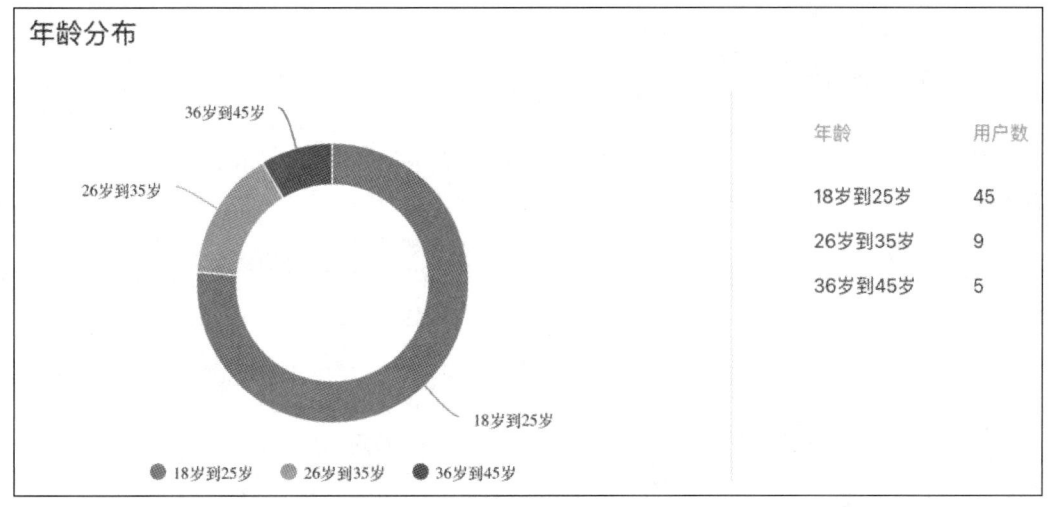

图 2-8 关注用户年龄分布

▶▶ 2.4.2 地域归属

这里数据的参考价值较大，运营人员可以非常清晰地知道关注用户在各个城市的分布情况，依据此数据可以做一些关键的决策。图 2-9 是微信公众号关注用户省（直辖市）级分布表。

地域	用户数	占比
上海	53	86.89%
浙江省	2	3.28%
北京	1	1.64%
安徽省	1	1.64%
湖北省	1	1.64%
广东省	1	1.64%
四川省	1	1.64%

图 2-9 关注用户地域分布

23

▶▶ 2.4.3 访问设备

同样的标题和封面在不同访问设备上显示的效果是不一样的。例如，某个公众号通过公众号机型终端分布，发现使用苹果设备的用户最多，那么整个图文的排版、封面尺寸的选择、标题的长度都需要优先调整到苹果设备用户阅读体验最满意的状态。图2-10为微信公众号关注用户终端分布。

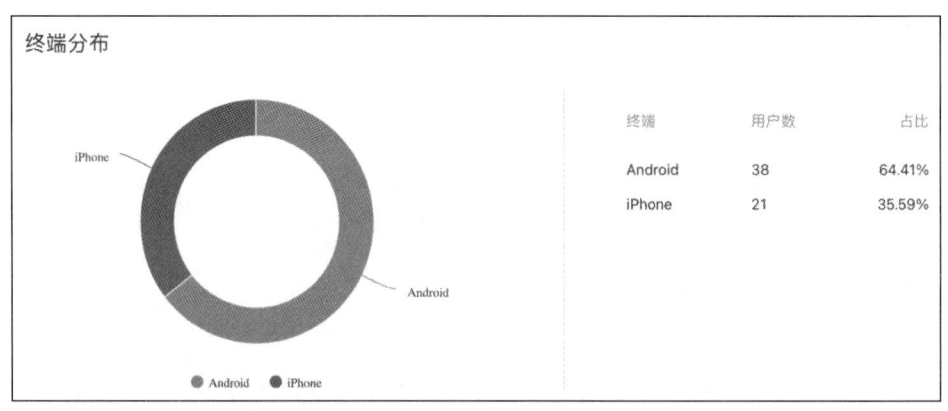

图2-10　关注用户终端分布

2.5　图文维度——以微信公众号为例

新媒体平台上每一篇图文内容的数据情况称为基础图文指标，这是新媒体运营中必须参考的数据。通过它们，运营人员可以知道每篇图文的送达人数、阅读人数、转发人数等。

以微信公众号平台的基础图文指标为例，微信公众号平台的图文内容主要包含以下数据。

▶▶ 2.5.1 单篇图文数据

单篇图文数据分析是对单次推送的图文数据进行分析的，如图2-11所示。对于已群发的内容，新媒体数据运营人员可以看到群发后7天的基础数据。

- 阅读次数：单击图文页去重人数，包括非粉丝，具体阅读来源包括公众号会话、朋友圈、好友转发、历史消息等。
- 分享次数：转发或分享至好友、朋友圈、微博的去重用户数，包括非粉丝的分享。

单击单篇内容右侧的"详情"，还可以查看送达转化、分享转化、数据趋势、阅读完成情况及用户画像。

（1）送达转化。

送达转化俗称"打开率"，其公式为：

$$送达转化=公众号消息阅读次数÷送达人数$$

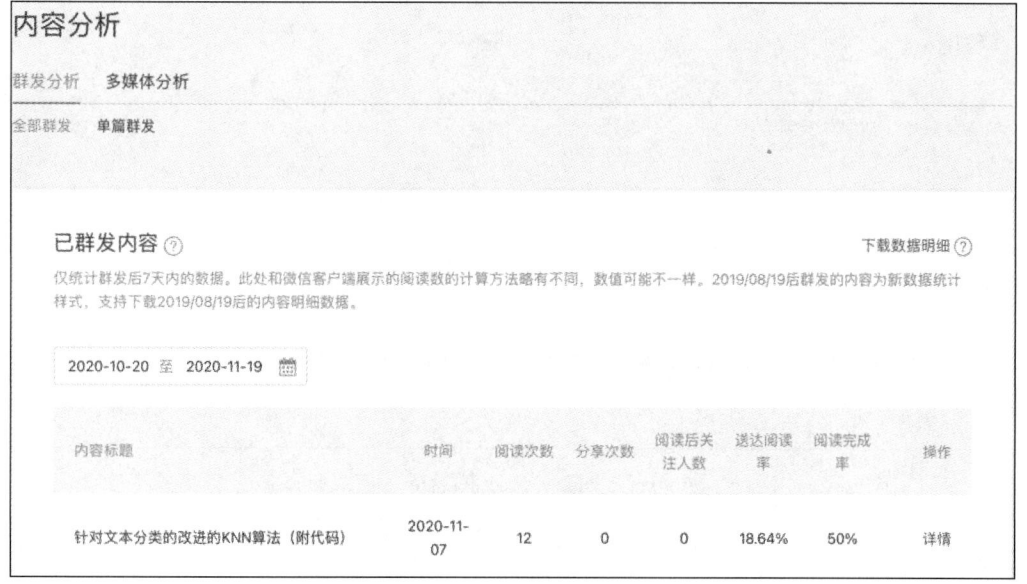

图 2-11 单篇图文数据

如图 2-12 所示，送达转化为 41.82%。如果想提升文章的打开率，就应该着重考虑文章的标题应该怎么做，但是切忌做出格的"标题党"。

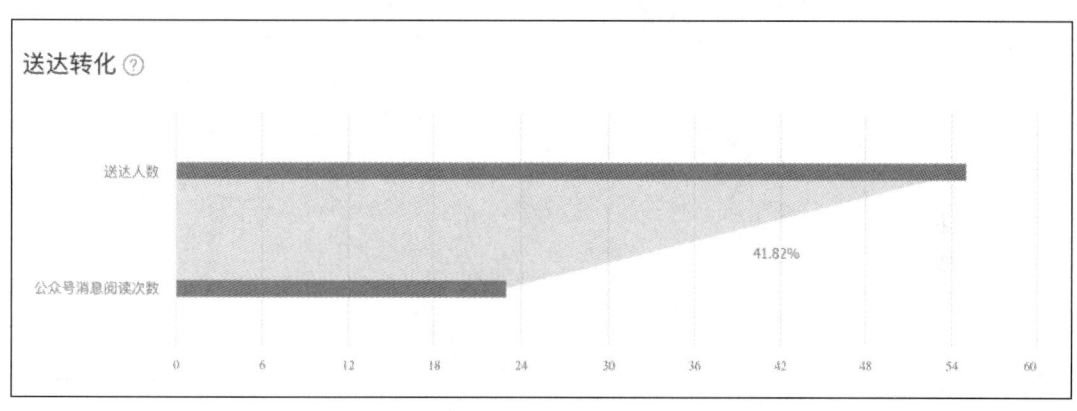

图 2-12 送达转化

（2）分享转化。

分享转化包含两个：一个是首次分享次数与公众号消息阅读次数之比，这个数值代表这篇文章的首次分享率；另一个是分享产生的阅读次数与总分享次数之比，这个数值体现用户分享带来了多少阅读量，其中阅读来源包括好友会话、群聊、朋友圈等。如图 2-13 所示，分享转化分别为 17.39%和 654.17%。

（3）数据趋势。

数据趋势包括该文章在不同传播渠道中的图文阅读情况（阅读的人数和次数）和图文分享情况（转发或分享到好友会话、群聊、朋友圈及选择朋友在看的人数及次数），如图 2-14 所示。

运营人员通过分析阅读来源，可以推测出读者的阅读场景，知道他们是在哪个渠道看到文章的，方便运营人员做运营优化。

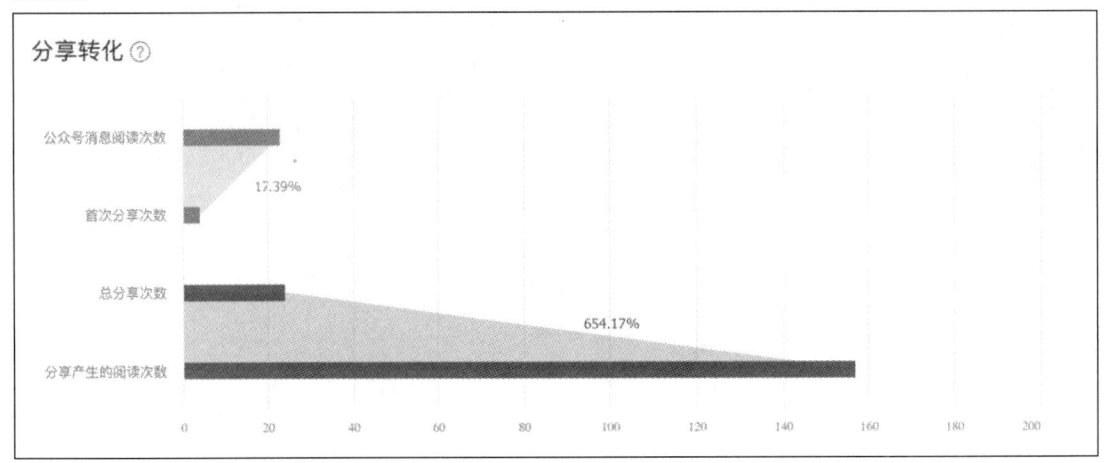

图 2-13 分享转化

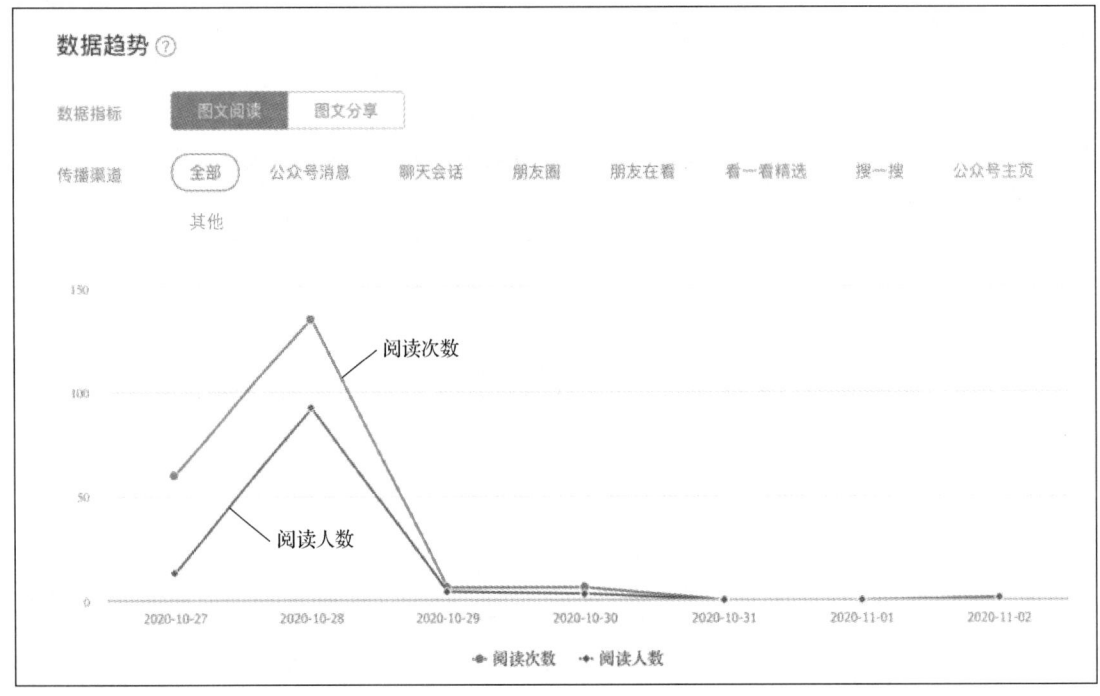

图 2-14 数据趋势

（4）阅读完成情况。

在单篇文章的阅读完成情况下，文章被分为 20 等份，每 5% 为一个锚点，可以看到用户在每个锚点位置的跳出比例，如图 2-15 所示。在一般情况下，用户在开头 5% 的位置的跳出比例是相对较高的，这也从侧面体现了文章开头的重要性。

（5）用户画像。

用户画像包括性别分布、年龄分布和地域分布，可以对照账号的用户画像来查看，如图 2-16、图 2-17 和图 2-18 所示。

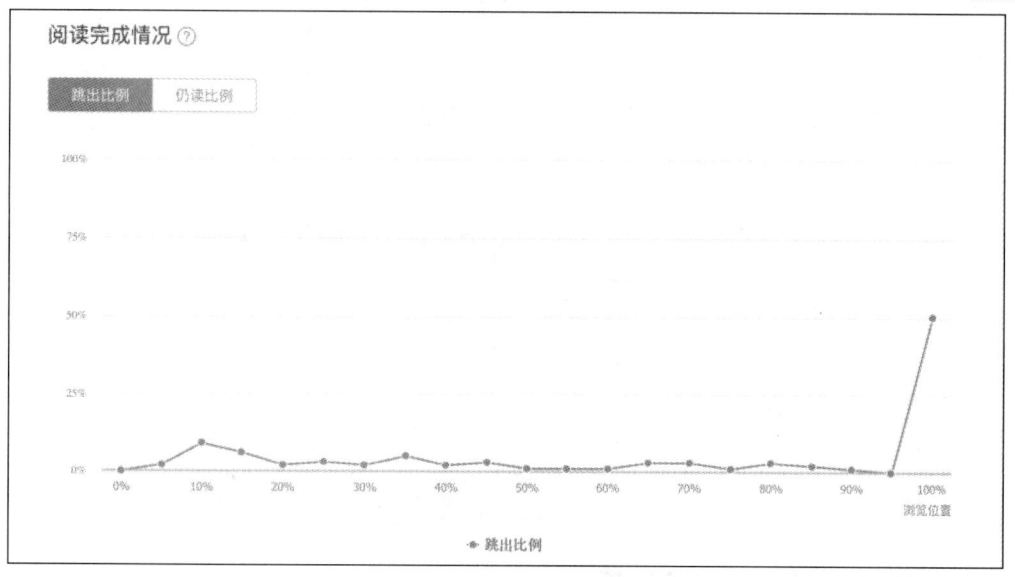

图 2-15　用户阅读完成情况

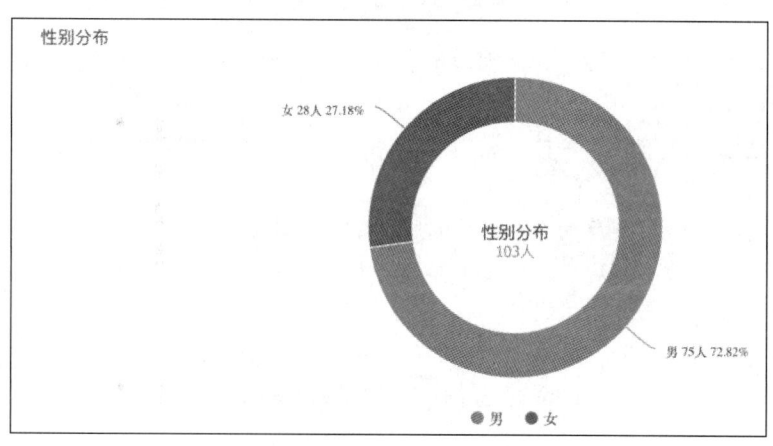

图 2-16　阅读用户性别分布

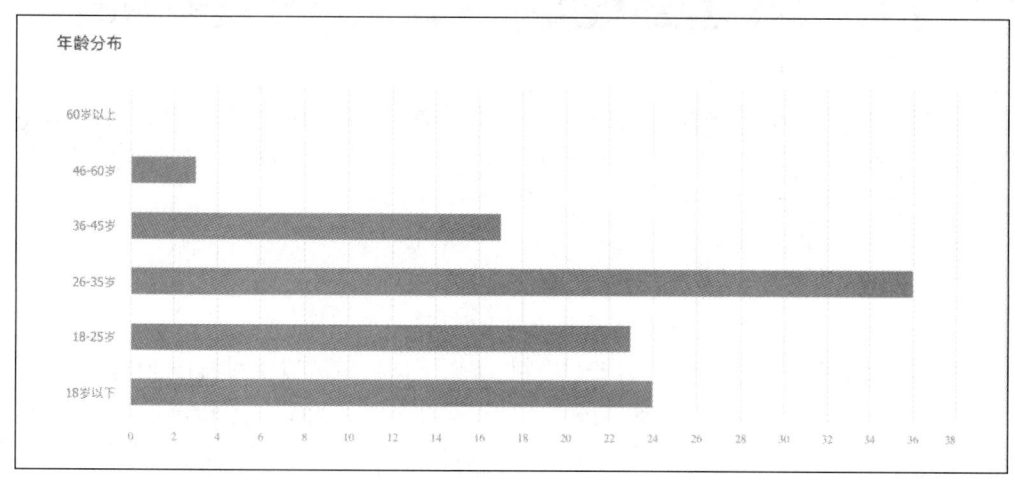

图 2-17　阅读用户年龄分布

地域分布

地域	用户数	占比
上海	7	100%
北京	0	0%
天津	0	0%
重庆	0	0%
香港	0	0%
澳门	0	0%
河北省	0	0%

1 2 3 4 5 >

图 2-18　阅读用户地域分布

2.5.2　全部图文数据

全部图文数据是对公众号整体内容质量的分析，是指该公众号发出的所阅图文在某时间段的阅读数据的总和。

全部图文数据主要包含 4 个核心数据段：图文阅读次数、原文阅读次数、分享转发次数、微信收藏人数。

（1）图文阅读次数：所有图文在某个时间段的阅读次数。

（2）原文阅读次数：用户单击一篇文章左下角“阅读原文”的次数，这个数据很考验用户的黏性，以及本篇文章的内容质量。

（3）分享转发次数：所有图文在某个时间段的分享次数。

（4）微信收藏人数：所有图文在某个时间段的收藏人数（去重且包括非粉丝）。

2.6　用户互动维度——以微信公众号为例

用户互动数据是指用户对内容的点赞、留言等互动情况，是衡量用户黏性的重要数据。以微信公众号为例，用户常见的操作行为包括两类，一类是基于某篇图文的留言、点赞、赞赏，另一类是基于公众号收到的用户消息。

2.6.1　留言点赞

运营人员可以用留言或点赞与阅读量的比值来衡量用户对该篇文章的互动情况，该比值越高，用户对该篇文章互动越明显。通过横向比较不同文章之间的留言点赞情况，运营人员可以得知哪些内容是用户愿意发表意见的，哪些内容是用户不太感兴趣的。对于互动效果好的内容类型，运营人员可以多策划这方面的文章，来提高用户黏性。

▶▶ 2.6.2 用户消息

运营人员为了引导用户互动和关注，经常会策划一些送福利的活动，例如，在微信公众号中运营人员常用的方法是设置关键词自动回复，如果用户想要知道这次活动的参与情况，就必须关注公众号消息数据指标。

在微信公众平台统计消息分析，可查看用户在公众号的互动情况。通过选择小时报、日报、周报或月报，运营人员可以查看相应时间内的消息发送人数、消息发送次数及人均发送次数。

基础关键指标主要包括昨天消息发送的变化，以及与前日、7日前、30日前进行对比，表现为日、周、月的百分比变化。

（1）消息发送人数：关注者主动发送消息的人数（不包括当天重复关注的用户）。
（2）消息发送次数：关注者主动发送消息的次数。
（3）人均发送次数：消息发送总次数÷消息发送的去重用户数。

以上关键指标还可选择7日、14日、30日或某个时间段的消息发送变化来查看趋势分析图，也可以选择"按时间对比"来查看。此外，分析"消息关键词"可分别看到7日、14日、30日中，前200名用户的消息关键词是什么。

本章知识小结

本章从新媒体数据分析指标方面，系统地阐述了新媒体数据指标体系和用户运营的各项数据指标。我们在做新媒体数据分析和新媒体运营工作前，搭建好所需要的指标体系非常重要，这不仅为后续数据处理和统计提供了标准，也为数据评价搭建了评价指标。对于新媒体数据运营，需要查看几个维度的数据：用户数据、图文数据、竞品数据、行业数据。

本章考核检测评价

一、名词解释

DAU　DNU　GMV　ROI　AARRR模型　留存率　转化率

二、简答题

1. 下表中的数据为某公众号最近新增关注来源数据，请简述运营人员应该采取怎样的运营策略，以提升自己的关注人数？

提示：该公众号近一周内发布了一篇文章，并在三天后被其他公众号转载。

来源	搜一搜	扫描二维码	名片分享	其他
个数	4	1	2	17

2. 请简述要进行公众号的落地推广，要关注哪些因素？

三、案例分析

表中所示为运营研究社的不同标题对应的图文数据，请分析并判断哪些选题比较受用户欢迎、哪些好的文章被标题"耽误"了、哪些文章的涨粉效果较好，并说明理由。

- 文章 1：90%的人没喝过星巴克，"00 后"的存款是"90 后"的两倍……一文颠覆你的 58 个认知。
- 文章 2：微信封杀朋友圈打卡，没了裂变我们还能怎么玩？
- 文章 3：企业千万别做抖音。
- 文章 4：互联网运营 20 年。
- 文章 5：靠收会员费赚 15 亿的云集，拼到上市都用了哪些"手段"？

文章	图文类型	阅读量	分享量	打开率	分享率	朋友圈阅读比例	点赞率	当日涨粉量	当日掉粉量
1	深度分析	42238	3034	5.10%	7.18%	10.60%	1.20%	962	132
2	热点文章	36242	2320	5.50%	6.40%	14.40%	0.70%	1114	124
3	深度分析	35796	2056	5.70%	5.74%	10.70%	0.90%	1299	108
4	深度分析	24036	1713	2.10%	7.12%	8.80%	1.80%	554	137
5	运营干货	18943	1428	3.40%	7.54%	11.60%	0.40%	771	139

第3章 新媒体数据的准备

【学习目标】

1. 了解新媒体数据的来源,包括新媒体数据类型、网站数据和爬虫工具;
2. 了解数据收集中常见的问题与解决方案;
3. 理解数据的基本内容和数据类型,掌握数据表及其结构的设计要求。

【学习重点、难点】

重点:了解数据收集中常见的问题与解决方案,掌握数据表及其结构的设计要求。
难点:理解数据的基本内容和数据类型。

【本章思维导图】

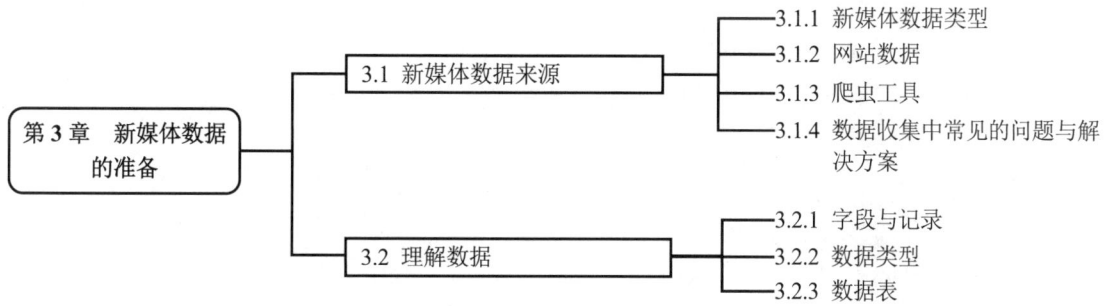

3.1 新媒体数据来源

3.1.1 新媒体数据类型

现在新媒体的运营渠道有许多,其中包含微信公众号、微博、今日头条、大鱼号、搜狐、新浪看点、简书等。因此要根据不同的渠道了解不同的数据来源。目前,使用频率最高的是微信朋友圈数据、微信公众号数据、微博数据、今日头条数据、抖音数据等。

1. 微信朋友圈数据

微信流行后，个人微信号也广为流行。朋友圈一般指的是微信上的一个社交功能，用户可以通过朋友圈发表文字和图片，同时可通过其他软件将文章或音乐分享到朋友圈。用户可以对好友发布的内容或照片进行"评论"或"点赞"，其他用户只能看到相同好友的"评论"或"点赞"。以此作为主要推广平台的新媒体团队，也可借助新媒体的东风，拓宽他们的营销思路，借助"社群运营+朋友圈运营"的双重模式来进行品牌的宣传、产品的推广、知名度的提升、营销利润的增加。这一类数据来源多是经过个人计算出来的。具体的数据来源主要有老友增加数（吸粉加老友），朋友圈发布海报点赞评论数，以及经过朋友圈购买产品的出售数等。图 3-1 是微商借助朋友圈出售产品的截图。

2. 微信公众号数据

与朋友圈数据相对应的是微信公众号数据，该数据对微信公众号的运营与产品、品牌下一步的发展都有很强的借鉴分析作用。

利用公众号平台进行自媒体活动，简单来说就是进行一对多的媒体行为活动。通过变换风格内容并分析阅读数据，运营人员可以分析出粉丝的阅读喜好与偏好；通过分析后台粉丝数量的增减，运营人员可以分析前一阶段的宣传与推广是否真的起到积极正面的作用。根据微信公众号数据自身的计算渠道，运营人员能够很直观地了解当天的运营状况，包含新增重视数、撤销重视数、单篇文章阅览量、悉数图文阅览量，甚至还能够挑选时间阶段进行计算。图 3-2 是某商家利用公众号来出售产品的真实截图。

图 3-1　微商朋友圈截图

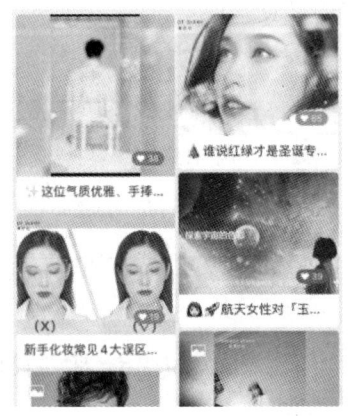

图 3-2　商家公众号截图

3. 微博数据

微博是指一种基于用户关系通过信息分享、传播及获取关注机制分享简短实时信息的广播式的社交媒体和网络平台，允许用户通过 Web、Mail、App、IM、SMS 等方式，用 PC 及手机等多种终端接入，以文字、图片、视频等多媒体形式实现信息的即时分享、传播互动。微博作为新型社交媒体的代表，在现代社会尤其是年轻人中起到极强的舆论影响作用。微博热搜榜（见图 3-3）更是可以左右部分舆论的风向。

图 3-3　微博热搜榜

微博作为一种社交平台，免费向大众开放。无论是个人还是企业都能够在微博后台检查详细的微博数据，其具体的操作方法是登录网页版微博后，单击"管理中心"选项卡，进入"数据助手"界面，了解当前的微博数据。作为运营人员，最常关注的微博数据有阅览数、阅览量、视频播放量、粉丝来源和粉丝新增及取关数等。

4. 今日头条数据

今日头条是北京字节跳动科技有限公司开发的一款基于数据挖掘的推荐引擎产品，为用户推荐信息、提供连接人与信息服务的产品。

今日头条基于个性化推荐引擎技术，根据每个用户的兴趣、位置等多个维度进行个性化推荐，推荐内容不仅包括狭义上的新闻，还包括音乐、电影、游戏、购物等资讯。根据用户的社交行为、阅读行为、地理位置、职业、年龄等挖掘出用户的兴趣。通过分析用户的社交行为，今日头条的推荐系统可以在 5 秒内计算出用户兴趣；用户每次操作后，可在 10 秒内更新用户模型。

对每条信息提取几十个到几百个高维特征，并进行降维、相似计算、聚类等计算方式去除重复信息；对信息进行机器分类、摘要抽取、LDA 主题分析、信息质量识别等处理。今日头条最终根据人的特征、环境特征、文章特征的匹配程度进行推荐。

作为一种新兴的内容平台，今日头条的后台具有更加强大的数据统计功能。新媒体运营人员及相关产业的人员，可以借助今日头条的相关数据，对双标题效果（见图 3-4）、内容、推荐、阅读、评论进行相关分析。

5. 抖音数据

抖音作为字节跳动的另一个主打产品，与今日头条的推荐信息有所区别，今日头条推荐狭义上的新闻，还包括音乐、电影、游戏、购物等资讯，而抖音则以短视频为主，是一个面向全年龄的音乐短视频社交平台。

根据对抖音平台及其经营模式的相关分析，需要关注的数据主要来自以下几个方面（见图 3-5）。

- 可根据粉丝数量、点赞互动数据、粉丝的年龄性别、个人认证情况等进行多维度数据查找筛选。
- 可根据已知的商品关键词及商品链接、品牌等关键词查找相关带货达人。
- 可查看带货达人的视频带货销量数据。

图 3-4 今日头条双标题效果数据

图 3-5 抖音数据示例

▶▶ 3.1.2 网站数据

虽然在自媒体时代，微博与微信成为新媒体团队进行品牌推广或产品营销的主要阵地，但是作为新媒体平台的主要环节，尤其是不受平台更新迭代影响的自有互联网阵地，网站的运营作用不容小觑。

网站数据分析（见图 3-6）是通过观察、调查、实验、测量等方式，通过数据的显示形式把网站各方面的情况反映出来，使运营人员更加了解网站的运营情况，便于调整网站的运营策略。网站数据分析是围绕用户进行的，公司的不同部门需要的数据不一样：市场部门想知道哪些广告能带来有价值的客户；编辑部门想知道用户喜欢哪些文章；采购部门了解用户经常购买哪些产品等。

网站数据离不开网站数据库的支持，网络数据库就是动态网站存放网站数据的空间，也称数据库空间。现在大多数网站都是由 ASP、PHP 开发的动态网站，有一个专门的数据库来存放网站数据。网站数据可以通过网站后台直接发布到网站数据库，网站则把这些数据进行调用。网站数据库根据网站的大小、数据的多少，从 SQL、DB2、ORACLE 等数据库中选择合适的数据库。

网站数据通常包括网站流量、跳出率、网站来路、访问深度。

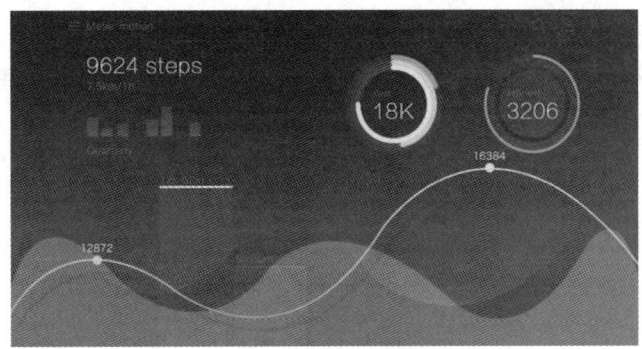

图 3-6 网站数据分析

1. 网站流量

对虚拟空间商来说,网站流量是指用户在访问网站过程中产生的数据量大小。网站流量统计的主要指标包括以下几个方面。

- 独立访问者数量(Unique Visitors)。
- 重复访问者数量(Repeat Visitors)。
- 页面浏览数(Page Views)。
- 每个访问者的页面浏览数(Page Views Per User)。
- 某些具体文件/页面的统计指标,如页面显示次数、文件下载次数等。

网站流量分析是指在获得网站访问量基本数据的情况下,对有关数据进行统计、分析,从中发现用户访问网站的规律,并将这些规律与网络营销策略等相结合,从而发现网络营销活动中可能存在的问题,为进一步修正或重新制定网络营销策略提供依据。这是从网络营销管理的角度来考虑的,如果出于其他方面的目的,对网站流量分析也会有其他相应的解释。

运营人员应定期分析网站统计数据,查看主要的网站访客来自哪里。百度是国内最大的搜索引擎,大部分的访客都是通过百度搜索到网页的,这也说明要将网页推广的重点放在百度。然后,查看访客是通过什么关键词找到网页的,哪个关键词带来的独立访客最多,就可以重点推广这个关键词。运营人员还要关注网站上哪个页面被访问得最多,入口页面是哪些,又是从哪些页面退出的。

2. 跳出率

跳出率指用户通过搜索关键词来到网站,仅浏览了一个页面就离开的访问次数与所有访问次数的比值。观察关键词的跳出率就可以得知用户对网站内容的认可,或者说网站是否对用户有吸引力。网站内容是否能够对用户有所帮助,是否能够留住用户也可以在跳出率中直接看出来,所以跳出率是衡量网站内容质量的重要标准。跳出率的计算公式如下:

$$跳出率=访问一个页面后离开网站的次数÷总访问次数$$

在自媒体时代,跳出率也是一个非常重要的指标。跳出率的高低是网站分析的一个重要指标,通常用于评估网站的用户体验,可以用于指导网站及页面的改善。跳出率越高,说明该网站对访问者的吸引力越低,当跳出率达到一定程度时,说明网站需要进行优化或更新页面了。

如果跳出率持续走低，那就说明网站优化对用户没有产生吸引力，这可能是由于网页的设计没有吸引力，但也有可能是由于产品或服务本身没有吸引力。针对跳出率较低的问题，网站的运营人员要进行分类汇总，针对不同的问题采取不同的解决措施。

3. 网站来路

"来路"就是用户通过什么地址链接目标网站。例如，某网页上有一个链接，其链接到了目标网页上。当访客单击网页上的链接时，链接到了目标网页上，则该网站的来路就是链接。常见的几种网站来路如图 3-7 所示。

网站来路统计的最终数据往往超过网站今日的独立 IP，也就是说，一个客户会产生多条来路记录。例如，同一客户可能在 24 小时以内从多个网站链接到目标网站，不同网站的链接将产生多个来路。所以，网站的运行者在查看实际的网站统计时，要删去重复的记录，对数据进行处理，得到实际的有用的访问量。

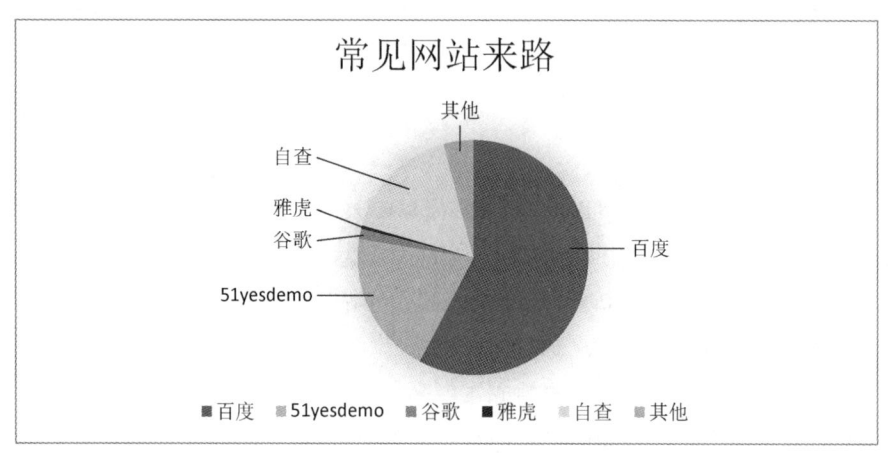

图 3-7　常见的几种网站来路

4. 访问深度

网站访问深度就是用户在浏览某个网站的过程中浏览的该网站的页数。如果用户一次性浏览该网站的页数多，那么基本上可以认定该网站有用户感兴趣的对象。用户访问网站的深度用数据可以理解为网站平均访问的页面数，就是 PV 和 UV 的比值，这个比值越大，用户体验度越好，网站的黏性也越高。网站的访问深度与网站的跳出率相似，取决于两个方面，一是网页的设计与管理，二是网站内容本身的质量好坏。因而，在自媒体时代，提高网站的访问深度，可以从以下两个方面着手。

首先，要不断调整网站的排版与布局，迎合当今时代的审美需要。网站的结构应当适应该网站的主题，尽可能简单明了，将预定的功能设置明确，迎合简单明了的时代主题。

其次，对网站的内容也要进行不断调整。网站的设计与板块处理，作为一种外在因素，只能暂时吸引用户，若想真正留住用户，将其变成潜在客户还需要有用的信息，使用户可以获得自己想要的东西。

除此以外，合理的导航和适当的内部链接锚文本对新媒体数据的信息获取也是不可缺少的。导航能让用户从任何页面都能够很轻松地回到其他想去的页面，但是导航的使用切不可因盲目追求美观而使用一些flash或其他搜索引擎难以辨认的内容,要以实用为主。一般可以直接使用文字导航,简洁明了。另外,内链能够有效地增强网站的内聚性,让搜索引擎和用户都能够很轻松地获取到网站其他页面的有用信息。

3.1.3 爬虫工具

网络爬虫又称网页蜘蛛、网络机器人、网页追逐者,是一种按照一定的规则自动地抓取互联网信息的程序或脚本。

在新媒体时代,各种信息爆炸式增长。随着网络的迅速发展,互联网成为大量信息的载体,如何有效地提取并利用这些信息成为一个巨大的挑战。搜索引擎作为辅助人们检索信息的工具,成为用户访问互联网的入口和指南。但是,通用搜索引擎也存在着一定的局限性。

首先,不同领域、不同背景的用户往往有不同的检索目的和需求,通过搜索引擎返回的结果包含大量用户不关心的网页。新媒体时代是一个效率很高、信息传播速度很快的时代,这些无用的网页会极大地影响信息获取的速度与效率。

其次,通用搜索引擎的目标是实现尽可能大的网络覆盖率,有限的搜索引擎服务器资源与无限的网络资源之间的矛盾将进一步加深。在新媒体时代,随着个人电脑与以手机为代表的移动终端的进一步普及,搜索引擎服务器资源明显不能满足各类用户对不同信息的获取需要。

再次,随着互联网数据形式的丰富和网络技术的不断发展,图片、数据库、音频、视频、多媒体等不同数据大量出现,通用搜索引擎往往对这些信息含量密集且具有一定结构的数据无能为力,不能很好地发现和获取这些数据。在新媒体的时代背景下,各类数据的结构更加复杂,处理起来也更加复杂,通用搜索引擎已经不能满足当今用户的需求,这也为后台管理员的工作带来很多难题。

最后,通用搜索引擎大多提供基于关键词的检索,难以支持根据语义信息提出的查询。在新媒体时代,信息瞬息万变,关键词可能随时会变,仅仅通过关键词的检索传统搜索引擎,会错过很多有效信息。

总之,针对以上种种问题与不足,通过爬虫软件,一些看似微不足道的数据在收集、整理、提取、分析之后会产生巨大的裨益,以下是几个爬虫的具体运用。

(1)行业垂直搜索——招标信息平台。

垂直搜索是指将搜索范围细分至某一专业领域,针对初次获取的网页信息进行更深层次的整合,最终形成"纯度"更高的专业领域信息。以采购招标信息为主的网站,例如,中国采摘网、剑鱼,其数据就是利用爬虫从网上的上万家企事业单位爬取来的,再经过技术整合后发布到网站上提供服务。经过这样的操作,即使一个新开发的网站,通过数据采集技术也可以很轻松地填满所有内容,让其能够正常运营。

(2)金融消费——个人金融授信。

很多人还没搞清楚什么是PC互联网的时候,移动互联网来了,还没搞清楚移动互联网的时候,大数据时代又来了。随着新媒体时代的到来,各种数据的进一步迸发,人类已经迈入大数据时代。而金融业无疑又是新媒体背景下大数据的最重要的应用领域之一。大数据在个人金融授信的方面起着重要作用。结合新媒体的背景，利用爬虫技术获取个人消费信息，对其进行整合分析，为个人消费提供指南。

（3）信息链接互联。

在信息社会，比别人先一步掌握信息的人是市场的赢家，传统模式的人工处理显然是低效率的。借助爬虫技术，商家在入驻某网站后，系统能自动抓取厂商工单，售后管理变得简单高效。在新媒体平台的辅助下，后台管理员可以及时获取用户的阅览、购买信息，及时处理各项订单。

▶▶ 3.1.4　数据收集中常见的问题与解决方案

事实上，尽管数据收集有很多种方法，数据也有很多种来源，但是数据的收集本身还是一个较为复杂的过程，尤其是在新媒体背景下，信息量剧增，但是由于各项规范还没有制定完全，信息的表现形式千变万化，给信息的收集带来很多问题，最常见的问题包括：不知从何处收集，收集的数据无用，收集的数据不全面。

1. 不知从何处收集

新媒体时代的信息爆炸，带来了巨大的信息量，反倒使信息收集者不知道选取哪些有用的信息。数据收集是一件非常烦琐的事情，一旦出现失误，就会浪费大量的时间和精力。如果不知道从何处收集，则可以从数据使用者的角度出发，把握数据分析的切入点。

首先要知道为什么这么做：很多数据分析师在收集数据之前都不知道为什么要进行数据分析，也许只是因为这是上司安排的任务。因此，在收集数据时数据分析师就很被动，无从下手也是必然。在数据收集之前，数据分析师一定要了解清楚为什么要进行数据分析。如果打算分析人力资源的数据，但人力资源的数据有很多，则要知道分析的是哪方面的数据，上司想要了解哪方面的信息。如果你的上司想知道公司薪酬设计得是否合理，那么你不仅要收集本公司的薪酬数据，还要收集当地同行业其他公司的薪酬数据及相关行业的薪酬数据，这样你才能在收集数据时明确方向，收集的数据也是有效的。

其次要知道数据从哪里来：收集数据有很多途径，选择的途径不合适，就有可能导致收集的数据有问题。因此，在收集数据之前，数据分析师需要考虑采用什么样的途径收集数据能使收集的数据全面、准确。

如果想分析企业的经营状况，那么需要从企业的现金流、资产负债表、利润表三个方面来看，需要收集这三方面的数据。收集这些数据时只需要向公司的销售部等部门获取一些相关的数据，然后将数据进行对比分析。

2. 收集的数据无用

在新媒体的背景下，过量的信息同样带来一个问题，那就是收集的信息可能是无用的，并不能满足当前的目标要求。然而在大量的信息中查找有效信息是无法避免的，因此要在一定的范围内查找有针对性的信息。虽然信息的种类多种多样，信息的来源也是多种多样的，但是只要找到有针对性的问题，就可以找到自己所需要的信息。

通过查阅资料来收集数据相对来说比较简单，在明确问题之后，确定想要查阅哪些方面的内容，然后针对内容查阅就可以了。比如，你的上司让你寻找近五年以来的微博粉丝的变化，你只需要在微博相关平台寻找粉丝的相关性信息即可。

3. 收集的数据不全面

同样，在新媒体这个大数据时代，人们获取信息的渠道增多，获取的信息量也增多，但是想要在大量的信息中将自己所需要的信息完全提取，也不是一件容易的事，没有将所需要的信息完全采集，就导致数据分析结论不够真实，缺乏证据。

收集的数据不全面容易导致管理层的决策出现失误，给公司带来巨大的损失。假如在收集数据时能够做到以下两点，就能有效避免收集数据不全面的情况。

首先，要有全局性思维。数据分析师在收集数据时常常只从单一方面考虑，不能从全局思考，这就导致在收集数据时遗漏了其他方面的数据。如此一来，最终得出结论的可靠性就会大打折扣。因此数据分析师需要拥有全局性思维，从大局出发，收集全面的数据。

例如，分析某企业的销售状况，就需要站在经营者的角度，对销售的每个环节进行数据收集。如果企业竞争对手较多，那么还要对这些竞争对手的销售情况进行分析，只有这样，收集的数据才算是较为全面的。

其次，多途径收集。收集数据的渠道越多，收集的数据也就越多。通过多个渠道收集的数据能够有效避免单一渠道带来的信息闭塞、信息不全面等问题。在新媒体时代，除了采用网站信息、媒体信息等时代新型信息，也不能忽视使用传统搜集方式搜集的信息。如果想知道员工的心理状况，也可以直接在自己所在的公司进行调研，这不仅增加了收集信息的渠道，也能使收集的数据更全面。

3.2 理解数据

数据是事实或观察的结果，是对客观事物的逻辑归纳，是用于表示客观事物的未经加工的原始素材。数据可以是连续的，如声音、图像，称为模拟数据；数据也可以是离散的，如符号、文字，称为数字数据。数据不仅指狭义上的数字，还可以是具有一定意义的文字、字母、数字符号的组合、图形、图像、视频、音频等，也可以是客观事物的属性、数量、位置及其相互关系的抽象表示。对数据的理解是数据分析的一个重要前提。

3.2.1 字段与记录

数据包含字段与记录，可以从数据分析的角度来理解字段和记录的概念。字段是事物或现象的某种特征。如图3-8中的"月份""总篇数"等都是字段，字段在统计学中称为变量。

记录是事物或现象的具体表现。如图3-8中的"总篇数"可以是130或131等，记录也称数据或变量值。

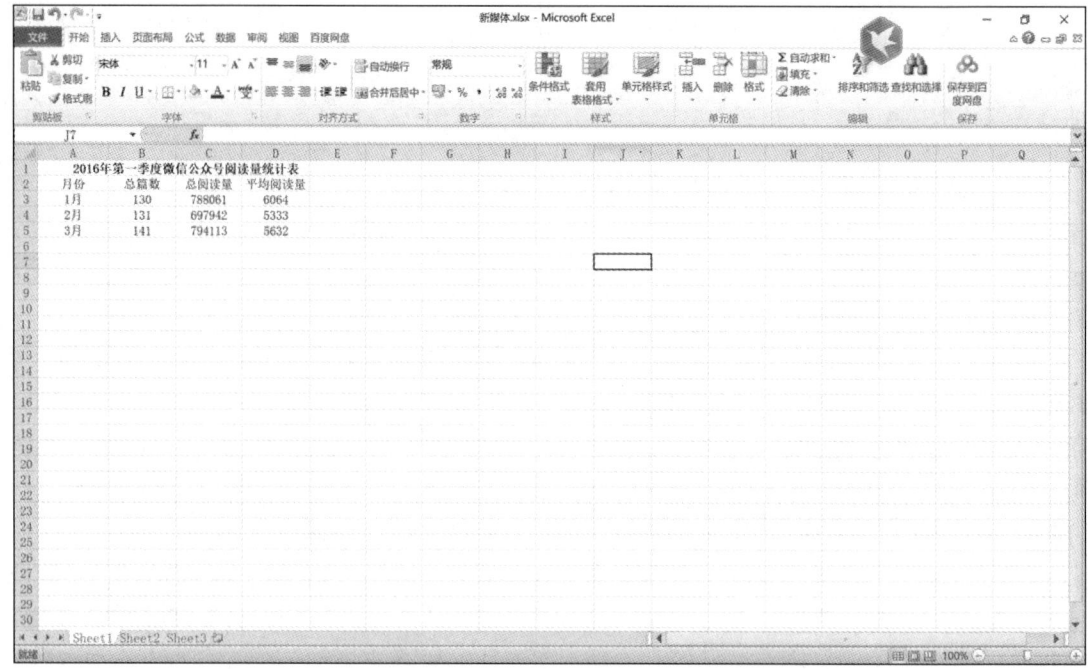

图 3-8　包含字段与记录的数据表展示

▶▶ 3.2.2　数据类型

数据还有一个基本的属性就是数据类型，不同软件中定义的数据类型不太一样，但是数字、文字和日期是最常用的三类数据类型。在 Excel 中有很多数据类型，想要查看具体的数据类型，可在 Excel 中的任意一个单元格单击鼠标右键，在弹出的快捷菜单中选择"设置单元格格式"选项，如图 3-9 所示。

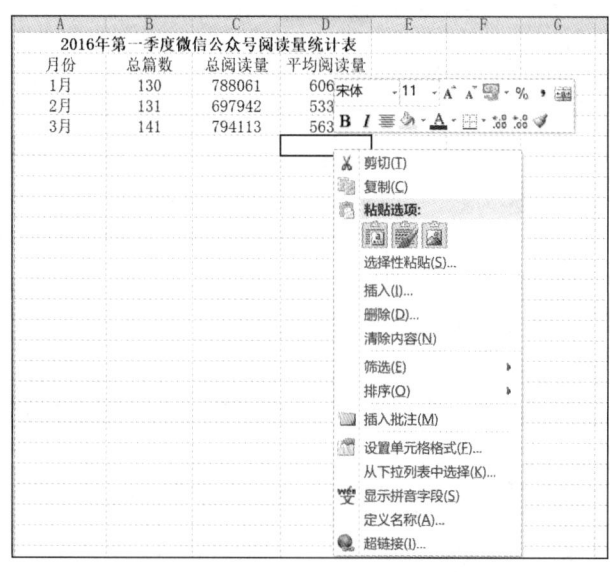

图 3-9　选择"设置单元格格式"选项

弹出"设置单元格格式"对话框，如图 3-10 所示。在这个对话框中，可以看到不同的数据类型，如数值、文本、日期、货币、会计专用、时间、百分比、分数、科学记数、特殊等。

虽然 Excel 中有很多数据类型，但最终都可以归结为以下两大类。

字符型数据：字符型数据是不具有计算能力的文字数据类型。它包括中文字符、英文字符、数字字符（非数值型）等。例如，成绩表中的"姓名"变量为字符型数据。

数值型数据：数值型数据是直接使用自然数或度量单位进行计量的数值数据类型。例如，成绩表中的"编号""成绩"就是数值型数据，这类数据可以直接用算术方法进行汇总和分析，这一点是区分数据是否属于数值型数据的重要依据。

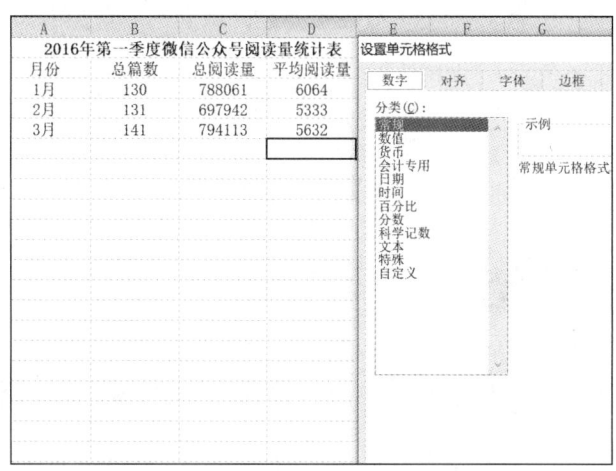

图 3-10　弹出"设置单元格格式"对话框

▶▶ 3.2.3　数据表

1. 数据表设计要求

数据表由字段、记录构成，满足一定的数据类型。数据分析需要的数据表，在设计时的具体要求如下。

（1）数据表由标题行和数据部分组成。

（2）第一行是表的列标题（字段名），列标题不能重复。

（3）第二行起是数据部分，数据部分的每一行数据称为一个记录，并且数据部分不允许出现空白行和空白列。

（4）数据表中不能存在合并单元格。

（5）数据表与其他数据之间应该至少留出一个空白行和空白列。

2. 数据表结构

数据表由表名、表中的字段和表的记录三个部分组成。设计数据表结构就是定义数据表文件名，确定数据表包含哪些字段，各字段的字段名、字段类型及宽度，并将这些数据输入计算机中。

在建立表之前都必须设计表结构，表结构描述了一个表的框架。设计表结构实际上就是定义组成一个表的字段个数，以及每个字段的名称、数据类型和长度等信息。

设计表的结构要求如下。

（1）确定表名。表名要确保唯一性，表名要与用途相符，简略、直观、见名知意。

（2）确定字段名。

- 字段名长度小于64个字符。
- 字段名可以包括字母、汉字、数字、空格和其他字符。
- 字段名不可以包括句号（。）、感叹号（!）、方括号（[]）和顿号（、）。
- 字段名不可以以先导空格开头。

（3）确定字段类型。以微软提供的Access办公软件为例，它提供了10种数据类型，以满足字段的不同需要。

（4）确定字段属性。例如，字段大小、格式、默认值、必填字段、有效性规则、有效性文本和索引等。

（5）确定表中唯一能识别记录的主关键词段，即主键。

本章知识小结

本章我们了解了新媒体数据的来源。新媒体数据类型包括微信朋友圈数据、微信公众号数据、微博数据、今日头条数据及抖音数据。我们也了解了网站数据的一些专有名词，包括网站流量、跳出率、网站来源、访问深度。同时，我们在数据收集过程中会遇到很多问题，包括不知道怎么收集，收集的数据无用或不全面，对数据类型不理解等，我们在本章都进行了具体的介绍，并给出了一些相对应的解决方案。

本章考核检测评价

一、名词解释

跳出率　网站流量　数据类型　数据表

二、简答题

1. 媒体数据与网站数据的区别。
2. 如何利用爬虫工具来更好地获取新媒体数据。
3. 如何设计数据表。

二、案例分析

支付宝"锦鲤"营销

2018年10月7日，支付宝通过官方微博抽奖平台，从近300万转发者中抽出了唯一的一条"中国锦鲤"，也就是网友"信小呆"，这位幸运儿获得了由200多家支付宝全球合作伙伴组团提供的"中国锦鲤全球免单大礼包"。

礼包的合作商分布在海内外,提供的礼品不但丰盛,而且含金量相当高,大致包括鞋包服饰、化妆品、各地美食券、电影票、SPA券、旅游免单、手机、机票、酒店等。

结果,该微博一不小心就破了两项新纪录:不到六小时转发量破百万,周累计转发量破三百万,成为企业营销史上最快达成百万级转发量及迄今为止总转发量最高的企业传播新案例。

支付宝利用"锦鲤"这个新标签,以并不高昂的成本,完成了一个漂亮的营销策划。

请分析:支付宝"锦鲤"通过哪些渠道获取数据呢?

第4章 新媒体数据的处理

【学习目标】

1. 了解原始数据的基本情况,判断是否存在重复数据和缺失数据,检查数据源中的错误;
2. 掌握重复数据和缺失数据的处理方式,能够进行一般的数据预处理;
3. 能够对预处理后的数据进行简单加工,如数据抽取、数据计算、数据分组和数据转换等操作。

【学习重点、难点】

重点:检查数据的错误并处理重复数据和缺失数据。
难点:数据加工的相关操作。

【本章思维导图】

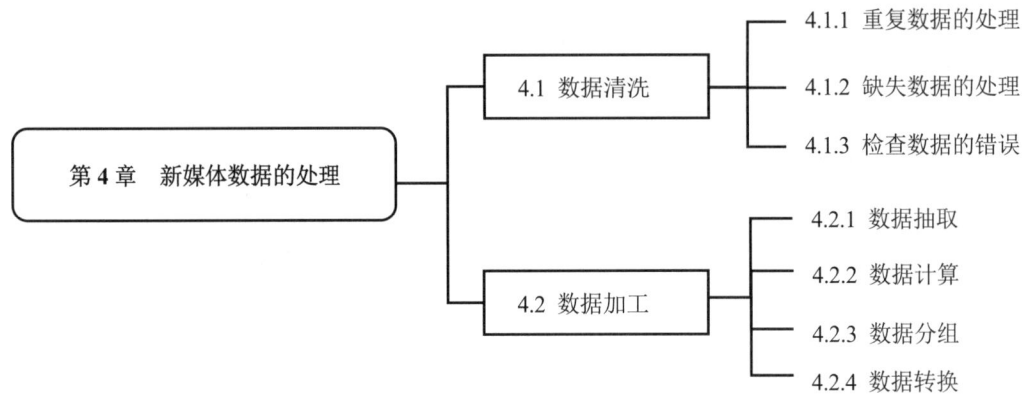

4.1 数据清洗

数据清洗指的是对数据进行重新检查,发现其中常见的错误,其目的主要在于删除重复信息、纠正存在的错误,提高数据分析的准确性。

数据清洗的基本流程是先检查数据中可能存在的错误,包括检查数据与元数据的一致性,处理重复值和缺失值等。因为从数据库中收集来的数据是从多个业务系统中抽取而来的，其中包含历史数据，这样就无法避免有的数据是错误数据、有的数据之间有冲突，这些错误的或有冲突的数据显然是用户不想要的。

数据清洗就是把这类数据清洗掉，过滤不符合要求的数据，具体而言就是将多余的重复的数据筛选清除，将正确的数据补充完整，将错误的数据纠正或删除。对清洗后的数据进行数据分析，能够得到较为准确的结论，从而能够为管理决策提供支持。

4.1.1　重复数据的处理

1. 自定义需要处理的数据表

首先，在 Excel 中自定义一个带有重复数据和缺失数据的数据表，如图 4-1 所示。图 4-1 中数据表的第二列含有缺失数据，第三列含有重复数据。

A	B	C	D	E	F
季度	粉丝（千人）	收益（万元）			
1	30	20			
2	40	20			
3	50	25			
4		26			

图 4-1　自定义的含有重复数据和缺失数据的数据表

2. 重复数据的识别

在处理重复数据之前，需要先对数据表中的重复数据进行识别，尤其是当数据量特别大的时候，这一步尤为重要。在 Excel 中共有四种识别重复数据的方法，分别是函数法、高级筛选法、条件格式法和数据透视表法。

（1）函数法（使用 countif 函数）。

countif 函数的作用是对区域中满足单个指定条件的单元格进行计数，其基本格式为 countif (range，criteria)，range 表示想要计算的单元格范围，criteria 表示计算条件，其形式可以为数字、表达式或文本。

如图 4-1 中所示，在 D2 单元格中输入函数表达式：=COUNTIF(C1:C4,C1)，然后拖动单元格右下角的“+”号至 D5 单元格，显示结果如图 4-2 所示。

	A	B	C	D	E	F
1	季度	粉丝（千人）	收益（万元）			
2	1	30	20	1		
3	2	40	20	2		
4	3	50	25	1		
5	4		26	1		
6						
7						
8						
9						
10						

图 4-2　使用 countif 函数识别重复值后的数据表

从图 4-2 中可以看到，每个重复数据对应的第一个出现的计数值就是其重复数，即数字 20 出现了 2 次。

（2）高级筛选法。

在 Excel 中也可以直接使用功能导航区域的筛选功能直接筛选出非重复值，首先选择数据单元格区域，然后选择“数据”选项卡，选择“高级”选项，如图 4-3 所示。

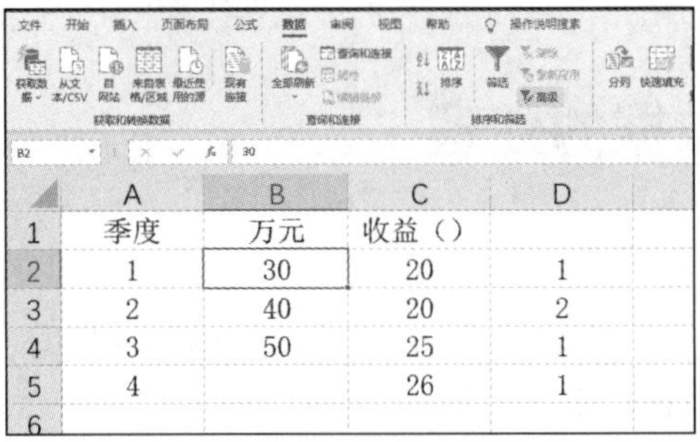

图 4-3　利用筛选功能处理重复值

在弹出的对话框中选择“将筛选结果复制到其他位置”单选按钮，复制到 D1 单元格，同时勾选“选择不重复的记录”复选框，单击“确定”按钮，如图 4-4 所示。

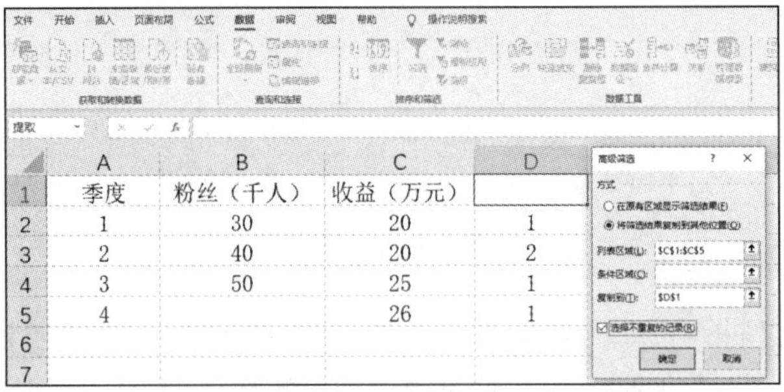

图 4-4　弹出“高级筛选”对话框

最终结果如图 4-5 所示，D1 到 D4 单元格中显示了无重复值的数据。

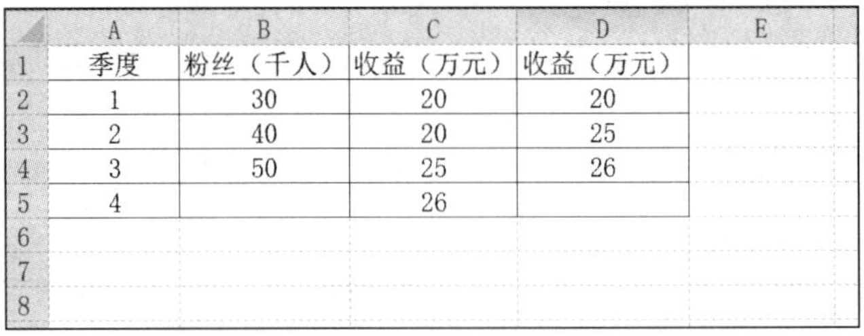

	A	B	C	D	E
1	季度	粉丝（千人）	收益（万元）	收益（万元）	
2	1	30	20	20	
3	2	40	20	25	
4	3	50	25	26	
5	4		26		
6					
7					
8					

图 4-5　利用筛选功能处理重复值的结果

（3）条件格式法。

使用条件格式法突出显示重复值的功能，可将重复值显示出来。

在“开始”选项卡下依次选择“条件格式”→“突出显示单元格规则”→“重复值”选项，在弹出的对话框中单击“确定”按钮，如图 4-6 所示。

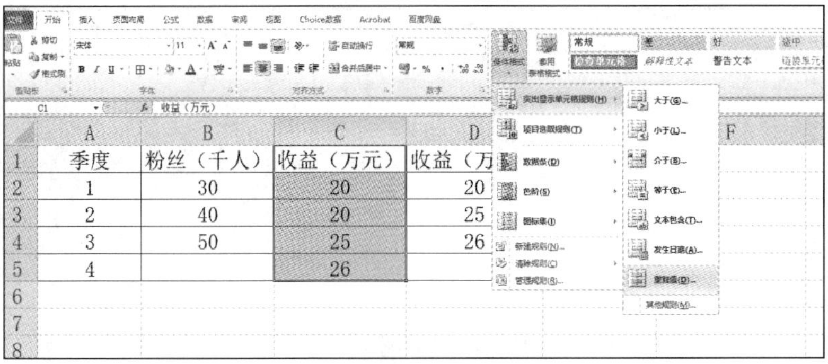

第4章 新媒体数据的处理

图 4-6　利用条件格式法处理重复值的步骤

如图 4-7 所示，重复值将显示为浅红填充色的深红色文本。

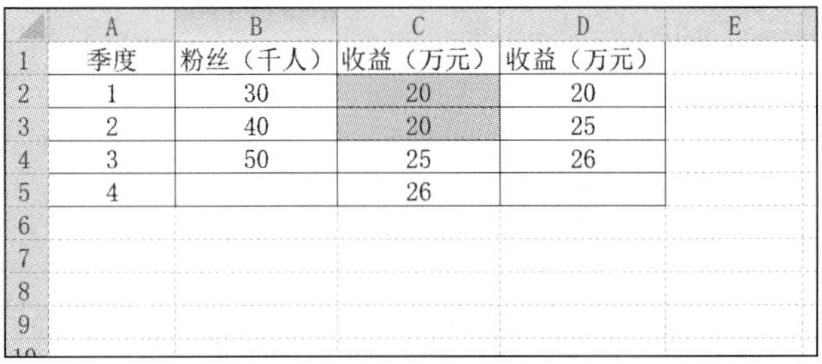

图 4-7　利用条件格式法处理重复值的结果

（4）数据透视表法。

数据透视表法的原理类似于函数法，通过计算数据重复的频次，出现 2 次及以上就说明该数据属于重复项。其操作过程具体如下，在 E1 单元格单击"插入"选项卡，选择"数据透视表"选项，如图 4-8 所示。

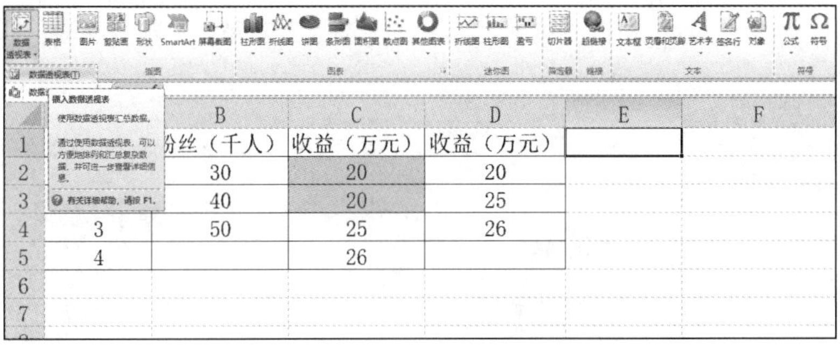

图 4-8　利用数据透视表法处理重复值

在弹出的对话框中，选择要分析的区域 C1:C5，选择放置数据透视表的位置 E1，单击"确定"按钮，如图 4-9 所示。

单击生成的数据透视表，在右方"数据透视表字段列表"中勾选"收益（万元）"复选框，再将"收益（万元）"选项拖动到"数值"区域，最后单击"数值"下拉按钮，在弹出的下拉列表中选择"值字段设置"为"计数"，其结果如图 4-10 所示。

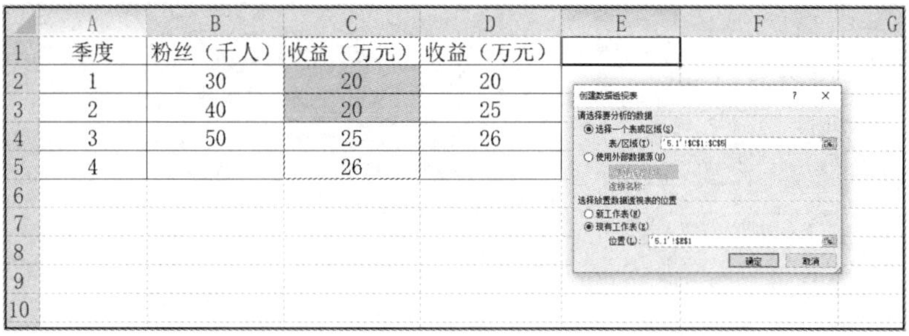

图 4-9 弹出"创建数据透视表"对话框

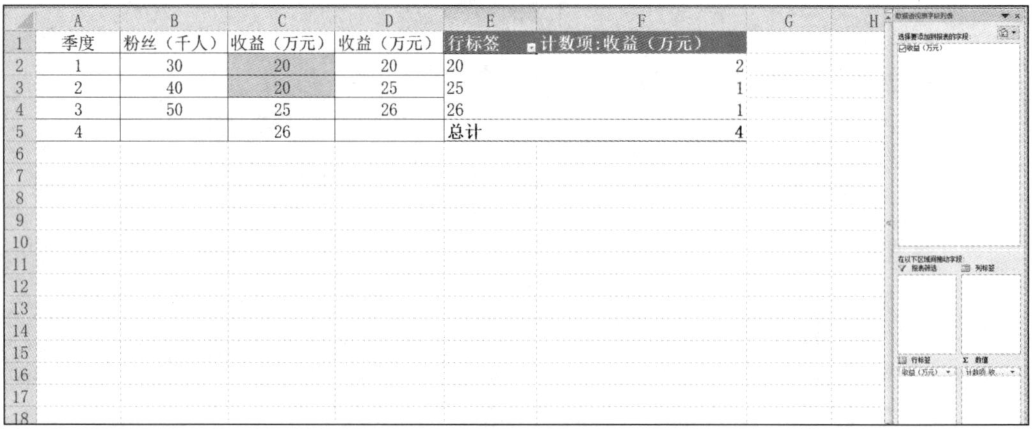

图 4-10 利用数据透视表法处理重复值的结果

3. 重复数据的删除

利用前面四种方法中的任意一种即可查看数据中的重复数据，之后便可采取删除重复数据的操作。在 Excel 中删除重复数据的具体操作如下：首先选择所要处理的区域 C1:C5，在上方导航窗口选择"数据"选项卡，在"数据工具"组中选择"删除重复项"选项，如图 4-11 所示。

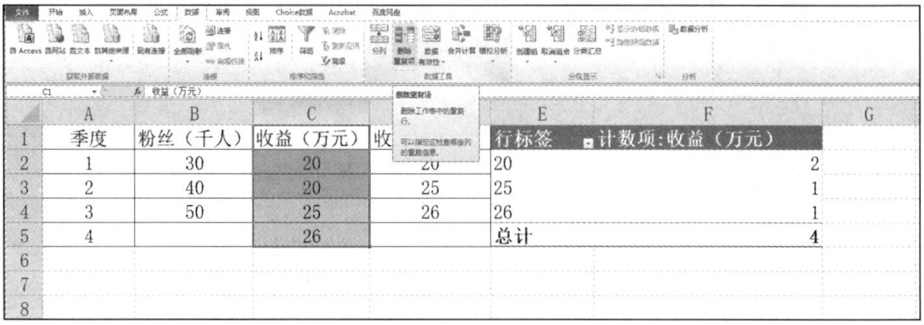

图 4-11 删除重复数据

在弹出的对话框中选择"扩展选定区域"→"删除重复项"选项，只勾选"列 B"，单击"确定"按钮，弹出提示对话框，提示有多少重复值被删除，有多少唯一值被保留。最终结果如图 4-12 所示。

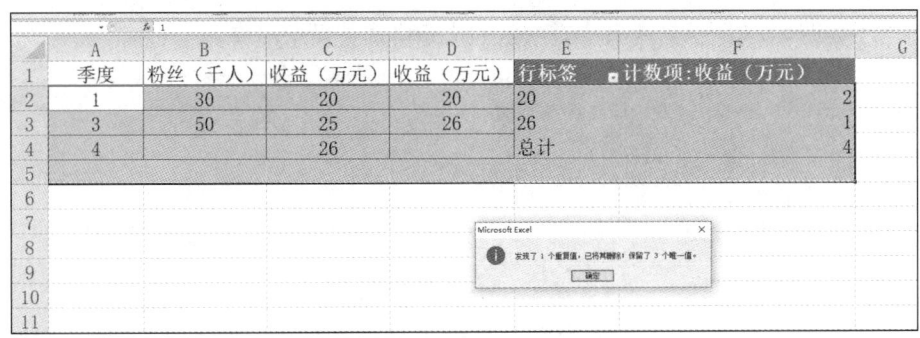

图 4-12　删除重复数据的结果

▶▶ 4.1.2　缺失数据的处理

1. 缺失数据的概念

缺失数据是指数据中某个或某些属性的值缺失或不完整。缺失值产生的原因多种多样，例如，由于数据收集或保存时造成的数据缺失，人的主观失误、历史局限或有意隐瞒造成的数据缺失等。

2. 缺失数据的识别

识别缺失数据的具体操作如下：选定需要处理的区域 B1:B5，单击"开始"选项卡，单击"编辑"组中的"查找和选择"下拉按钮，在弹出的下拉菜单中单击"定位条件"命令，如图 4-13 所示。

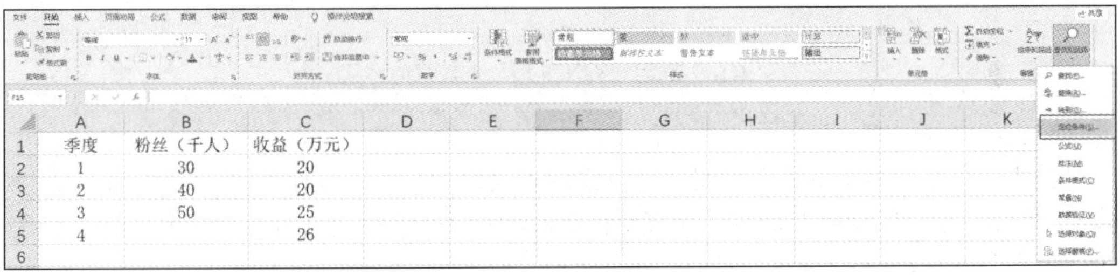

图 4-13　单击"定位条件"命令

在弹出的对话框中选择"空值"单选按钮，如图 4-14 所示。

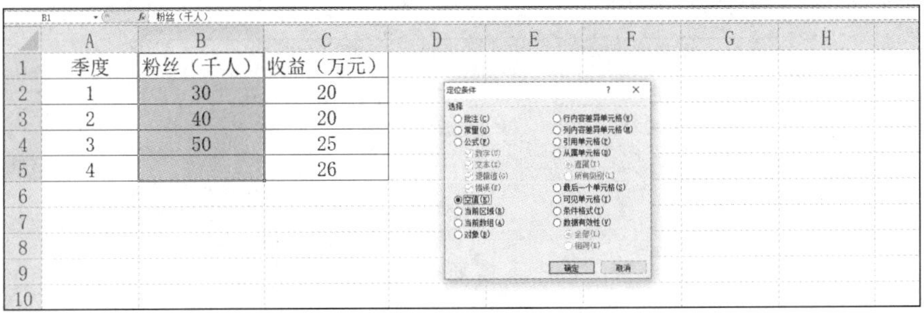

图 4-14　选择"空值"单选按钮

最终结果如图 4-15 所示，所有含有空值的单元格均被显示出来。

	A	B	C	D	E	F	G
1	季度	粉丝（千人）	收益（万元）				
2	1	30	20				
3	2	40	20				
4	3	50	25				
5	4		26				
6							
7							
8							
9							

图 4-15　识别缺失数据的结果

3. 缺失数据的处理

缺失数据会对数据分析带来很大的不便，处理缺失数据的方法主要有两种，一种是填充法，另一种是查找替换法。

（1）填充法。

保持 B1:B5 单元格数据区域中所有空值的选中状态，按“=”键，再按“↑”键，最后按“Ctrl+Enter”快捷键，即可将所有空值都填充为所在组对应的第一个单元中的值，如图 4-16 所示。

A	B	C	D	E	F
季度	粉丝（千人）	收益（万元）			
1	30	20			
2	40	20			
3	50	25			
4	50	26			

图 4-16　利用填充法处理缺失数据的结果

（2）查找替换法。

当缺失值以某种特殊标识出现时，可以采用查找替换的方式进行处理，除了单击“查找和替换”选项卡，还可以使用快捷键进行查找和替换。“Ctrl+H”快捷键可实现替换功能，“Ctrl+F”快捷键可实现查找功能。

首先对原始的数据进行修改，在一列的缺失值位置全部输入“#NA”，表示缺失值。按下“Ctrl+F”快捷键进行查找，在弹出的对话框中输入查找内容为“#NA”进行查找，单击“查找全部”按钮，其结果如图 4-17 所示。

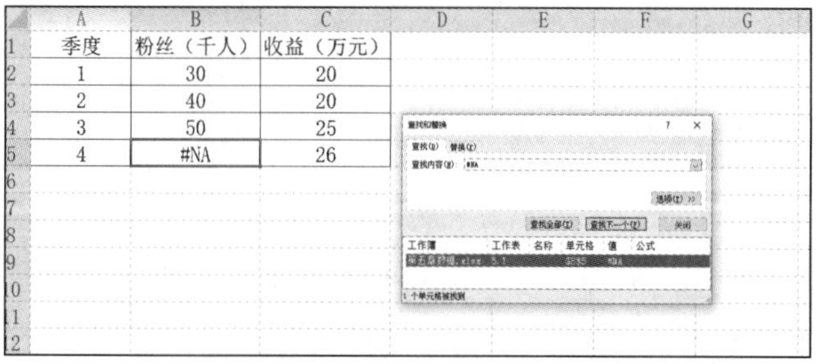

图 4-17　利用查找法查看缺失数据的结果

查找完缺失数据后，按"Ctrl+H"快捷键进行替换，在对应的文本框内输入内容，将缺失值"#NA"替换为"50"，单击"全部替换"按钮，如图4-18所示。

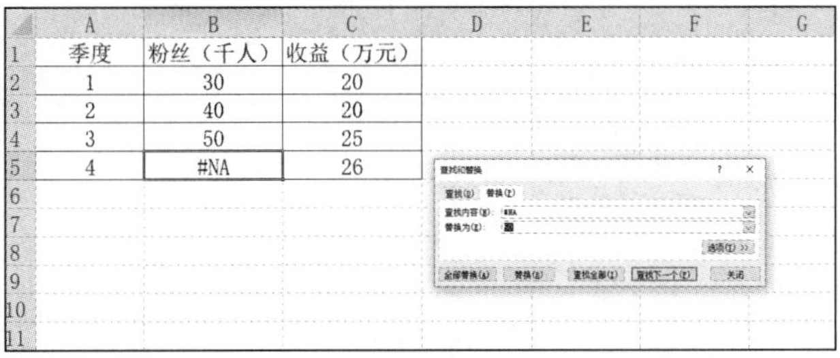

图 4-18　利用替换法替换缺失数据的结果

▶▶ 4.1.3　检查数据的错误

在实际的数据分析中，数据还可能存在其他类型的错误。在Excel中可以使用"数据有效性"来进行错误数据的检查，数据有效性中存在多种检查的规则，下面以一个简单的例子来说明。

利用4.1.2节中查找替换法的原始数据，查找是否存在缺失值及大于4的整数。选定A和B两列作为需要检查的区域，单击导航栏中的"数据"选项卡，单击"数据有效性"命令，在弹出的下拉菜单中选择"数据有效性"选项，如图4-19所示。

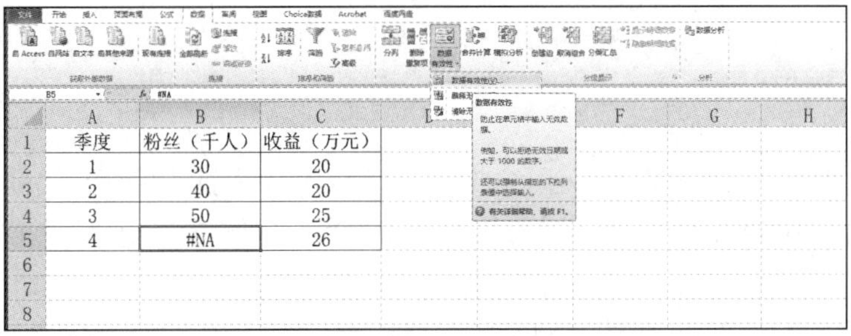

图 4-19　选择"数据有效性"选项

弹出"数据有效性"对话框，在"允许"下拉列表中选择"整数"选项，在"数值"下拉列表中选择"小于或等于"选项，在"最大值"文本框中输入40，同时取消勾选"忽略空值"复选框，单击"确定"按钮，如图4-20所示。

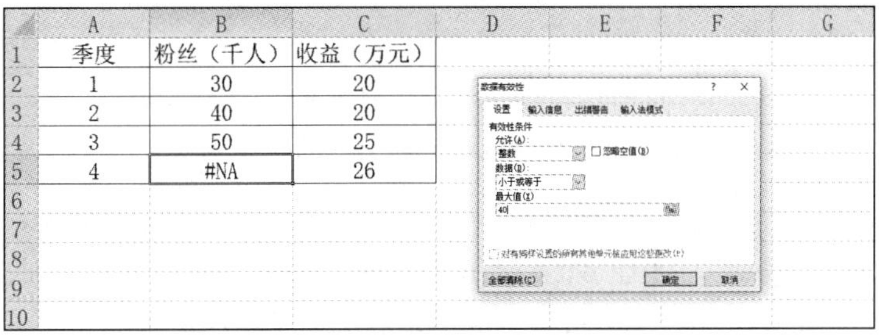

图 4-20　"数据有效性"对话框

设定完数据有效性检查的规则，再单击"圈释无效数据"命令，即可筛选出不在有效性规则内的数据，其结果如图 4-21 所示。

图 4-21 利用数据有效性检查数据

4.2 数据加工

在一般情况下，数据经过清洗后，依然无法满足数据分析需求，还要经过进一步的加工处理，最终形成简洁、规范、清晰的样本数据，这个过程通常包括数据抽取、数据计算、数据分组和数据转换。

▶▶ 4.2.1 数据抽取

对数据库中现有的字段进行整合加工，以形成分析所需要的新的字段，即数据抽取。它包括字段拆分和随机抽样。

（1）字段拆分。

字段拆分是指为了截取某一字段中的部分信息，将该字段拆分成两个或多个字段。例如，身份证号码中包含地区编码和出生年月日信息，接下来以身份证号码信息的抽取为例，演示字段拆分的过程。

首先随机输入 5 个身份证号码，如图 4-22 所示。（注意：在输入此部分数据前，要先清除数据有效性规则，否则可能会报错）

图 4-22 随机输入 5 个虚拟身份证号码

使用 MID 函数分别提取前 6 位地区编码，第 7 位到第 10 位是出生年份，第 11 到 14 位为出生日期。MID 函数的格式是 MID(text,start_num,num_chars)，text 指定需要抽取的文本字符串，start_num 指定字符串的开始位置，num_chars 指定提取的字符数量。

因此，在 B2 单元格中输入函数公式：=MID(A2,1,6)，表示对 A2 单元格中的文本字符串，从第 1 个位置开始，抽取 6 个数字，即地区编码。同样在 C2 单元格中输入函数公式：=MID(A2,7,4)，表示出生年份，在 D2 单元格中输入函数公式：=MID(A2,11,4)，表示出生日期。

最后在各列拖动右下角的"+"号，套用函数格式，将各列分别命名为"地区编码""出生年份"和"出生日期"，结果如图 4-23 所示。

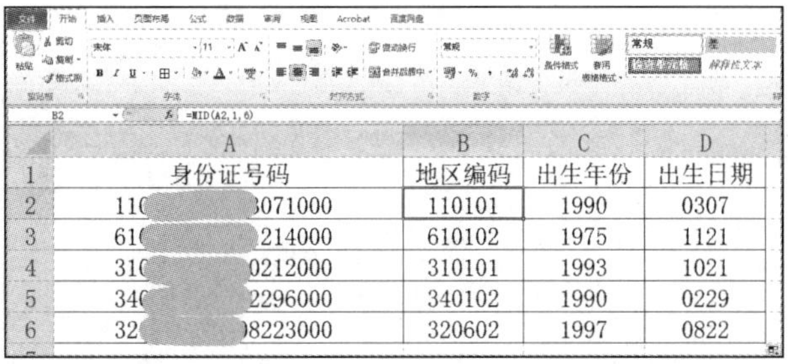

图 4-23 利用 MID 函数进行字段拆分的结果

（2）随机抽样。

随机抽样是按照随机的原则，也就是保证总体中每个样本都有同等的机会被抽中。在对海量级数据进行计算时，如果要对所有数据进行计算，往往难度较大，因此对数据进行随机抽样就很有必要。

首先新建一个空白表，在 A1 单元格中输入公式：=RAND()，即生成一个范围[0,1]的服从均匀分布的随机数，套用格式至 A25 单元格，即生成 25 个随机数，如图 4-24 所示。

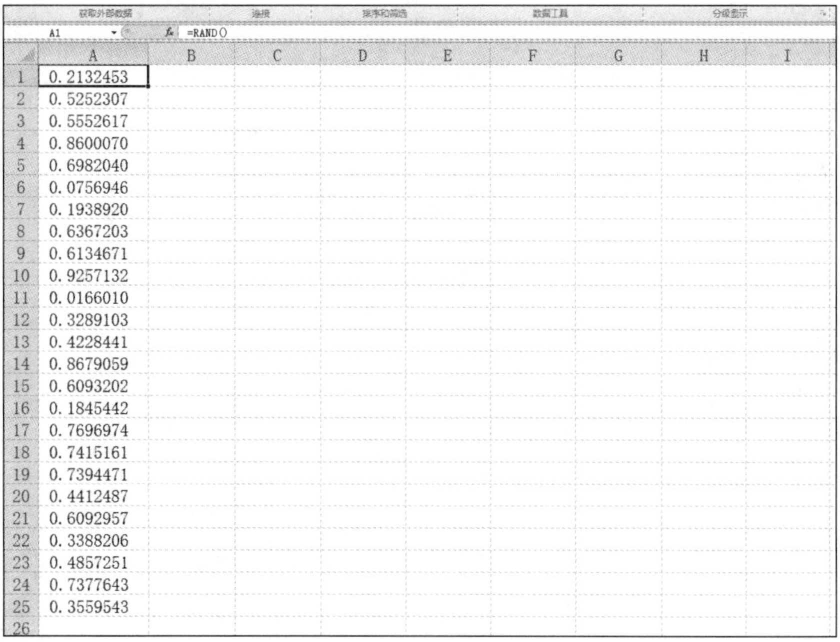

图 4-24 利用 RAND 函数生成 25 个随机数

首先加载"数据分析工具"，依次单击上方导航栏的"文件"→"选项"命令，弹出"Excel 选项"对话框，在左侧列表框中选择"加载项"选项，在"名称"下拉列表中选择"分析工具库"选项，单击对话框下方的"转到"按钮，如图 4-25 所示。

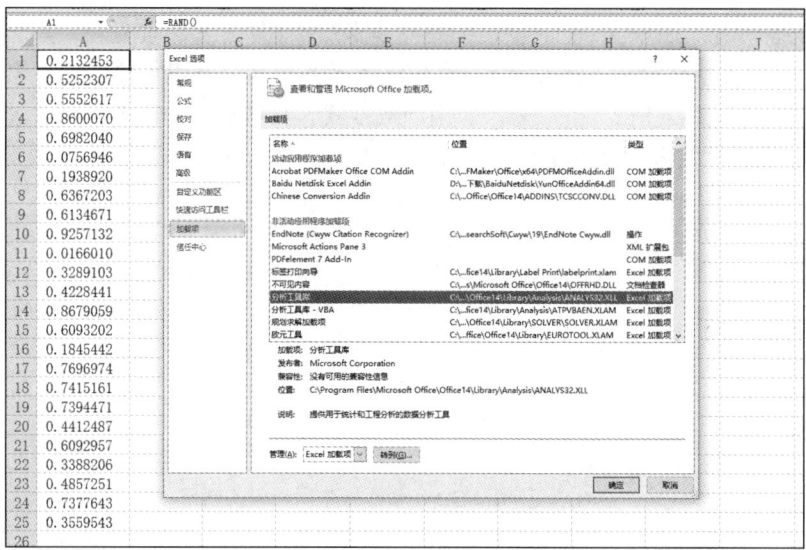

图 4-25 加载"数据分析工具"

弹出"加载宏"对话框，勾选"分析工具库"复选框，单击"确定"按钮，如图 4-26 所示，在导航栏"数据"选项卡下就会出现"数据分析"选项。

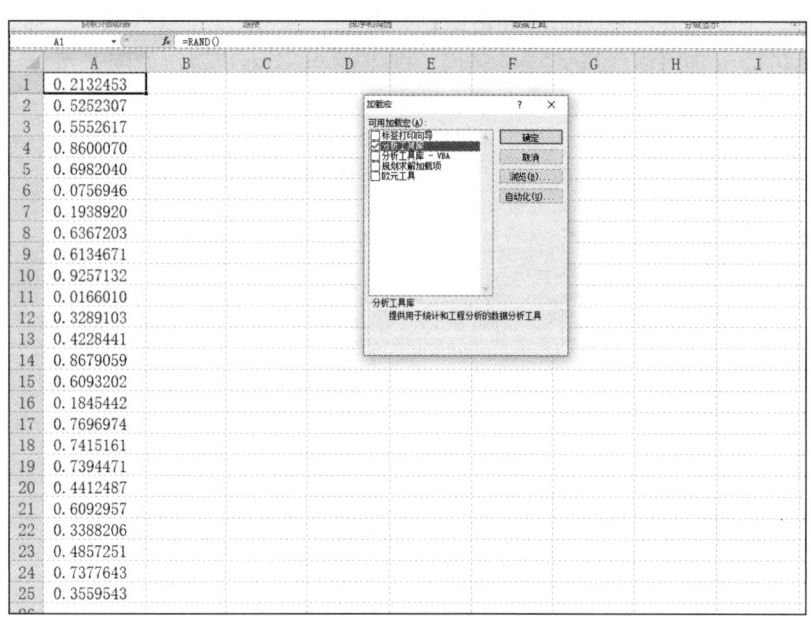

图 4-26 利用数据分析工具进行随机抽样

单击"数据分析"选项，在弹出的对话框中选择"抽样"分析工具，弹出"抽样"对话框，"输入区域"选择 A1:A25，"随机样本数"选择 10，"输出区域"选择 B1:B10，单击"确定"按钮，如图 4-27 所示。

结果如图 4-28 所示，成功随机抽取 10 个样本。需要注意的是，由于使用的是随机数，每次单击时随机数都会发生变化，故图中的数据会不一致，但这不影响常规数据的随机抽样。

	A
1	0.7558757
2	0.9183868
3	0.7781245
4	0.6068809
5	0.0508821
6	0.5399230
7	0.7821161
8	0.6825793
9	0.9441198
10	0.1863835
11	0.2582076
12	0.7134968
13	0.3017107
14	0.3134774
15	0.6549136
16	0.1866879
17	0.2376580
18	0.0196832
19	0.4098517
20	0.9592364
21	0.3823814
22	0.7879553
23	0.0775024
24	0.1537883
25	0.9780392

图 4-27　“抽样”对话框

	A	B
1	0.9531709	0.3597624
2	0.7197500	0.5291941
3	0.4928264	0.1780515
4	0.0465750	0.8373808
5	0.9302663	0.5652959
6	0.0366670	0.5291941
7	0.1710905	0.8373808
8	0.6913696	0.9376166
9	0.5286771	0.1223192
10	0.6436024	0.1223192
11	0.5745449	
12	0.0211320	
13	0.9416348	
14	0.4267283	
15	0.2301544	
16	0.1898354	
17	0.0716096	
18	0.9457100	
19	0.8940739	
20	0.0831874	
21	0.4619651	
22	0.6897602	
23	0.9877537	
24	0.7260236	
25	0.5284524	

图 4-28　利用数据分析工具进行随机抽样的结果

4.2.2　数据计算

有时候源数据并不能满足需求，因此需要对获取的数据源进行简单计算，才能得到想要的数据，以便更好地进行数据分析。

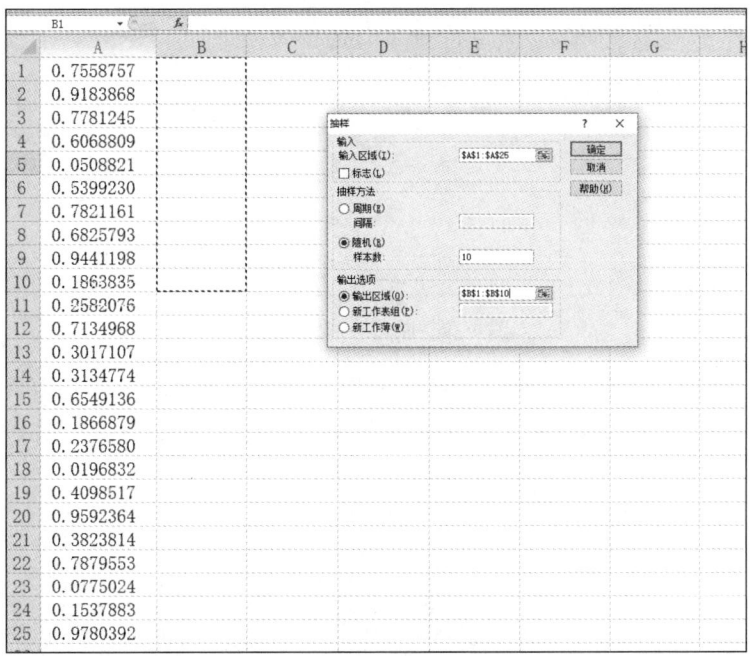

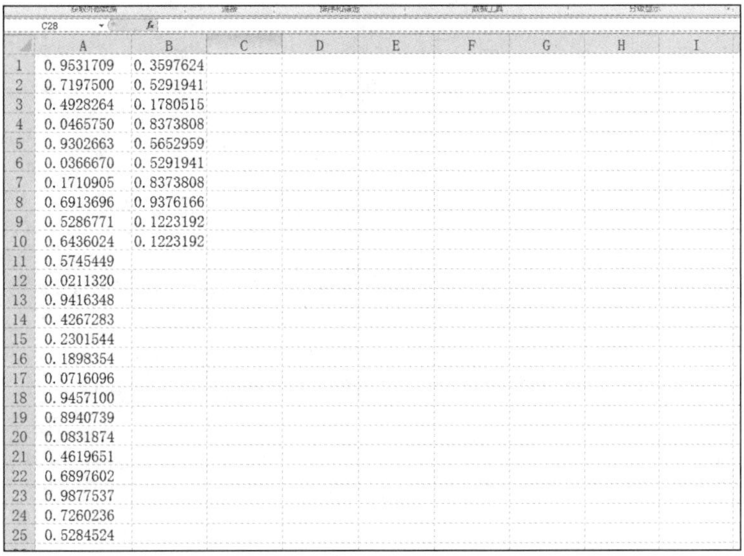

如图 4-29 所示，有一组销售数据，需要分别计算各产品的销售额和总计的销售额，利用简单的函数计算即可完成。

	A	B	C	D	E	F
1	产品	销量	单价			
2	A	120	11			
3	B	80	9			
4	C	100	10			
5						
6						
7						
8						
9						
10						
11						
12						

图 4-29　原始的销售数据表

在 D2 单元格输入公式：=B2*C2，套用格式至 D4，获得各个产品对应的销售额。然后在 B5 单元格输入公式：=SUM(B2:B4)，套用格式至 D5，得到总销量和总销售额，结果如图 4-30 所示。

	A	B	C	D	E	F	G
1	产品	销量	单价	销售额			
2	A	120	11	1320			
3	B	80	9	720			
4	C	100	10	1000			
5	合计	300		3040			
6							
7							
8							
9							
10							

图 4-30　利用函数进行简单计算的结果

当然，也可以利用导航栏“开始”选项卡下面的“编辑”选项，选择“自动求和”等函数进行计算，如图 4-31 所示。

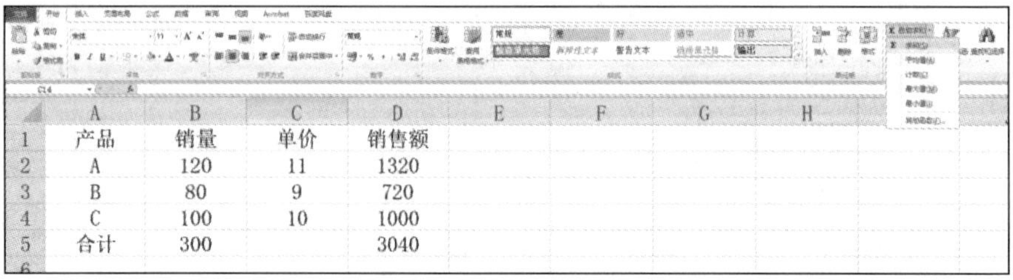

	A	B	C	D	E	F	G	H
1	产品	销量	单价	销售额				
2	A	120	11	1320				
3	B	80	9	720				
4	C	100	10	1000				
5	合计	300		3040				

图 4-31　利用“编辑”选项进行简单计算

4.2.3　数据分组

数据分组是按照数据分析的目的，将原始的数据源按照一定的规则划分成不同的组别，分组后的数据包含某个范围的数据，便于实现数据分析的目的。

在 Excel 中可以使用 IF 函数进行数据分组的操作。

IF 函数是一个逻辑判断函数，可对数值大小进行判断，并赋予相应的分组标签。IF 函数可表示为 IF(logical_test,[value_if_true],[value_if_false])，其中 logical_test 是条件表达式，即逻辑判断条件，当条件满足时返回 value_if_true，当条件不满足时返回 value_if_false。

首先生成 20 个年龄数据，然后在输出单元格中输入公式：=IF(A2<50,"(0,50)","[50,+∞)")，最后在输出区域套用格式，输出结果如图 4-32 所示。

图 4-32 利用 IF 函数进行简单分组的结果

当想要分成多个组时，只需要在 IF 函数中嵌套 IF 函数，例如，在图 4-32 中的 C2 单元格中输入公式：=IF(A2<30,"(0,30)",IF(A2<45,"[30,45)","[45,+∞)"))，将年龄分成三个组，其结果如图 4-33 所示。

图 4-33 利用 IF 函数进行多个分组的结果

▶▶ 4.2.4 数据转换

数据加工的最后一个部分就是数据转换，在数据分析时，获取的元数据有时候是文本，可能无法进行计算。此时就需要对数据进行转换，转换成能够处理的数据类型。常用的数据转换主要有数据表转置和数据类型转换。

1. 数据表转置

将图 4-34 中的简单信息表进行转置，选定需要转置的输入区域并右击，在弹出的快捷菜单中单击"复制"命令。

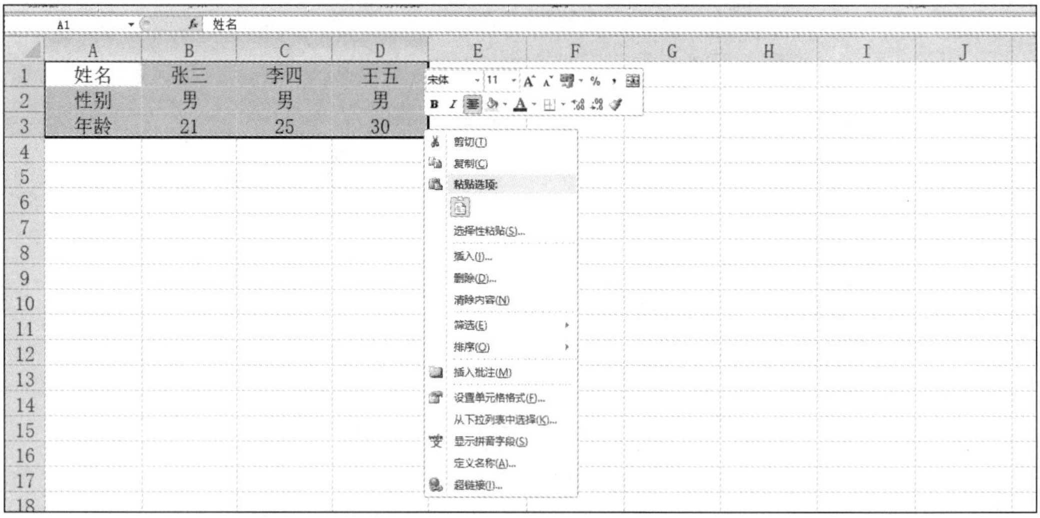

图 4-34 复制简单信息表

选定想要输出的区域右击，单击"选择性粘贴"命令，选择"粘贴数值"下的"转置"选项，输出结果如图 4-35 所示。

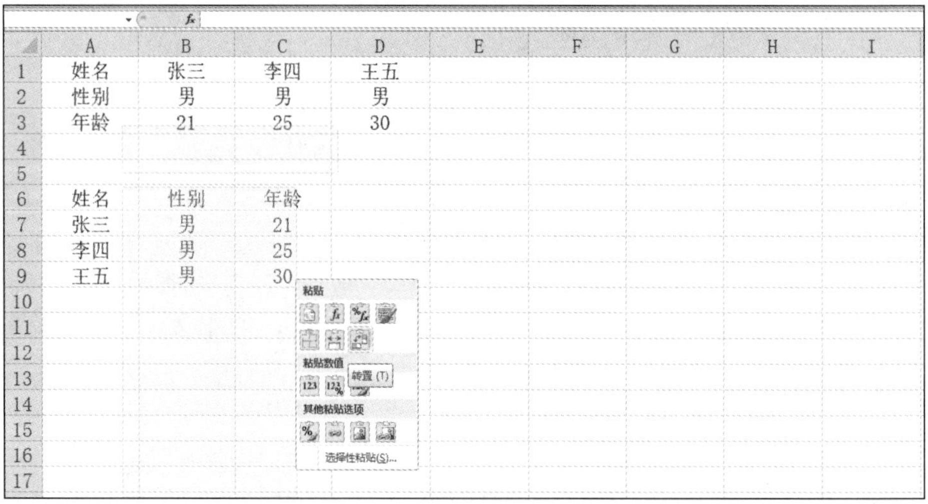

图 4-35 数据表转置的结果

2. 数据类型转换

Excel 中有多种数据类型，选定想要输出的区域，在导航栏"开始"选项卡的"数字"选项中，可选择想要转换的数据类型，如图 4-36 所示。也可以单击"其他数字格式"命令，进一步选择想要转换的数据类型的具体格式，如小数位数等，图 4-37 所示。

第 4 章 新媒体数据的处理

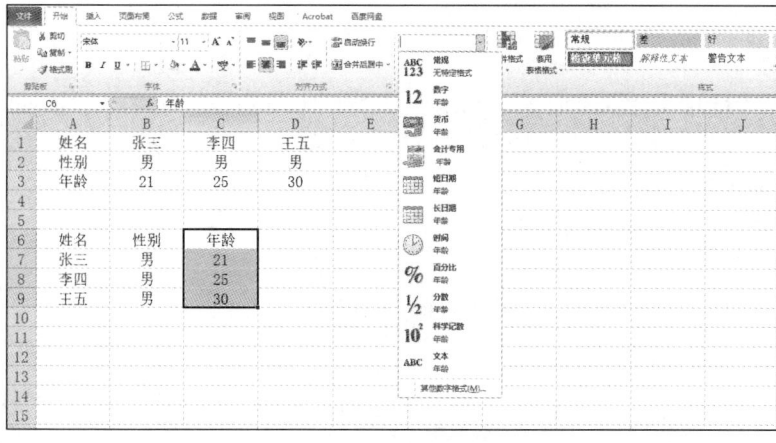

图 4-36 数据类型转换（1）

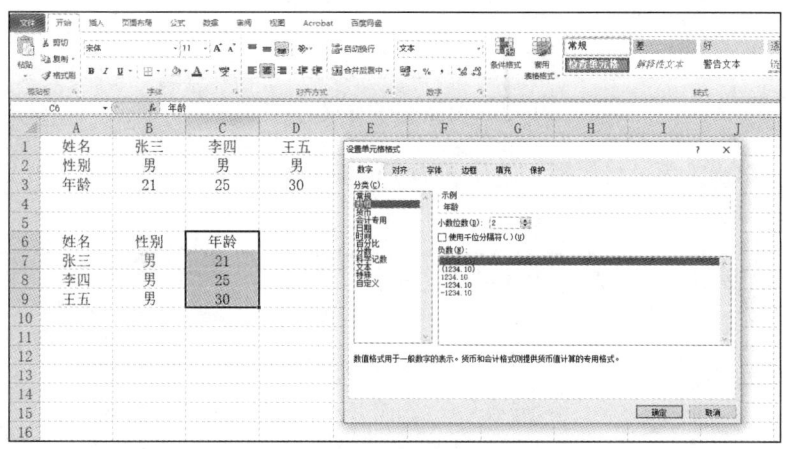

图 4-37 数据类型转换（2）

本章知识小结

本章介绍了数据清洗和数据加工的类型和具体的操作方法，包括重复数据、缺失数据的处理和检查数据的错误。熟悉此部分后，可以进行大多数常规的数据处理工作，为后续的数据分析创造了基本条件。

本章考核检测评价

一、名词解释

数据清洗　数据加工　数据抽取　数据分组　数据转换

二、操作题

1. 输入下面的销售数据，如图 4-38 所示。按照本节介绍的方法，在 Excel 中按顺序完成下列操作要求。

（1）检查"销量"列的重复值。

（2）补齐"产品"列的缺失数据。

（3）检查数据中的有效性，圈释出单价小于 20 的产品。

	A	B	C	D
1	厂商	产品	销量	单价
2		产品A	100	12
3	厂商甲		100	15
4			120	18
5		产品B	120	21
6	厂商乙		140	24
7			160	27
8		产品C	160	30
9	厂商丙		160	33
10			200	36
11			220	39
12				

图 4-38　操作题中自定义的销售数据

2. 输入一组出生年月日日期，如图 4-39 所示。按照本节介绍的方法，在 Excel 中按顺序完成下列操作要求。

	A	B	C	D	E
1	出生年月日	出生年份	出生日期	年龄	年龄分组
2	19780406				
3	19790508				
4	19800610				
5	19810712				
6	19820814				
7	19830916				
8	19841018				
9	19851120				
10	19861222				
11	19880102				
12	19900203				
13	19920304				
14	19940405				
15	19960506				
16	19980607				
17	20000708				
18	20020809				
19	20040910				
20	20061011				
21	20081112				
22					

图 4-39　操作题中自定义的出生年月日数据

（1）将"出生年月日"数据类型转换为数值型，小数位数设置为 0。

（2）抽取"出生年月日"列中的出生年份数据，输入区域为"出生年份"列，抽取"出生年月日"列中的出生月份和日期数据，输入区域为"出生日期"列。

（3）利用抽取的"出生年份"数据，计算年龄数据，并输出到"年龄"列。

（4）利用"年龄"数据对年龄进行分组，按照"20 岁以下""20 岁～40 岁""40 岁以上"分成三组，并将结果输出到"年龄分组"列。

第5章 新媒体数据的分析视角

【学习目标】

1. 了解新媒体数据分析的主要类型,能够判别某一分析方法属于何种类型;
2. 熟练掌握原因分析中的分析方法,并能够熟练运用;
3. 能够掌握每种分析方法的运用场景,合理使用每种方法进行新媒体数据分析。

【学习重点、难点】

重点:准确识别数据分析方法的运用场景和数据分析需求。
难点:利用 Excel 进行数据分析的具体相关操作。

【本章思维导图】

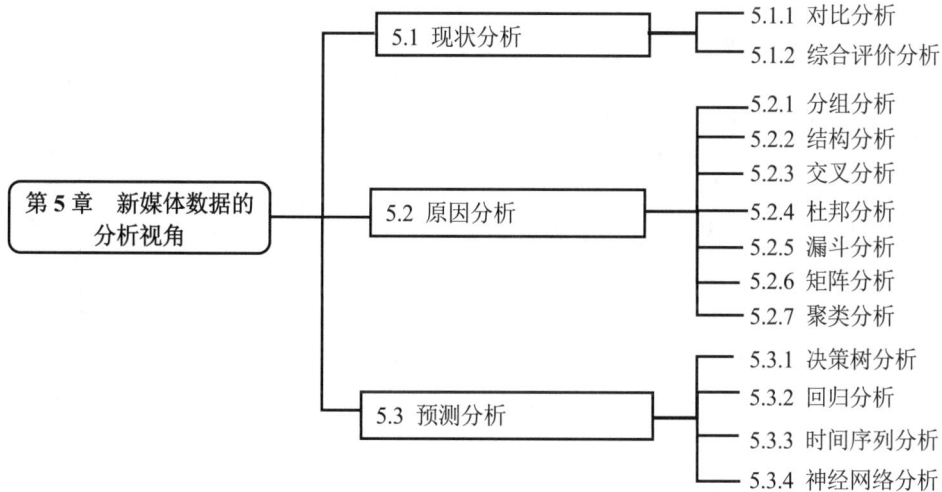

5.1 现状分析

现状分析是指针对当前的某种现象,从多角度进行细分,找出其内在联系,寻找能够解决问题的主线,并以此解决问题。通过现状分析,可以了解现阶段企业的整体运营情况,同时可以明确每个业务的组成，以便了解企业的整体运营情况及每个业务的发展和变化情况。新媒体数据经过加工与处理后具有可分析性，因此可以尝试进行分析并掌握数据背后企业的运营情况。常见的现状分析方法主要有对比分析、综合评价分析。

5.1.1 对比分析

1. 定义

对比分析是指将两个或两个以上的数据进行比较，分析它们的差异，从而揭示这些数据所代表的事物发展变化规律。对比分析的特点就是可以非常直观地看出事物某方面的变化或差距，并且可以准确、量化地表示出这种变化或差距是多少。

2. 分类

对比分析可分为静态比较和动态比较，其中，静态比较是指在同一时间条件下对不同总体指标的比较，如今日头条同领域作者文章阅读量对比、粉丝数对比等，也叫横向比较，简称横比。动态比较是指在同一总体条件下对不同时期指标数值的比较，如本月文章阅读量与上月文章阅读量进行对比、本月粉丝增长数与上月粉丝增长数进行对比等，也叫纵向比较，简称纵比。动态比较和静态比较这两种方法既可单独使用，又可结合使用。进行对比分析时，可以单独使用总量指标、相对指标或平均指标，也可将它们结合起来进行对比。

3. 实践运用

对比分析的实践运用主要体现在五个方面。

第一就是与目标对比，具体就是将实际完成值与目标进行对比，属于横比。

第二就是与不同时期对比，具体指选择不同时期的指标数值作为对比标准，属于纵比。

第三就是与同级部门、单位、地区对比，属于横比。

第四就是行业内对比，具体就是与行业中的标杆企业、竞争对手或行业的平均水平进行对比，属于横比。

第五就是与活动效果对比，具体就是对某项营销活动开展前后进行对比，属于纵比。

同时，我们还可以对活动的开展状况进行分组对比，这属于横比。

通过对比分析可以直接观察到目前的运营水平，一方面找到当前已经处于优秀水平的层面，后续予以保持；另一方面及时发现当前的薄弱环节，重点突破。

例如，A企业是一家短视频运营平台，其新媒体运营团队进行了同行用户年龄的对比分析，如图5-1所示。

企业	12~19岁	20~34岁	35~49岁	50岁以上
A企业	12	56	23	9
B企业	13	23	31	33
C企业	12	57	21	10
D企业	21	55	12	12

图5-1　某企业与同行用户年龄对比

通过对比可以发现，该企业的主要用户年龄大多在 20～34 岁，而 B 企业的大多数用户年龄则在 35 岁以上。

5.1.2 综合评价分析

1. 定义

综合评价分析的基本思想是将多个指标转化为一个能够反映综合情况的指标来进行分析评价。比如，在评价不同国家的经济发展状况，不同地区的基础设施建设水平、生活水平、满意度水平、企业经济效益评价等时，都可以用这种方法。

2. 综合评价分析的过程

综合评价分析一般有 5 个步骤，如图 5-2 所示。

图 5-2　综合评价分析的 5 个步骤

3. 综合评价分析的三大特点

特点一：评价过程不是逐个指标顺次完成的，而是通过一些特殊方法将多个指标的评价同时完成的。

特点二：在综合评价过程中，一般要根据指标的重要性进行权重的评估。

特点三：评价结果不再是具有具体含义的统计指标，而是以指数或分值表示参评单位综合状况的排序。

4. 综合评价分析的标准化方法

（1）0-1 标准化方法。

在多指标评价体系中，由于各评价指标的性质不同，通常具有不同的量纲和数量级。当各指标间的水平相差很大时，如果直接用原始指标数据进行分析，就会突出数值较高的指标在综合分析中的作用，相对削弱数值较低指标的作用。因此，为了保证结果的可靠性，需要对原始指标数据进行标准化处理。

数据的标准化是将数据按比例缩放，使之落入一个小的特定区间。在比较和评价某些指标时，经常会用到数据的标准化，去除数据的单位限制，将其转化为无量纲的纯数值，便于不同单位或量级的指标进行比较和加权。其中最典型的就是数据的归一化处理，将数据统一映射到[0,1]区间上。

0-1 标准化也称离差标准化，是对原始数据的线性变换，使结果落到[0,1]区间，转换公式如下：

$$标准化处理值 = \frac{样本原始值 - 样本最小值（MIN）}{样本最大值（MAX） - 样本最小值（MIN）}$$

在 Excel 中对数据标准化实例，如图 5-3 所示。

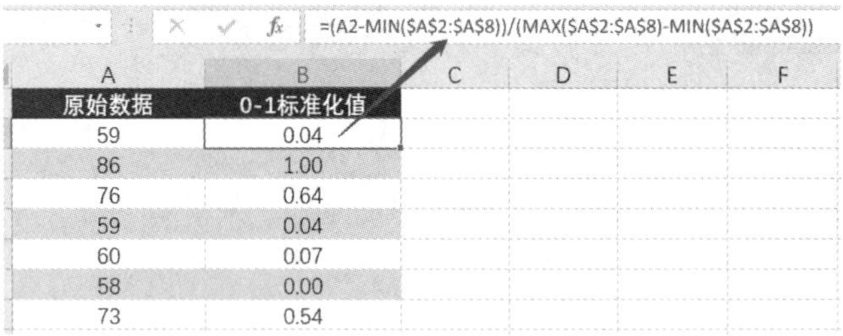

图 5-3 在 Excel 中对数据标准化实例

数据标准化处理主要包括数据同趋化处理和无量纲化处理。数据同趋化处理主要解决不同性质的数据问题，对不同性质指标直接加总不能正确反映不同作用力的综合结果，必须先考虑改变逆指标数据性质，使所有指标对测评方案的作用力同趋化，再加总才能得出正确结果。数据无量纲化处理主要解决数据的可比性。经过上述标准化处理，原始数据均转换为无量纲化指标测评值，即各指标值都处于同一个数量级别上，可以进行综合测评分析。

（2）确定权重。

做数据分析的时候往往会遇到权重问题，我们该采用什么样的方法来确定权重呢？其实方法有很多，如专家访谈法、德尔菲法、层次分析法、主成分分析法、因子分析法、回归分析法等，这些方法都较为复杂，操作起来也相对困难，这里介绍一种简单的权重确定方法，即目标优化矩阵表。

目标优化矩阵表的工作原理就是把人脑的模糊思维简化为计算机的 1/0 式逻辑思维，最后得出量化的结果。这种方法不但量化准确，而且简单、方便、快捷。目标优化矩阵表的用途是很广泛的，它不仅可以用于目标的优化，还可以用于任何项目的排序，如重要性排序等。

对于目标优化矩阵表中涉及的权重数值，可以找几个有经验的或专业的人士通过投票来决定各项的重要性，从而获知各项目的权重数值。

目标优化矩阵表的用法是：将纵轴上的项目依次和横轴上的项目对比，由专家进行投票表决，如果纵轴上的项目比横轴上的重要，那么在两个项目相交的表格中填 1，否则填 0，最后将每行的数字相加，根据合计的数值进行排序。目标优化矩阵表如图 5-4 所示。

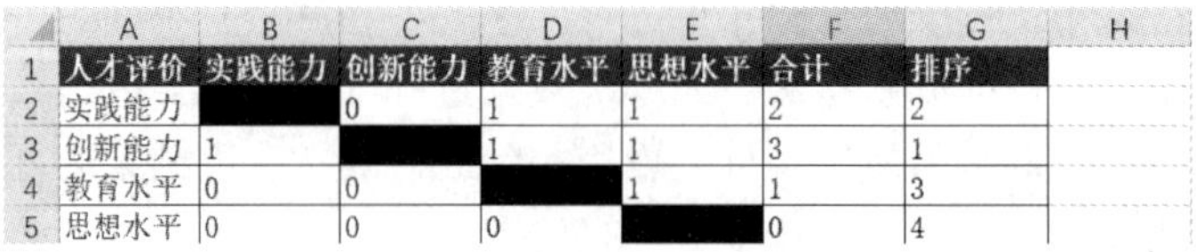

	A	B	C	D	E	F	G	H
1	人才评价	实践能力	创新能力	教育水平	思想水平	合计	排序	
2	实践能力		0	1	1	2	2	
3	创新能力	1		1	1	3	1	
4	教育水平	0	0		1	1	3	
5	思想水平	0	0	0		0	4	

图 5-4 目标优化矩阵表

因此，某一指标的权重=某一指标新的重要性合计得分÷所有指标新的重要性合计得分。

5.2 原因分析

用户流失率及用户留存率评估对新媒体运营平台来说至关重要，平台运营人员往往会存在如下疑问：哪些因素有助于降低平台的用户流失率及提升用户留存率呢？因此有必要了解以下原因分析方法。

5.2.1 分组分析

1. 定义

分组分析是指通过一定的指标，将对象统计分组并计算和分析，以便深入了解所要分析对象的不同特征、性质及相互关系的方法。分组分析法遵循相互独立、完全穷尽（Mutually Exclusive Collectively Exhaustive，MECE）原则。所谓相互独立，即分组之间不能有交叉，组别之间具有明显的差异性，每个数据只能归属某一组；所谓完全穷尽，即分组中不要遗漏任何数据，保证数据完整性，各组的空间足以容纳总体的所有数据。

2. 实践运用

例如，新媒体运营团队可以运用分组分析法统计用户职业所处行业的占比，如图 5-5 所示。

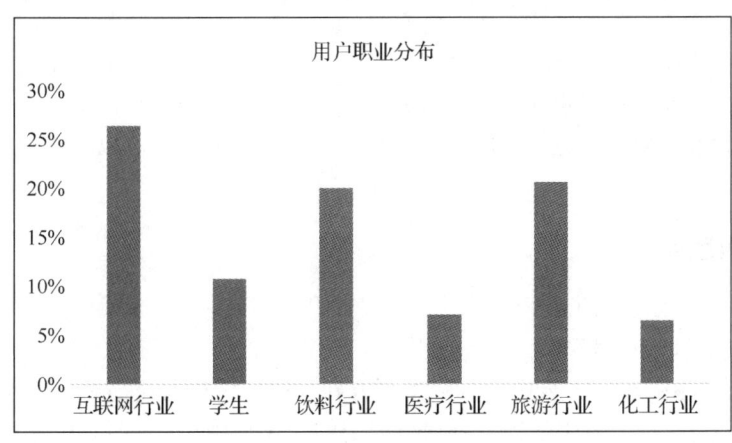

图 5-5 分组分析法示例

5.2.2 结构分析

1. 定义

结构分析是在统计分组的基础上，将组内数据与总体数据之间进行对比的分析方法。结构分析法分析各组部分占总体的比例，属于相对指标。

2. 实践运用

例如，新媒体运营团队可以运用结构分析法统计出各个地域的用户占比情况，如图5-6所示。

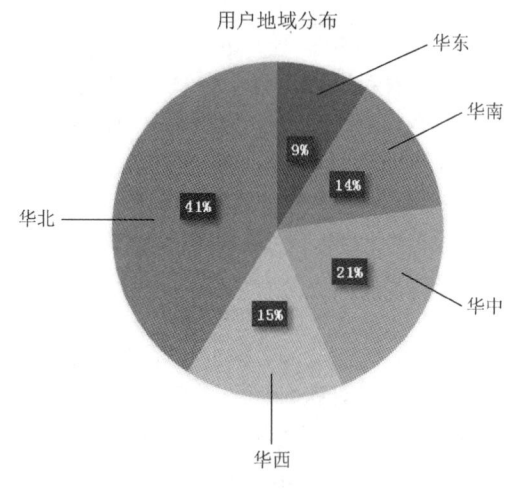

图 5-6　结构分析法示例

▶▶ 5.2.3 交叉分析

1. 定义

交叉分析通常用于分析两个变量（字段）之间的关系，即同时将两个有一定联系的变量及其值交叉排列在一个表格内，使各变量值成为不同变量的交叉结点，形成交叉表，从而分析交叉表中变量之间的关系，所以也叫交叉表分析。交叉表也有两个维度以上的，维度越多，交叉表就越复杂，所以在选择几个维度的时候需要根据分析的目的决定。以下主要介绍二维交叉表分析。

2. 交叉表的运用

图 5-7 展示了一条图文消息在不同平台投放后的用户浏览数据及点赞数据，并将用户行为触发时间划分为上午、下午和晚上三个时间段。

在图 5-8 的示例中，交叉表中的行沿水平方向延伸（从左侧到右侧），"今日头条""百家号"的数据各占一行。交叉表中的列沿垂直方向延伸（从上到下），推荐量、浏览量、点赞量各占一列。汇总字段位于行和列的交叉结点，每个交叉结点的值代表对既满足行条件又满足列条件的记录的汇总（求和、计数等），如"今日头条"和"推荐量"交叉结点的值是 555146，表示全天内"今日头条"平台上的图文消息浏览量之和为 555146。

因此，通过交叉表分析，我们就很容易了解以下内容。
- 全天内所有平台的推荐量总计（第二列）。
- 全天内所有平台的浏览量总计（第三列）。
- 全天内所有平台的点赞量总计（第四列）。
- 全天内各个平台的用户行为数据（各交叉节点的值）。

时间段	平台	指标	用户数据
上午	今日头条	推荐量	177411
上午	百家号	推荐量	245436
上午	今日头条	浏览量	21973
上午	百家号	浏览量	26821
上午	今日头条	点赞量	5323
上午	百家号	点赞量	5217
下午	今日头条	推荐量	149247
下午	百家号	推荐量	186623
下午	今日头条	浏览量	14672
下午	百家号	浏览量	12551
下午	今日头条	点赞量	7556
下午	百家号	点赞量	3705
晚上	今日头条	推荐量	228488
晚上	百家号	推荐量	117789
晚上	今日头条	浏览量	27708
晚上	百家号	浏览量	26468
晚上	今日头条	点赞量	5455
晚上	百家号	点赞量	6972

图 5-7　各平台推送消息用户数据

时间段　(全部)

求和项:用户数据　列标签

平台	推荐量	浏览量	点赞量	总计
百家号	549848	65840	15894	631582
今日头条	555146	64353	18334	637833
总计	1104994	130193	34228	1269415

图 5-8　交叉分析示例

5.2.4　杜邦分析

1. 定义

杜邦分析是由美国杜邦公司创建并最先采用的一种综合分析方法，又称杜邦财务分析体系，简称杜邦体系。它利用各主要财务指标间的内在联系，对企业财务状况及经济效益进行综合分析评价的方法。

2. 杜邦分析的基本思路

杜邦分析的基本思路是将企业净资产收益率逐级分解为多项财务比率乘积，这样有助于深入分析比较企业经营业绩。从图 5-9 可以看出，杜邦分析法将净资产收益率分解为 3 个因素：销售净利率、总资产周转率和权益乘数。销售净利率又可以分解为净利润、销售收入；净利润还可以分解为销售收入和成本费用；总资产周转率可以分解为销售收入、资产总额；资产总额还可以分解为流动资产、长期资产。

通过这样分解，可以把净资产收益率这一项综合性指标发生升降变化的原因具体化，比只用一项综合性指标更能说明问题。因此，一步步分解之后可以发现，提高总资产净利率的根本在于扩大销售、节约成本、优化投资配置、加速资金周转、优化资金结构。

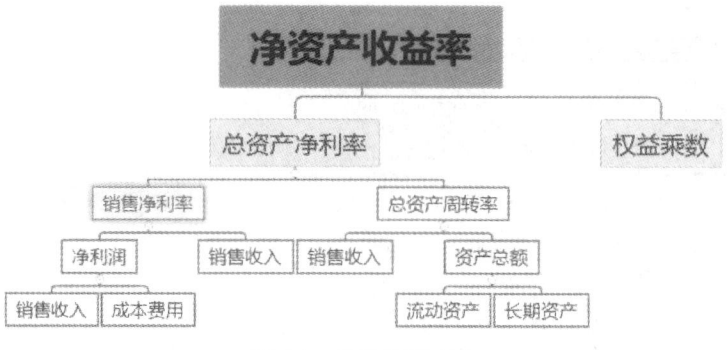

图 5-9 杜邦分析示例

5.2.5 漏斗分析

1. 定义

漏斗分析因其展现形式如漏斗，故而得名。该方法从字面上理解就是用类似漏斗的框架对事物进行分析的一种方法，这种方法能对研究对象在"穿越漏斗"时的状态特征进行时序类、流程式的刻画与分析。

2. 漏斗分析的应用场景

通过漏斗分析可以了解用户行为路径在每一步的转化和流失情况，对流失较多的用户行为路径进行细化多维度分析，找出漏点，提升转化。漏斗分析的应用场景：用户注册转化分析、企业用户转化分析。

3. 漏斗分析法的4个构成要素

漏斗分析法涉及4个方面的要素：时间、节点、研究对象、指标。

（1）时间指的是事件是何时开始、何时结束的，也包括应用漏斗模型进行研究的时间段（取数的时间范围），还涵盖前后两个节点之间的时间间隔、某节点的停留时长等。

（2）节点包括起点、终点和过程性节点，涵盖这些节点的命名、标识等，节点的数量对应漏斗的层级数。

（3）研究对象指的是参与事件或流程的主体，可能是一群人、某类用户或某个人。

（4）指标是对整个事件流程进行分析的工具，也是对漏斗的描述与刻画。

4. 实践运用

如果有1000个人访问某企业网站，有400个人单击注册，有200个人注册成功，有100个人进行付费。这个过程共有4步，第一步到第二步的转化率为40%，流失率为60%，第二步到第三步转化率为50%，流失率50%；第三步到第四步转化率为50%，流失率为50%。整个过程的转化率为10%，流失率为90%。如图5-10所示，该模型就是经典的漏斗分析模型。

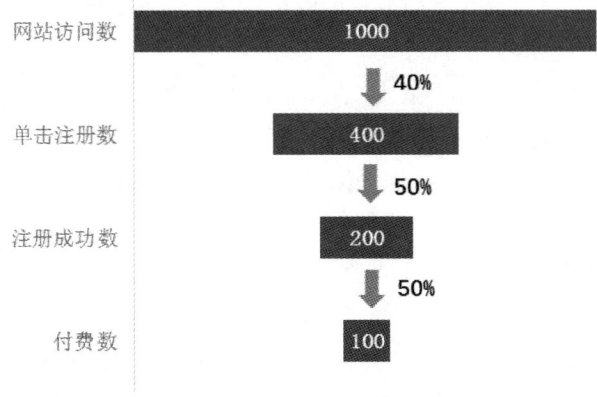

图 5-10 漏斗分析示例

5.2.6 矩阵分析

1. 定义

矩阵分析也称矩阵关联分析，是指将事物（如产品、服务等）的两个重要属性（或两个重要指标）作为分析的依据，进行分类关联分析，并解决问题的一种分析方法。

以属性 A 为横轴，以属性 B 为纵轴，组成一个坐标系，在两坐标轴上分别按某一标准（平均值、经验值等）进行刻度划分，构成四个象限，将要分析的每个事物投射至对应的四个象限内，进行交叉分类分析，直观地将两个属性的关联性表现出来，进而分析每个事物在这两个属性上的表现，从而找出解决问题的方法，为运营人员提供数据参考，如图 5-11 所示。

2. 实践运用

矩阵分析在解决问题和分配资源时，为决策者提供重要的参考依据。先解决主要矛盾，再解决次要矛盾，有利于提高工作效率，将资源分配到能产生绩效的部门和工作中，有利于决策者进行资源优化配置。

下面就用经典案例——用户满意度研究进行矩阵应用的介绍。如图 5-11 所示，该矩阵分析示例图为 2010 年某公司用户满意度调查情况，通过矩阵分析示例图能够非常直观地看出公司在各方面竞争的优势和劣势分别是什么，从而合理分配公司有限的资源，有针对性地确定公司在管理方面需要提升的重点。所以，在用户满意度研究中，此矩阵可称为优先改进矩阵或资源配置矩阵。

- 第一象限（高度关注区）属于重要性高、满意度也高的象限。落在该象限的项目标志着用户对服务项目的满意度与其重要性成比例，即用户对公司提供某方面服务的满意程度与用户所认为此方面服务的重要程度相符合。对于该象限的服务项目，公司应该继续保持并给予支持。
- 第二象限（优先改进区）属于重要性高、满意度低的象限。落在该象限的项目标志着需要改进，用户对公司提供某方面服务的满意程度大大低于他们认为此方面服务的重要程度。公司必须明确需要做出哪些方面的改进，做好该象限的服务项目，可以有效提高用户满意度，为公司赢得竞争优势。
- 第三象限（无关紧要区）属于重要性低、满意度也低的象限。落在该象限的项目标志着用户对服务项目的满意度与其重要性成比例，即用户对公司某方面提供服务的满意程度与他们认为此方面服务的重要程度相符合。对于该象限的服务项目，公司应该进一步关注用户对其期望值的变化。
- 第四象限（维持优势区）属于重要性低、满意度高的象限。这个象限标志着资源过度投入，用户对公司提供某方面服务的满意程度大大超过了他们认为此方面服务的重要程度。公司投入了比用户认可满意的结果更多的时间、资金和资源，公司应该把在此区投入的过多的资源转移至其他更重要的产品或服务方面，如第二象限的服务项目。

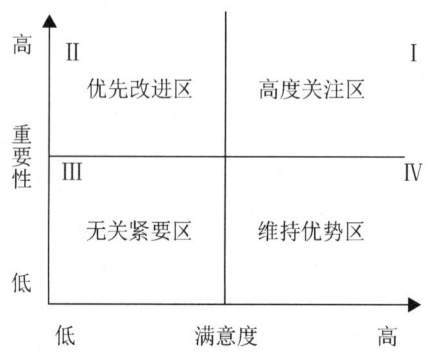

图 5-11　某公司满意度调查情况

通过上述分析，我们可知矩阵分析法非常直观清晰，用法也简便，在营销管理活动中应用广泛，对销售管理起到指导、促进、提高的作用，而且在战略定位、市场定位、产品定位、用户细分、满意度研究等方面都有较多的应用。

例如，某在线旅游企业的大众点评评价分析，可以借助 4 个象限，即 "高度关注区" "优先改进区" "无关紧要区" "维持优势区" 进行矩阵分析，并重点处理 "紧急且重要" 的事项。

5.2.7　聚类分析

1. 定义

聚类分析就是按照个体的特征将它们分类，其目的在于让同一个类别内的个体之间具有较高的相似度，而不同类别个体之间具有较大的差异性，这样，就能够根据不同类别的特征有的放矢地进行分析，并制订适用于不同类别的解决方案。

聚类分析可以对变量进行聚类，但更常见的是对个体进行聚类，也就是样本聚类，例如，对用户、渠道、商品、员工等方面的聚类。聚类分析主要应用在市场细分、用户细分等领域。

为了合理的聚类，需要采用适当的指标来衡量研究对象之间的联系紧密程度，常用的指标有 "距离" 和 "相似系数"，"相似系数" 一般指的是相关系数。假设将研究对象用点表示，在聚类分析时，将 "距离" 较近的点或 "相似系数" 较大的点归为同一类，将 "距离" 较远的点或"相似系数"较小的点归为不同的类。

2. 聚类分析的特点

（1）聚类结果是未知的，不同的聚类分析方法可能得到不同的聚类结果，或者聚类分析方法相同但是所分析的变量不同，也会得到不同的聚类结果。

（2）对于聚类结果的合理性判断比较主观，只要类别内相似性和类别间差异性都能得到合理的解释和判断，就认为聚类结果是可行的。

3. 聚类分析的步骤

（1）确定需要参与聚类分析的变量。

（2）对数据进行标准化处理，这主要是因为各个变量间的变量值的数量级别差异较大或单位不一致，例如，一个变量的单位是元，另一个变量的单位是百分比，数量级别差异较大，而且单位也不一致，无法直接进行比较或计算"距离"和"相似系数"等指标。

（3）选择聚类方法和类别个数。常用的聚类方法包括K均值聚类、层次聚类等。

（4）聚类分析结果解读。

5.3 预测分析

预测分析是指自变量为时间，因变量为时间的函数的模式。趋势预测的主要优点是考虑时间序列发展趋势，使预测结果能更好地符合实际。

5.3.1 决策树分析

1. 定义

决策树分析是在已知各种情况发生概率的基础上，通过求取净现值的期望值大于等于零的概率，评价项目风险，判断其可行性的决策分析方法，是直观运用概率分析的一种图解法。由于这种决策分支很像一棵树的枝干，故称其为决策树。决策树常用来解决分类和回归问题。

2. 决策树的构造

构造决策树的关键步骤是分裂属性。所谓分裂属性，就是在某个节点处按照某一特征属性的不同划分构造不同的分支，其目标是让各个分裂子集尽可能"纯"，就是尽量让一个分裂子集中待分类项属于同一类别。分裂属性分为以下3种不同的情况。

（1）属性是离散值，且不要求生成二叉决策树。此时用属性的每一个划分作为一个分支。

（2）属性是离散值，且要求生成二叉决策树。此时用属性划分的一个子集进行测试，按照"属于此子集"和"不属于此子集"分成两个分支。

（3）属性是连续值。此时确定一个值作为分裂点，按照">分裂点"和"<分裂点"生成两个分支。

构造决策树的关键性内容是进行属性选择度量，属性选择度量是一种选择分裂准则，它决定了拓扑结构及分裂点的选择。

3. 实践运用

例如，企业在进行新媒体运营期间，当进行广告投放决策时，广告平台流量、投资回报率、投资成本，以及用户需求匹配程度等指标都会影响管理者的决策，如图 5-12 所示。

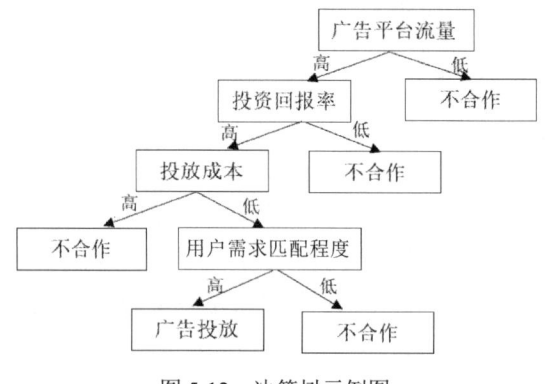

图 5-12　决策树示例图

▶▶ 5.3.2　回归分析

1. 定义

回归分析是通过研究事物发展变化的因果关系来预测事物发展走势的，它是研究变量间相互关系的一种定量预测方法，又称回归模型预测法或因果法。

2. 回归分析的应用场景

回归分析用于在许多业务情况下做出决策。回归分析有三个主要应用。

（1）解释运营人员理解困难的事物。例如，为什么平台的用户留存率比上一季度有所下降？

（2）预测重要的商业趋势。例如，明年会要求他们的产品看起来像什么？

（3）选择不同的替代方案。例如，企业应该进行按单击付费还是内容营销活动？

3. 简单线性回归

（1）回归分析的主要步骤。

① 依据经济学理论并且通过对问题的分析判断，将变量分为自变量和因变量。在一般情况下，自变量表示原因，因变量表示结果。

② 设法找出合适的数学方程式（回归模型）描述变量间的关系。

③ 估计模型的参数，得出样本回归方程。由于涉及的变量具有不确定性，接着还要对回归模型进行统计检验、计量经济学检验、预测检验。

④ 当所有检验都通过后即可应用回归模型。

（2）实践运用。

某企业刚刚完成了一波付费流量的推广，并且此公司的运营总监认为，公众号的付费流量投入（用 x 表示）与新增用户数（用 y 表示）是正相关的（数据见图 5-13）。也就是说，花费越多的钱去购买流量，收获的用户数就越多。利用回归分析，我们能求出一个说明因变量 y 如何依赖自变量 x 的方程。

利用线性回归分析，运营人员可以拟合出用户增长曲线，并给出拟合公式，图 5-21 中的 $y= 0.0099x - 2.9219$（其中 y 为新增用户数，x 为付费流量投入），通过拟合曲线，运营人员可以快速预测出想要吸引一定数量的新增用户数，需要投入多少金额。例如，运营人员想要新增 100 个用户，带入公式计算可知，需要投入 10 000 多元购买流量。

日期	付费流量投入	新增用户数
2020/11/10	1350	5
2020/11/11	2300	16
2020/11/12	4540	35
2020/11/13	2340	18
2020/11/14	3560	37
2020/11/15	5640	58
2020/11/16	1100	7
2020/11/17	900	8
2020/11/18	1200	16
2020/11/19	800	6
2020/11/20	1000	8

图 5-13　付费流量投入和新增用户数

（3）回归系数的解读。

在给出具体的解读之前，需要注意以下两点。

第一，当系数估计显著时（相应的 p 值小于显著性水平），才有解读的必要。

第二，在解读某一回归系数的时候，不要忘记写"控制其他因素不变"，这样才更加严谨。

以付费流量投入为例，控制其他因素不变，每增加 10000 元的付费流量投入，用户便会平均增加 99 个。需要注意的是，在实际汇报的时候，应当解读为控制其他因素不变，付费流量投入每增加 10000 元，用户平均增加 99 个。

4. 运用 Excel 进行回归分析

（1）计算相关系数。

第一步：加载"数据分析"模块。先按"Alt+T"组合键，再按 I 键，弹出如图 5-14 所示的"加载项"对话框，勾选"分析工具库"复选框和"分析工具库-VBA"复选框，单击"确定"按钮。

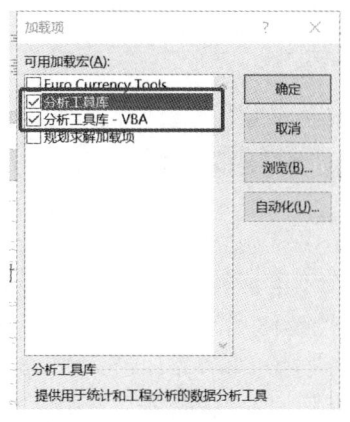

图 5-14　"加载项"对话框

第二步：单击"数据"选项卡中的"数据分析"按钮，弹出"数据分析"对话框，在"分析工具"列表中选择"相关系数"选项，单击"确定"按钮，如图 5-15 所示。

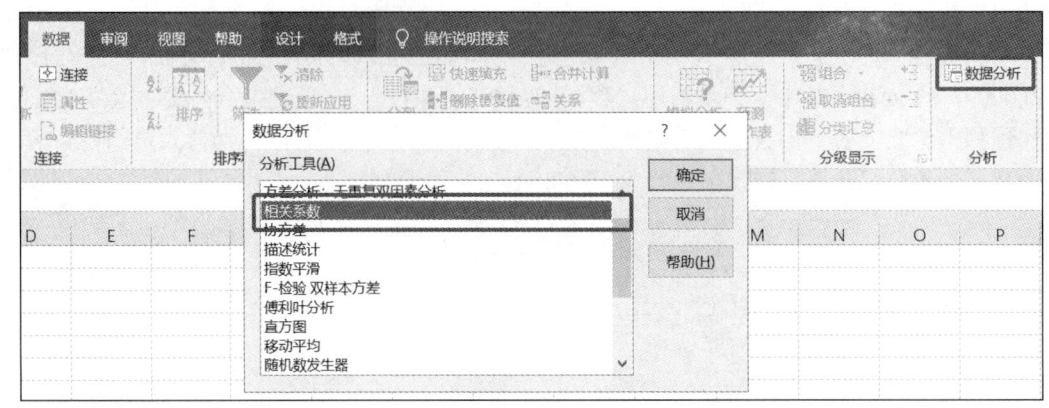

图 5-15　选择"相关系数"选项

第三步：在弹出的"相关系数"对话框中单击"输入区域"右边的折叠按钮，在工作表中选择数据区域"$B$2:$C$12"，设置"分组方式"为"逐列"，选择"输出区域"单选按钮，单击"输出区域"右边的折叠按钮，在工作表中选择单元格"$B$14"，最后单击"确定"按钮，如图 5-16 所示。

最终结果如图 5-17 所示，画框的数值为求得的相关系数。

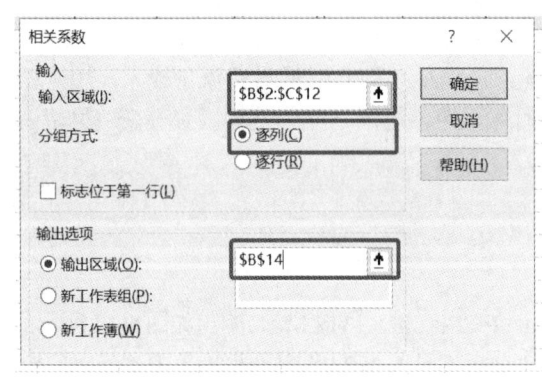

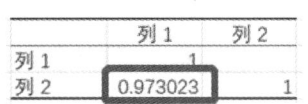

图 5-16　设置参数　　　　　　　　图 5-17　相关系数

（2）进行回归分析。

第一步：打开"付费流量投入和新增用户数"工作表，如图 5-13 所示。

第二步：单击"插入"选项卡中的"散点图"下拉按钮，选择"散点图"中的"仅带数据标记的散点图"选项。

第三步：单击"设计"选项卡中的"选数据"按钮，弹出"选择数据源"对话框，单击"图表数据区域"右边的折叠按钮，在工作表中选择数据区域"=付费流量投入和新增用户数!$B$1:$C$12"，单击"确定"按钮，如图 5-18 所示。

第四步：单击图表，单击"+"号选择"添加趋势线"选项，如图 5-19 所示。在"设置趋势线格式"对话框中，选择"趋势线选项"选项卡，选中"线性"单选按钮，Excel 将显示一条拟合数据点的直线。在对话框下部勾选中"显示公式"复选框和"显示 R 平方值"复选框，单击"关闭"按钮，如图 5-20 所示。

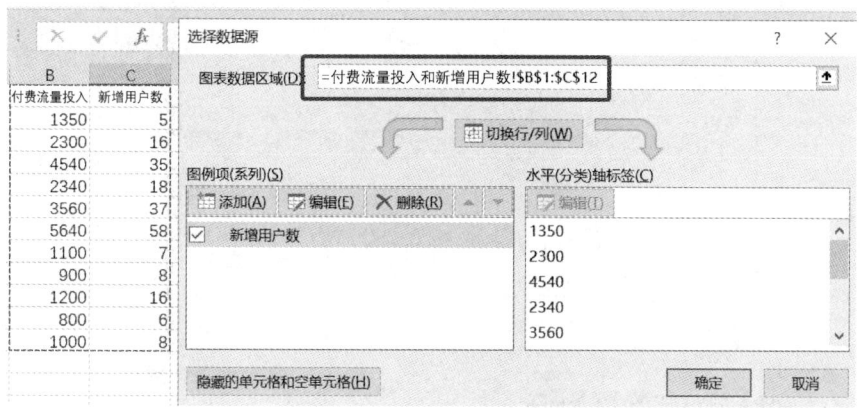

图 5-18　"选择数据源"对话框

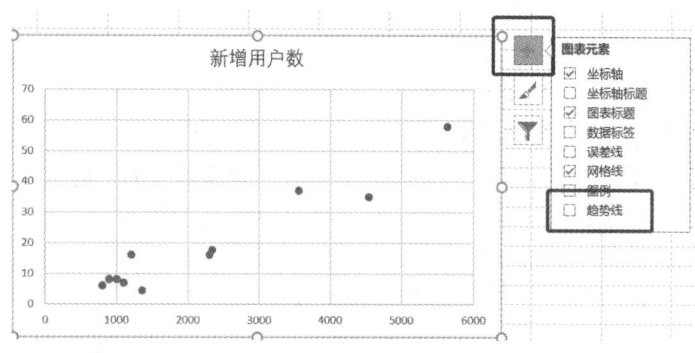

图 5-19　添加趋势线

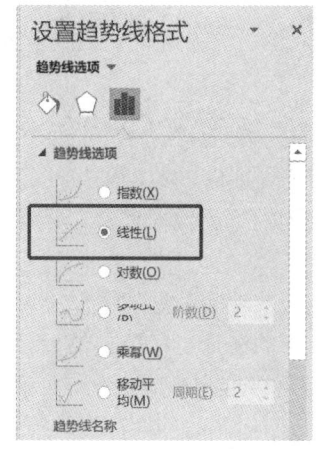 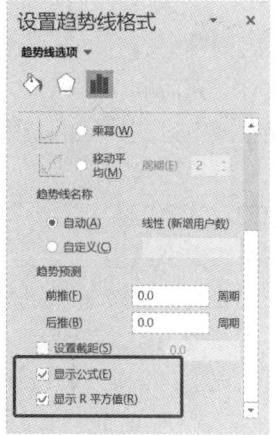

图 5-20　"设置趋势线格式"对话框

第五步：添加图标题和坐标轴标签，最终效果如图 5-21 所示。图 5-21 所示的回归结果表明，每增加 10000 元的付费流量投入，用户数便会平均增加 99 个。付费流量投入和新增用户数之间存在明显的正相关关系，即付费流量投入越多，新增用户就越多。

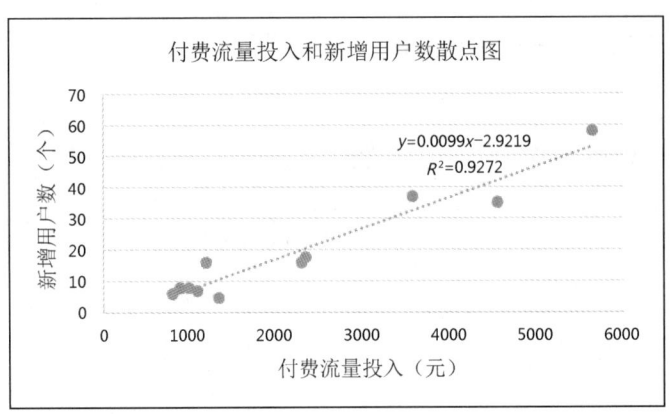

图 5-21　回归结果图

▶▶ 5.3.3　时间序列分析

1. 定义

时间序列分析，就是将某种统计指标的数值，按时间顺序排列，构成统计的时间序列，然后运用一定的数字方法使其向外延伸，预测市场未来的发展变化趋势，确定市场预测值。

时间序列图是描述统计指标在一段时间内变化波动的趋势和规律的统计工具，例如，统计指标大体在什么范围内运行、是否具有波动较大的时期或特点等。通过对趋势的分析，可以实现对未来数据变化的预测。通过对波动的分析，可以发现过程中的偏差，并区分是通常原因还是特殊原因引起的偏差，如果是特殊原因引起的偏差，则要立即分析问题成因，进行相应改进。

2. 时间序列特点

从预测角度看，时间序列具有以下 4 个特点。

（1）时间序列按时间先后顺序排列。

（2）时间序列是按一定方式搜集的一系列数据。它应符合两个方面要求：第一，时间序列中的各个数值的间隔应当是相同的；第二，在每个周期内，数据采集的起点应当相同。

（3）时间序列中的观测值有差异，即时间序列的每个数据都是在某一个时间点上观测到的随机变量，重复的可能性极小。

（4）时间序列中的数据不允许遗漏，哪怕是一次观测数据的遗漏都可能破坏预测等式。

此外，要绘制时间序列图，首先要确定要分析的统计指标值，然后按照时间顺序采集足够多的样本数据，否则数据过少很难反映统计指标的波动趋势和规律。时间单位可以是天、小时、分钟等。对于出现偏差的流程，在进行改进后要重新绘制时间序列图，检查偏差是否已经纠正，若没有，则需要进行持续改进。

3. 在 Excel 中进行时间序列分析

（1）在 Excel 中可以使用折线图绘制时间序列图。例如，图 5-22 是某企业一年内每个月的新增用户情况。利用 Excel 进行时间序列分析操作如下。

	A	B
1	月份	新增用户数
2	1	883
3	2	783
4	3	644
5	4	726
6	5	466
7	6	1047
8	7	544
9	8	996
10	9	435
11	10	812
12	11	924
13	12	858

图 5-22　每个月的新增用户数

第一步：选定 B1:B13 区域，在"插入"选项卡的"图表"模块中单击"折线图"命令，如图 5-23 所示。

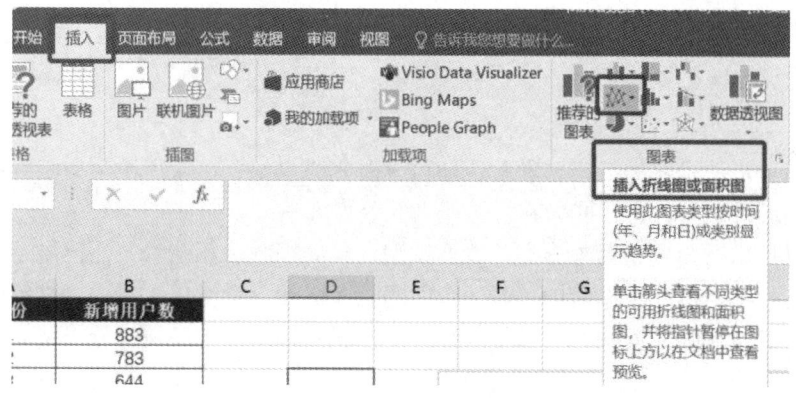

图 5-23　插入折线图

第二步：选择"二维折线图"中的"带数据标记的折线图"选项，如图 5-24 所示。

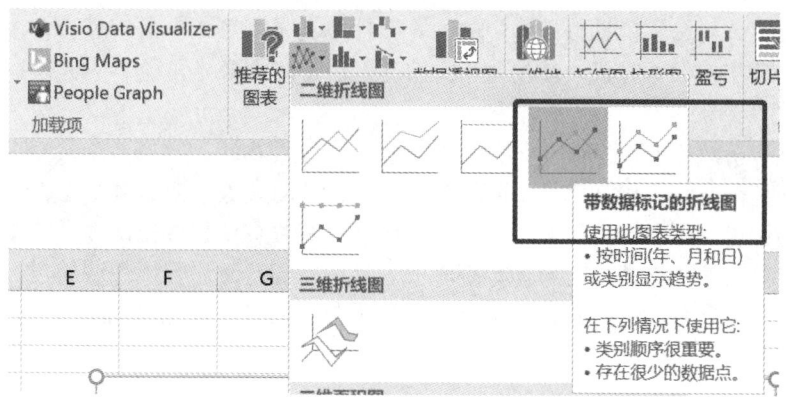

图 5-24　选择"带数据标记的折线图"选项

第三步：选择图表布局，单击"设计"选项卡，选择"其他"→"布局"选项。
第四步：删除网格线，设置坐标轴样式、标签，得到最终的时间序列图。

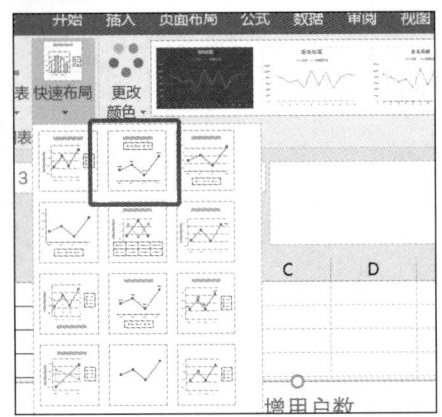

图 5-25 选择图表布局

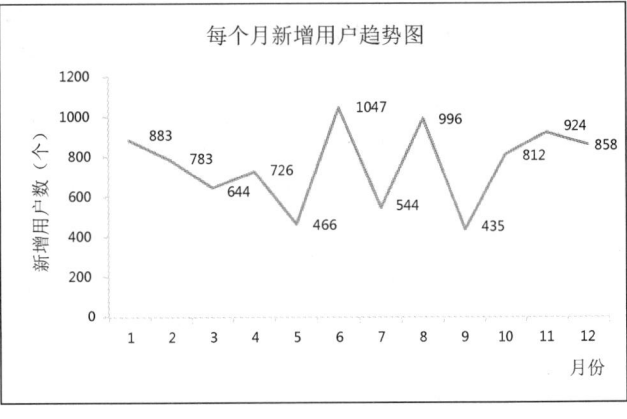

图 5-26 时间序列图

5.3.4 神经网络分析

1. 定义

神经网络分析法是从神经心理学和认知科学研究成果出发，应用数学方法发展起来的一种具有高度并行计算能力、自学能力和容错能力的处理方法。

神经网络技术在模式识别与分类、滤波识别、自动控制、预测等方面已展示了非凡的优越性。神经网络的结构由一个输入层、若干个中间隐含层和一个输出层组成。神经网络分析法通过不断学习，能够从未知模式的大量复杂数据中发现其规律。神经网络分析法克服了传统分析过程的复杂性及选择适当模型函数形式的困难，它是一种自然的非线性建模过程，无须分清存在何种非线性关系，给建模与分析带来极大的方便。

2. 神经网络分析法的用途

传统的数据分析方法根据以前的经验，先设计出人工模型，然后根据设计出的模型对数据进行分析。但是在大数据时代，使用这种方法就会出现很多弊端，这种方法难以适应现代大数据的发展。

神经网络分析法主要以深度学习为主要特点，以数据驱动、数据自动检索来提取其中的数据信息，尤其是在非结构化、模型不明且多变、跨领域的大数据上更具有显著优势。

神经网络可以利用各种海量数据，而且能够从这些数据中提取出所蕴含的相关信息，并通过抽象知识进行表达。这就是把原始数据转变为某种知识，运用无限深度的学习大大提升数据信息的运用准确性，有助于运营人员基于用户的历史数据进行训练，对用户未来的行为进行预测，达到精准营销的目的。

本章知识小结

本章主要从现状分析、原因分析、预测分析三个角度介绍了新媒体数据分析的主要类型。并且具体细分出 2 种现状分析方法、7 种原因分析方法、4 种预测分析方法。当拿到分析数据时，应当先明确数据分析需求,是属于三大类分析中的哪一种;其次再通过具体的分析方法挖掘数据背后的逻辑,以辅助商业决策。

本章考核检测评价

一、名词解释

预测分析法　交叉分析　神经网络　决策树

二、简单题

1. 进行回归分析时,该如何解读回归系数?
2. 请简述聚类分析的步骤?
3. 时间序列具有哪些特点?

三、案例分析

1. 请参考图 5-27 所示的某企业付费流量数据和新增浏览量数据,依据本章所讲述的数据分析方法,在 Excel 中完成如下操作。

(1) 求出付费流量和新增浏览量之间的相关系数。

(2) 进行简单线性回归,并求出拟合曲线。

(3) 依据以上得出的拟合曲线进行预测,如果该企业网站的浏览量要达到 1 000 000,应当投入多少资金购买流量?

	A	B	C
1	日期	付费流量	新增浏览量
2	1	1350	45180
3	2	2300	160180
4	3	4540	350180
5	4	2340	176180
6	5	3560	369180
7	6	5640	580180
8	7	1100	70180
9	8	900	80180
10	9	1200	160180
11	10	800	60180
12	11	1000	80180

图 5-27　某企业付费流量和新增浏览量数据

第6章 新媒体数据的可视化

【学习目标】

1. 掌握 Excel 图表元素和类型；
2. 掌握 Excel 图表中常用可视化图表的创建、修改、编辑及美化等；
3. 了解 Excel 图表中复杂图表的用途，对复杂图表进行数据理解；
4. 了解利用编程语言进行数据可视化的基本方法。

【学习重点、难点】

重点：常用可视化图表的创建操作方法，图表修改方法，为图表添加分析线及图表美化方法。

难点：理解复杂图表的数据内容。

【本章思维导图】

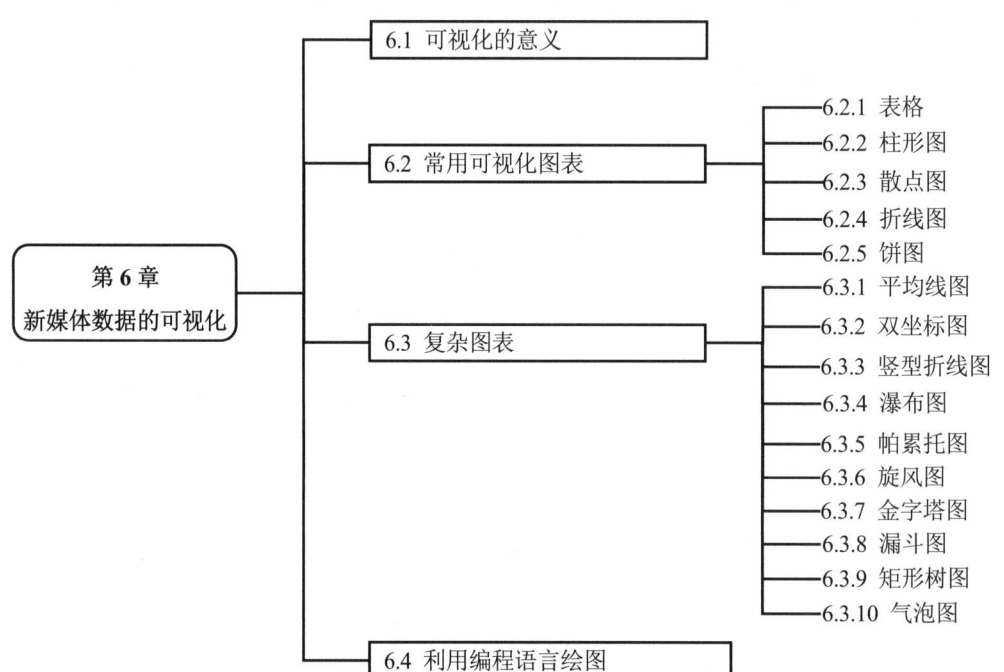

第 6 章 新媒体数据的可视化

6.1 可视化的意义

数据可视化旨在借助图形化手段，以某种概要的形式提取出信息，包括相应信息单位的各种属性和变量，清晰有效地传达与沟通信息。但是，这并不意味着数据可视化就一定因为要实现其功能用途而令人感到枯燥乏味，或者为了看上去绚丽多彩而失去实用性。设计人员需要准确把握设计与功能之间的平衡，从而有效地传达思想概念，使美学形式与功能齐头并进，通过直观地传达关键的方面与特征，实现对于相当稀疏而又复杂的数据集的深入洞察，也就是准确传达与沟通信息。

数据可视化与信息图形、信息可视化、科学可视化及统计图形密切相关。当前，在研究、教学和开发领域，数据可视化是一个极为活跃且关键的方面。

6.2 常用可视化图表

在 Excel 中，图表是重要的数据分析工具，它不但简洁直观，而且与数据相比有更可视化的视觉效果。在工作表中创建各种类型的图表，不仅可以使数据表现得更加形象，还能详细地了解数据的大小和数据间的波动变化情况。

Excel 中包含很多图表类型，常见的有柱形图、折线图、饼图和散点图等。每种图表的用法不同，用户需要根据分析的目的来选择适用的图表，才能更准确地表达数据的特点。

在学会创建及编辑各种图表之前，需要认识构成图表的各种元素。不同图表的构成元素是不同的，在通常情况下，图表一般包括图表标题、图表区、绘图区、数据系列、图例、坐标轴、网格线等内容，如图 6-1 所示。如果需要对图表进行预测和分析，还包括误差线和趋势线。

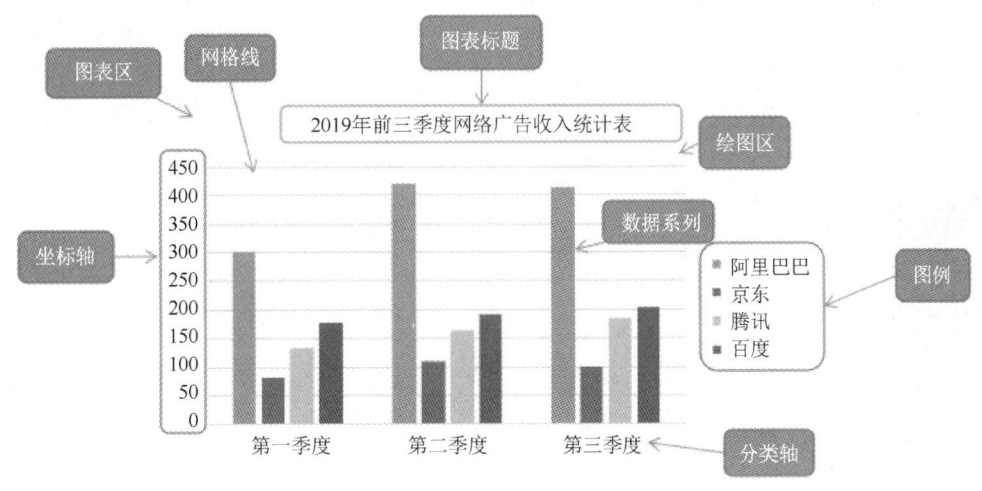

图 6-1 图表构成元素

- 图表标题：显示图表的名称，可以自动与坐标轴对齐或在图表顶部居中。

- 图表区：显示图表的背景颜色，当插入的图表被激活后，就可以对该区域进行颜色填充或添加边框线。
- 绘图区：绘图区是以坐标轴为界并包含所有数据系列的区域。
- 坐标轴：分为主坐标轴和次坐标轴。在默认情况下，主纵坐标轴显示在绘图区的左边，而主横坐标轴显示在绘图区的下方。
- 数据系列：表示各类别的数据的值。
- 图例：图例集中于图表的一角或一侧，用各种符号和颜色对所代表的内容与指标进行说明，有助于用户更好地认识图表。
- 网格线：显示在绘图区的网格，作为数值参考线。
- 分类轴：显示各数据系列的分类名称。

▶▶ 6.2.1　表格

在学习 Excel 图表之前，必须了解 Excel 工作簿和工作表的操作方法、对单元格和区域进行调整的方法、设置数据格式的方法等。

在 Excel 中，用来存储并处理工作数据的文件称为工作簿，用户可以对工作簿进行各种操作，如创建新的工作簿、对编辑过的工作簿进行保存、打开已有的工作簿及关闭不需要再编辑的工作簿等。Excel 2016 对应的工作簿文件扩展名为.xlsx，当用户启动 Excel 2016 程序之后，选择"空白工作簿"，创建"空白工作簿"，如图 6-2 所示。

工作表是显示在工作簿窗口中的表格，如图 6-3 所示。在 Excel 中，用户输入与编辑数据都是在工作表中进行的。一个工作簿由多个工作表组成，每个工作表有一个名字，工作表名显示在工作表标签中。工作表标签显示系统默认的前三个工作表名：Sheet1、Sheet2、Sheet3。其中白色的工作表标签表示活动工作表。单击某个工作表标签，可以将该工作表设置为活动工作表。工作簿如同活页夹，工作表如同其中的一张张活页纸。

工作表是 Excel 存储和处理数据十分重要的部分，其中包含排列成行和列的单元格，如图 6-4 所示。单元格是工作簿的一部分，也称电子表格。使用工作表可以对数据进行组织和分析。可以同时在多张工作表上输入并编辑数据，并且可以对来自不同工作表的数据进行汇总计算。在创建图表之后，既可以将其置于源数据所在的工作表中，又可以将其放置在单独的图表工作表中。

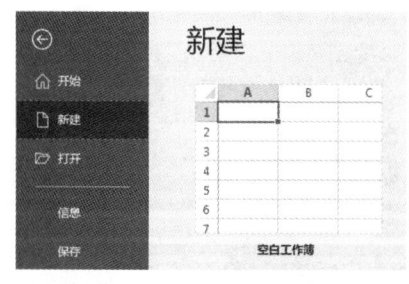

图 6-2　创建"空白工作簿"

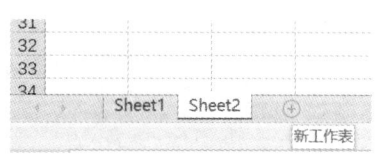

图 6-3　工作表

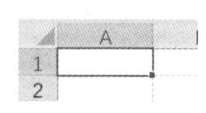

图 6-4　单元格

单元格是工作表的最小组成单位，也是 Excel 整体操作的最小单位。在 Excel 中，因为公式、函数及图表源数据的输入都需要在单元格中进行，所以掌握好单元格的操作至关重要。而在单元格的操作中，最常用的是合并单元格与调整单元格尺寸。

在编辑 Excel 工作表中的源数据表格式时，为了使表格更加规范、整齐，用户可以对工作表中的字体格式、数字格式、单元格及表格样式进行调整。

▶▶ 6.2.2 柱形图

柱形图是最常见的数据可视化图形之一：它是通过柱体的高低来表示数据的大小，使数据的信息表达得更加清楚。柱形图通常用于显示一段时间内数据变化或显示各项之间的比较情况。在柱形图中，通常沿水平轴组织类别，沿垂直轴组织数值。

常用的柱形图包括簇状柱形图、堆积柱形图和百分比堆积柱形图。如图 6-5 所示，簇状柱形图用于比较各个类别的数值，各个矩形柱体就是数据点。堆积柱形图显示单个项目与整体之间的关系，它用来比较各个类别的每个数值所占总数值的大小。百分比堆积柱形图用来比较各个类别的每个数值所占总数值的百分比大小。当有 3 个或更多的数据系列希望强调所占总数值的大小时，尤其是总数值对每个类别都相同时，可以使用百分比堆积柱形图。在进行数据分析应用中，可以根据需求选择合适的柱形图。

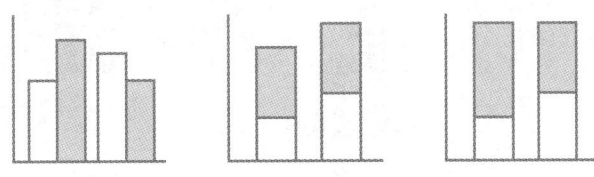

图 6-5 常见柱状图分类

案例 6-1

图 6-6 是常见的柱形图，该柱形图比较了四个互联网公司 2019 年前三季度的网络广告收入。

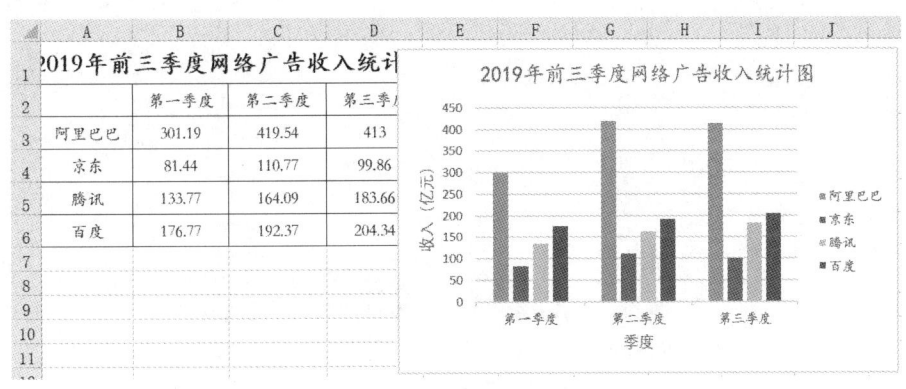

图 6-6 四个互联网公司广告收入柱形图

要绘制这样的柱形图，具体的操作步骤如下。

（1）创建图表。创建图表主要有两种方法，第一种方法是使用快捷键，首先，选中数据中的任何一个单元格，然后使用 Alt+F1 快捷键，就能自动创建一个图表，默认创建的是柱形图。

第二种方法就是选中数据区域，单击"插入"选项卡创建图表，其中有多种图表类型可以选择，创建过程如图 6-7 所示，结果如图 6-8 所示。

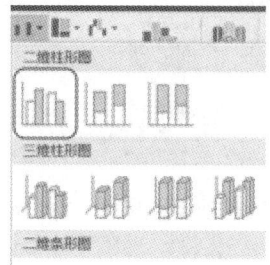

图 6-7　创建图表

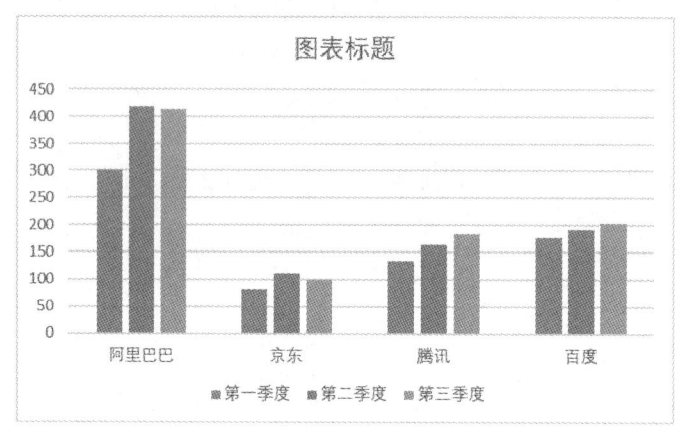

图 6-8　创建柱形图

（2）更改图表标题。选中图表标题，更改标题文本，选择字体为楷体，字号大小为 14 号，更改后的效果如图 6-9 所示。

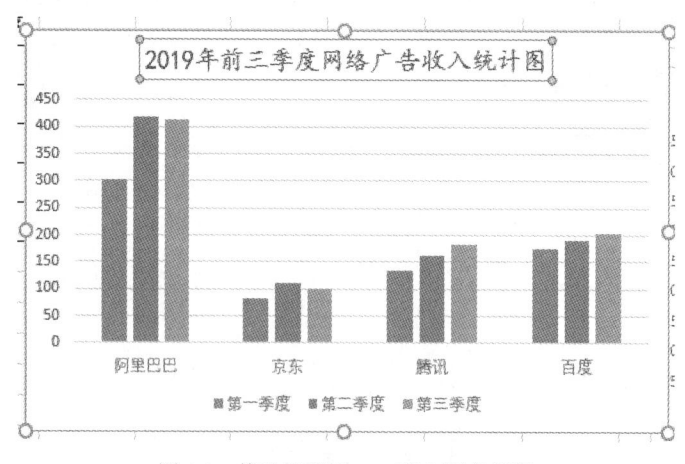

图 6-9　修改柱形图——更改图表标题

（3）将图例设置在右侧。在"图表工具"→"设计"选项卡下单击"添加图表元素"下拉按钮，在弹出的下拉列表中选择"图例"→"右侧"选项，如图 6-10 所示。最终效果如图 6-11 所示。

第6章 新媒体数据的可视化

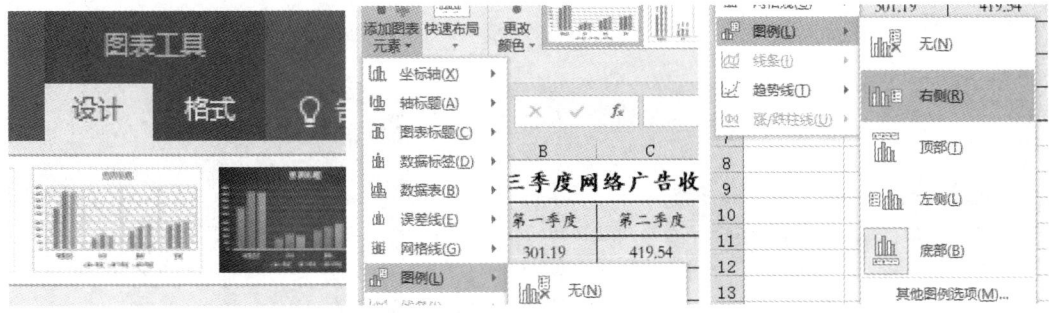

图6-10 将图例设置在右侧

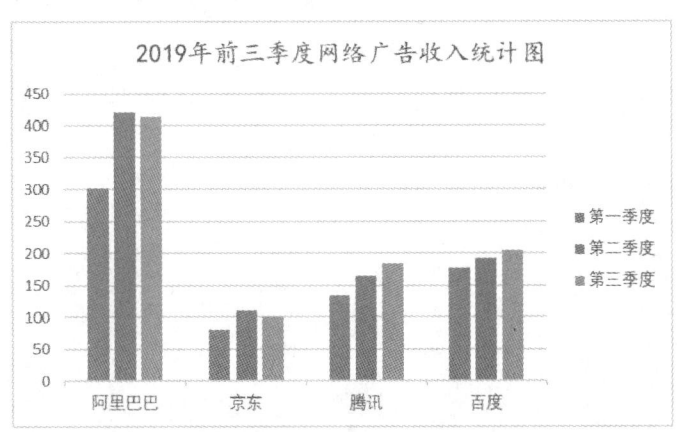

图6-11 修改柱形图——更改图例位置

（4）更改分类轴和图例文本。选中分类轴和图例，将字体改成楷体，如图6-12所示。

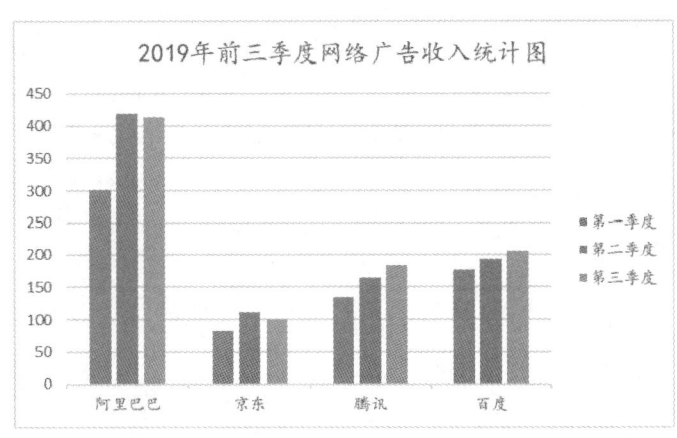

图6-12 修改柱形图——更改分类轴和图例文本

（5）切换行/列。想要更改柱形图中横坐标和纵坐标的数据，在"图表工具"→"设计"选项卡下单击"切换行/列"按钮，如图6-13所示。最终效果如图6-14所示。

（6）更改颜色。想要更改柱形图中数据系列的颜色，在"图表工具"→"设计"选项卡下单击"更改颜色"下拉按钮，在弹出的下拉列表中选择合适的颜色，完成柱形图的绘制，如图6-15所示。

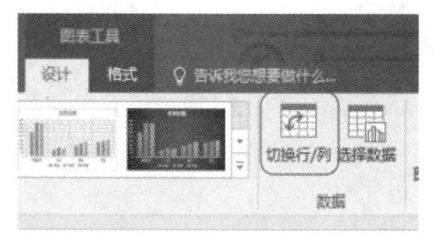

图6-13 设置切换行/列

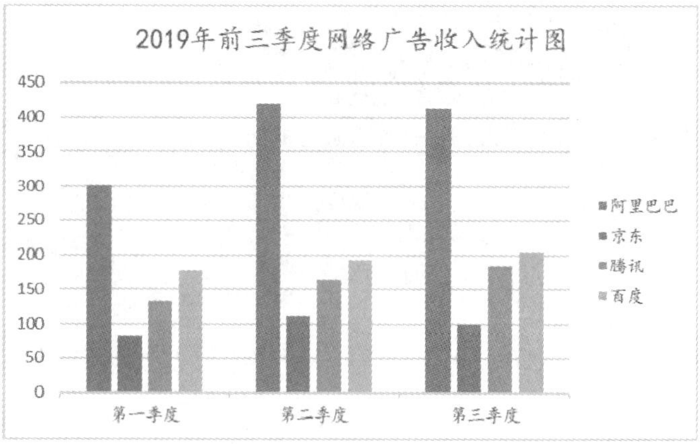

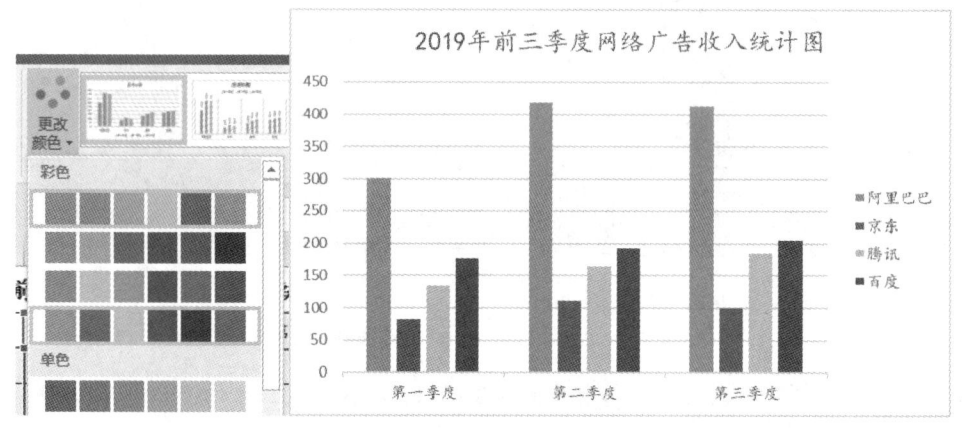

图6-14 修改柱形图——切换行/列

图6-15 更改颜色的柱形图

（7）增加坐标轴的名称和单位。在"图表工具"→"设计"选项卡下单击"添加图表元素"下拉按钮，在弹出的下拉列表中选择"坐标轴标题"选项，依次添加"主要横坐标轴"和"主要纵坐标轴"，输入文字分别为"季度"和"收入（亿元）"，如图6-16所示。最终效果如图6-17所示。

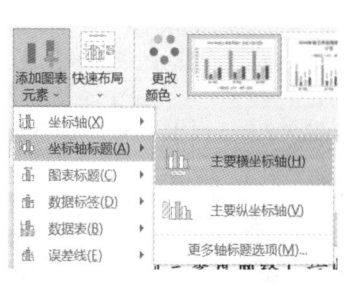

图6-16 设置增加坐标轴名称和单位

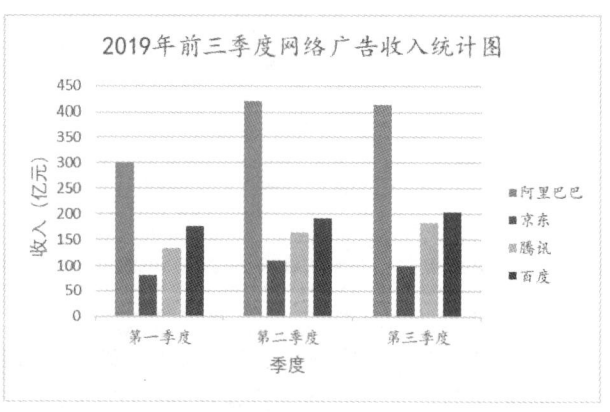

图6-17 修改柱形图——增加坐标轴名称和单位

6.2.3 散点图

散点图用来展示成对的数和它们所代表的趋势之间的关系。散点图通常用于显示和比较数据，如科学数据、统计数据和工程数据。此外，在经济领域中，经常使用 XY 散点图进行经济预测、盈亏平衡分析等。在不考虑时间的情况下比较大量数据点时，散点图就是最好的选择。散点图中包含的数据越多，比较的效果就越好。在默认情况下，散点图以圆点显示数据点。如果在散点图中有多个序列，则可将每个点的标记形状更改为正方形、三角形、菱形或其他形状。

散点图还可以直接在图表上显示预测方程和相关系数，这样可以更好地对数据进行预测。

案例 6-2

图 6-18 是散点图，该散点图比较了网络视频直播总用户和游戏直播用户的情况，分别统计了 2016 年 6 月至 2019 年 6 月的数据。

网络视频直播的用户数据		
时间	直播总用户	游戏直播用户
2016年6月	3.25	1.17
2016年12月	3.44	1.46
2017年6月	3.43	1.8
2017年12月	4.22	2.24
2018年6月	4.25	2.15
2018年12月	3.97	2.3
2019年6月	4.33	2.43

图 6-18　网络视频直播总用户和游戏直播用户散点图

要绘制这样的散点图，具体的操作步骤如下。

（1）创建图表。选中数据区域，单击“插入”选项卡，在“图表”区域选择“散点图”选项，如图 6-19 所示。最终效果如图 6-20 所示。

（2）修改图片标题和坐标轴标题。在“图表工具”→“设计”选项卡下单击“添加图表元素”下拉按钮，在弹出的下拉列表中依次选择“图表标题”→“无”选项；再次单击“添加图表元素”下拉按钮，在弹出的下拉列表中选择“轴标题”选项，选择“主要横坐标轴”和“主要纵坐标轴”选项，分别修改坐标轴文本文字，将文字设置为楷体、9 号，如图 6-21 所示，最终效果如图 6-22 所示。

网络视频直播的用户数据		
时间	直播总用户	游戏直播用户
2016年6月	3.25	1.17
2016年12月	3.44	1.46
2017年6月	3.43	1.8
2017年12月	4.22	2.24
2018年6月	4.25	2.15
2018年12月	3.97	2.3
2019年6月	4.33	2.43

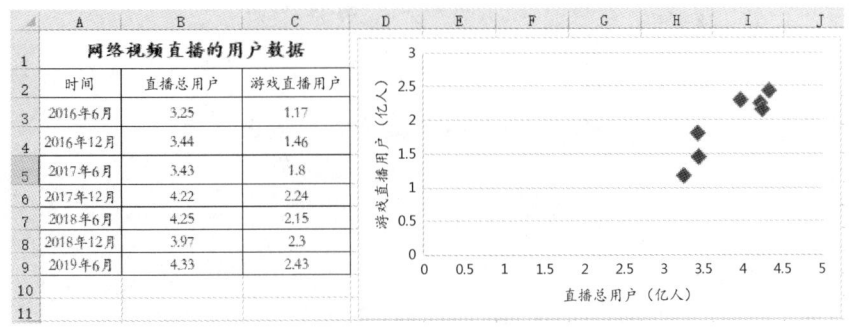

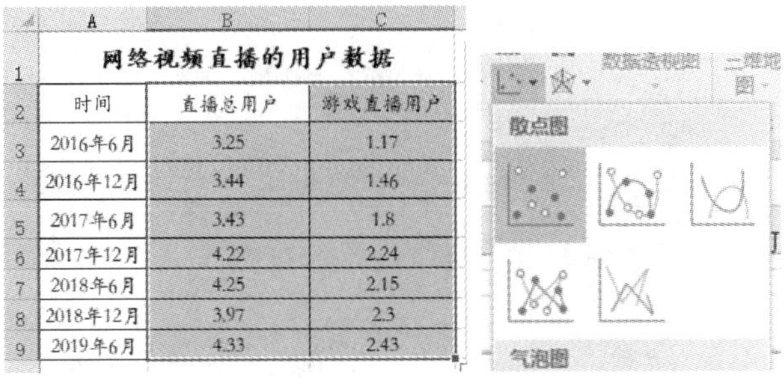

图 6-19　创建散点图

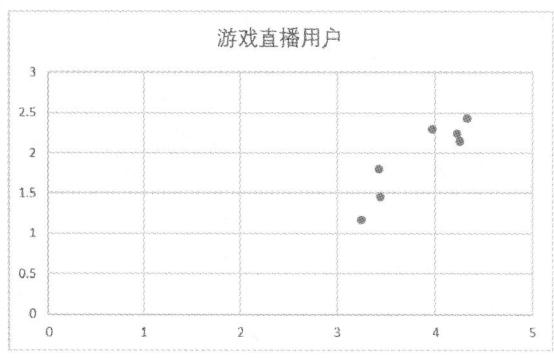

图 6-20 散点图

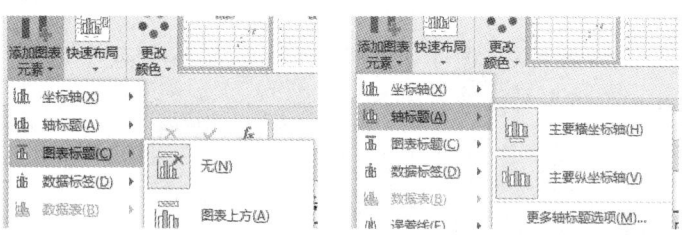

图 6-21 修改图片标题和坐标轴标题

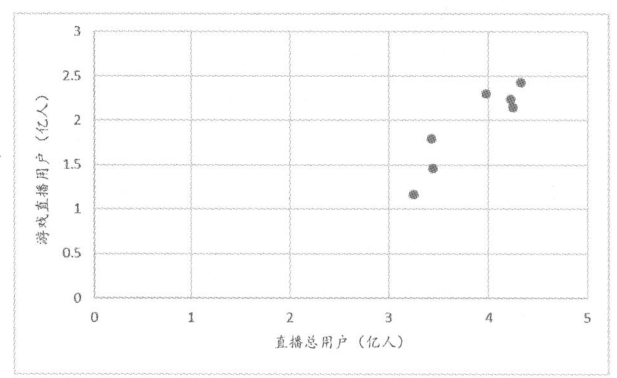

图 6-22 修改后散点图

（3）修改网格线。选中绘图区右击，在弹出的下拉列表中选择"设置绘图区格式"选项，弹出"设置绘图区格式"面板，单击"绘图区选项"下拉按钮，在弹出的下拉列表中选择"水平（值）轴主要网格线"选项，在"线条"区域选择"无线条"单选按钮，如图 6-23 所示，最终效果如图 6-24 所示。

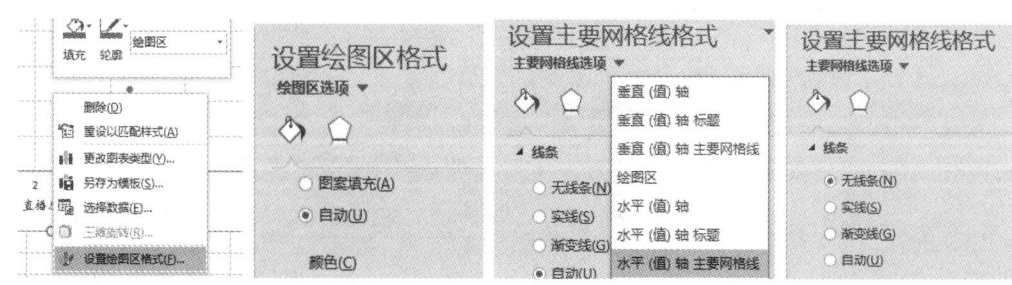

图 6-23 修改网格线示意图

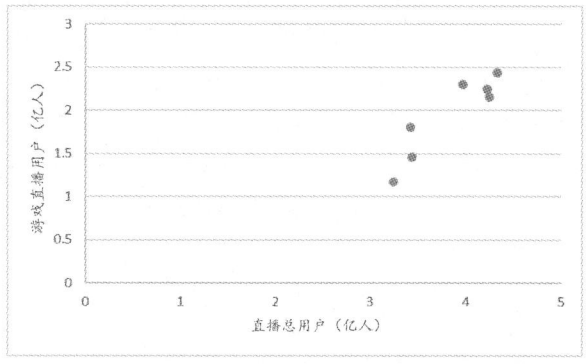

图 6-24 修改散点图——修改网格线

（4）修改坐标轴数据范围。单击"坐标轴选项"下拉按钮，在弹出的下拉列表中选择"水平（值）轴"选项，在"坐标轴选项"区域修改边界最小值为"3.0"，如图 6-25 所示，最终结果如图 6-26 所示。

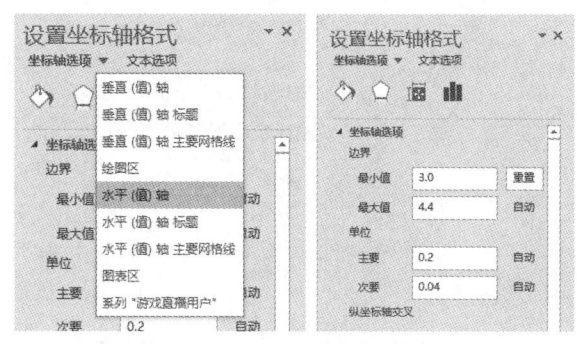

图 6-25 修改坐标轴数据范围示意图

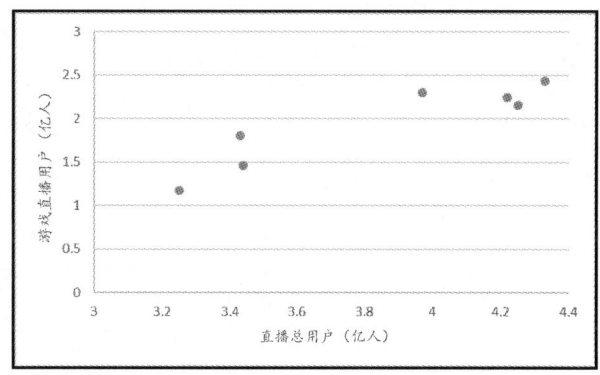

图 6-26 修改散点图——修改坐标轴数据范围

（5）修改数据系列。在图表绘图区右击，在弹出的快捷菜单中选择"设置绘图区格式"选项，单击副标题右侧的下拉按钮，在弹出的下拉列表中选择"系列游戏直播用户"选项，依次选择"系列"→"标记"→"填充"选项，选择纯色填充颜色为红色，依次选择"系列"→"标记"→"边框"选项，选择颜色为红色；依次选择"系列"→"发光"→"预设"选项，选择发光变体"蓝色，5pt 发光"，更改颜色为红色，如图 6-27 所示。最终结果如图 6-28 所示。

（6）添加趋势线。在"图表工具"→"设计"选项卡下单击"添加图表元素"下拉按钮，在弹出的下拉列表中选择"趋势线"选项，选择"其他趋势线选项"。在"趋势线选项"下选择"线性"，同时勾选"显示公式""显示R平方值"复选框；在"趋势线选项"的"线条"区域选择"实线"单选按钮，选择"颜色"为"红色"，如图6-29和6-30所示。最后效果如图6-31所示。

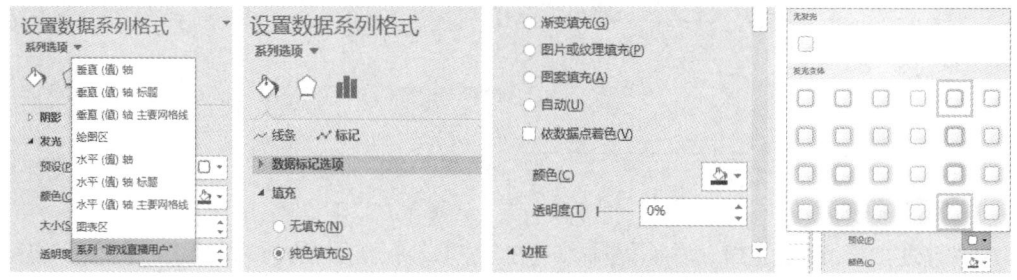

图6-27　修改数据系列示意图

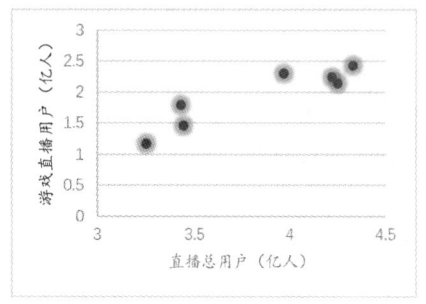

图6-28　修改散点图——修改数据系列

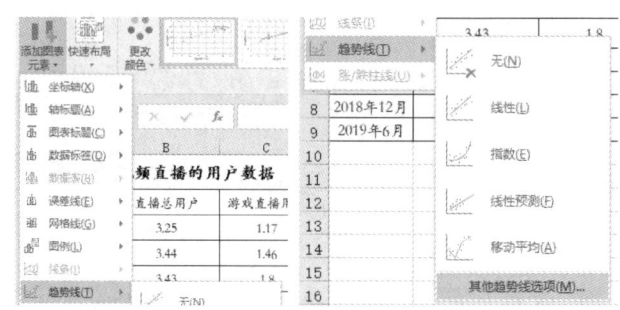

图6-29　添加趋势线

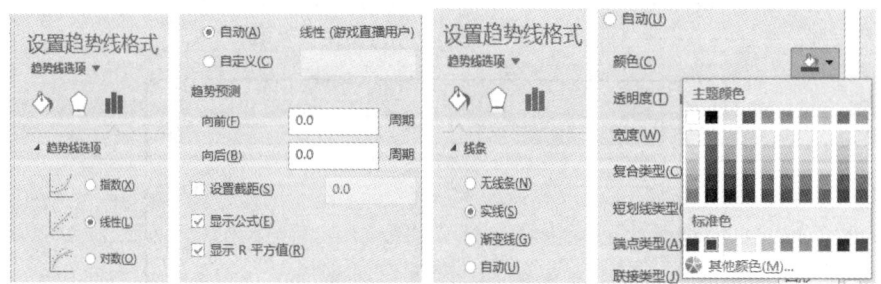

图6-30　修改趋势线格式

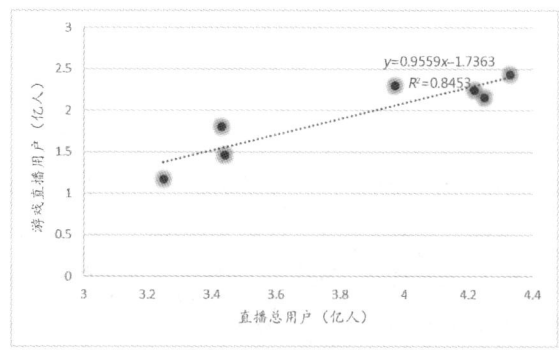

图6-31　完成散点图

6.2.4 折线图

折线图可以显示随时间变化的连续数据,非常适合显示在相同时间间隔下数据的趋势。在折线图中,类别数据沿水平轴均匀分布,所有值数据沿垂直轴均匀分布。

如果分类标签是文本,且代表均匀分布的数值或想要表示某个数据系列的趋势,则可以使用折线图。

案例 6-3

图 6-32 是折线图,该折线图比较了 2010—2019 年网络广告市场规模逐年变化的情况。

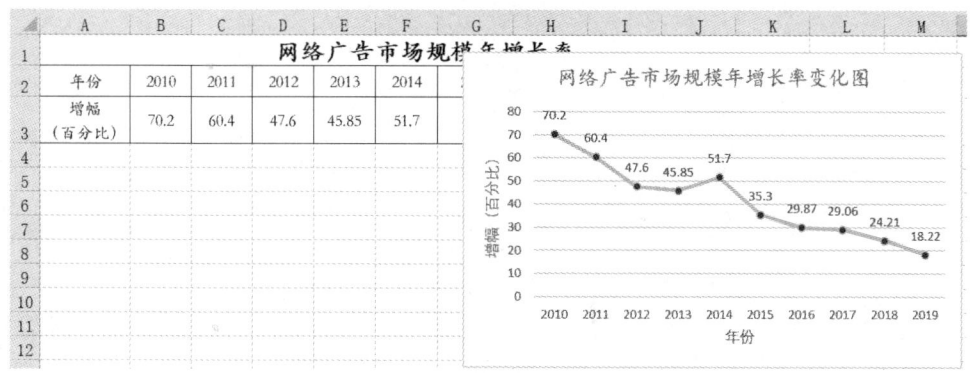

图 6-32 网络广告市场规模年增长率折线图

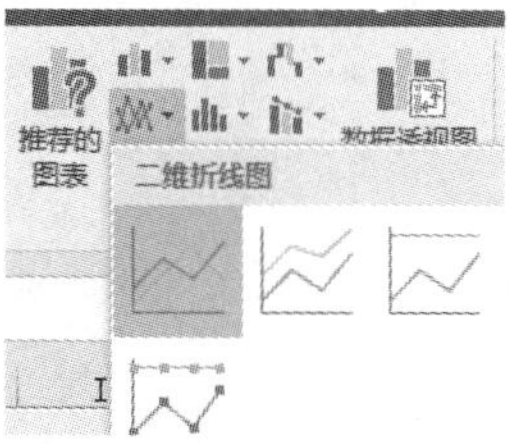

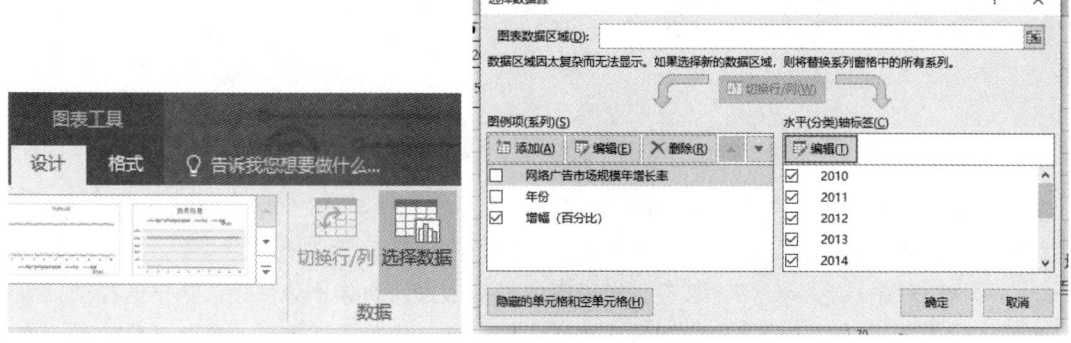

图 6-33 创建二维折线图

要绘制这样的折线图,具体的操作步骤如下。

(1)创建图表。选中数据区域,单击"插入"选项卡,在"图表"区域选择"二维折线图"选项,如图 6-33 所示。在"图表工具"→"设计"选项卡下单击"选择数据"按钮,弹出"选择数据源"对话框,在"图例项(系列)"列表框中勾选"增幅(百分比)"复选框,在"水平(分类)轴标签"列表框中选择"编辑"选项,拖选表格中的所有年份,如图 6-34 和图 6-35 所示。最终效果如图 6-36 所示。

图 6-34 编辑二维折线图坐标数据

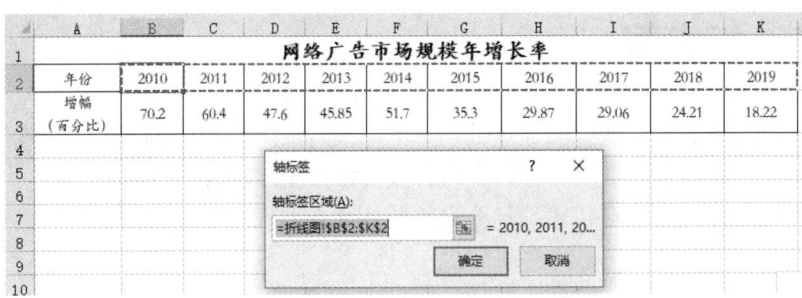

图 6-35 "水平（分类）轴标签"拖选年份

图 6-36 创建折线图

（2）更改图表标题。选中图表标题，更改标题文本，设置字体为楷体，字号为 14 号，如图 6-37 所示。

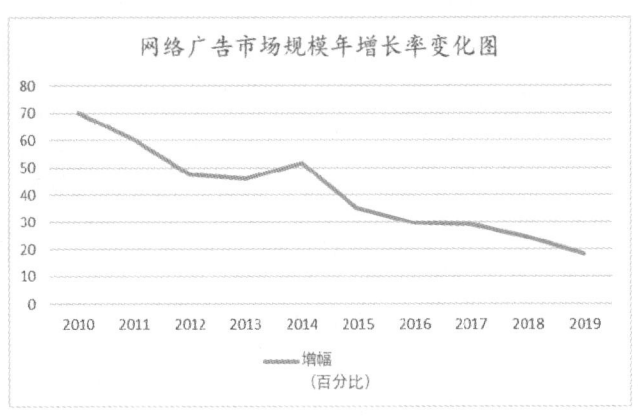

图 6-37 修改折线图——更改图表标题

（3）去掉下方图例。在"图表工具"→"设计"选项卡下单击"添加图表元素"下拉按钮，在弹出的下拉列表中选择"图例"→"无"选项，如图 6-38 所示。最终效果如图 6-39 所示。

（4）更改线条颜色和数据点颜色。在图表绘图区右击，在弹出的快捷菜单中选择"设置绘图区格式"选项，在弹出的"设置数据系列格式"对话框中单击"系列选项"下拉按钮，在弹出的下拉列表中选择"系列'增幅（百分比）'"选项，更改线条颜色为"橙色"，更改数据标记为"纯色填充",填充颜色选择为"红色",如图6-40和图6-41所示。最终效果如图6-42所示。

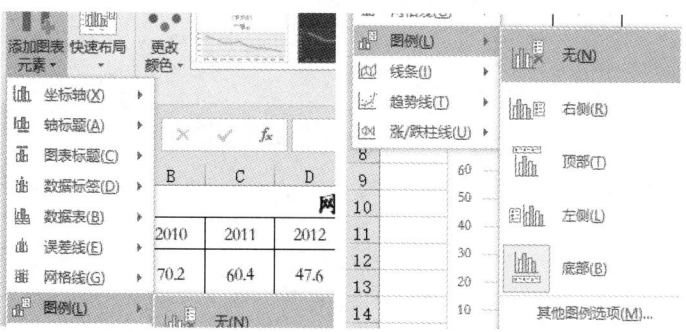

图6-38 去掉下方图例

图6-39 修改折线图——去掉下方图例

图6-40 更改线条颜色

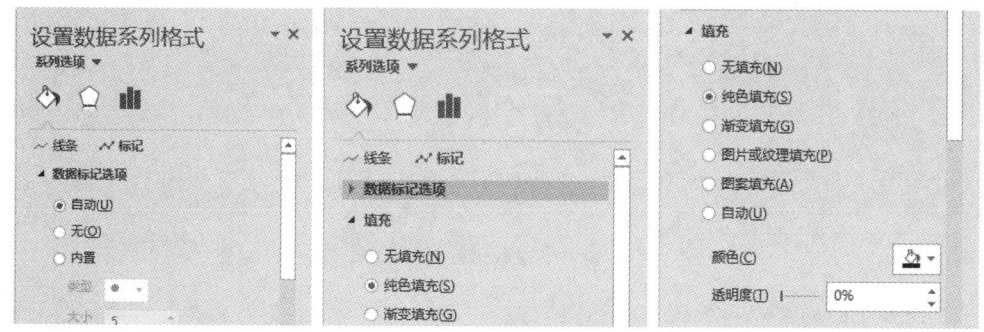

图6-41 更改数据点颜色

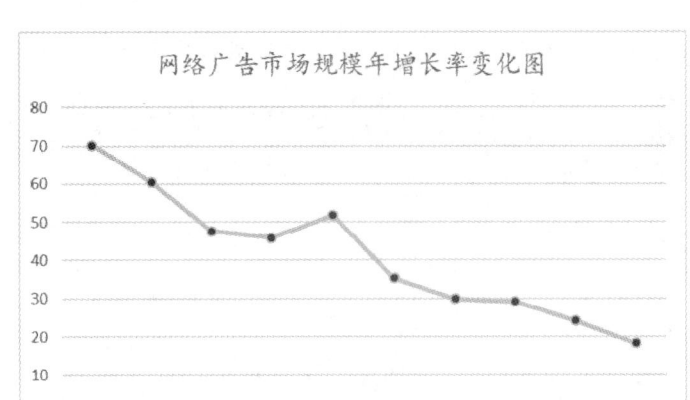

图 6-42　修改折线图——更改线条颜色和数据点颜色

（5）更改数据标签。在"图表工具"→"设计"选项卡下单击"添加图表元素"下拉按钮，在弹出的下拉列表中选择"数据标签"→"上方"选项，如图 6-43 所示，最后效果如图 6-44 所示。

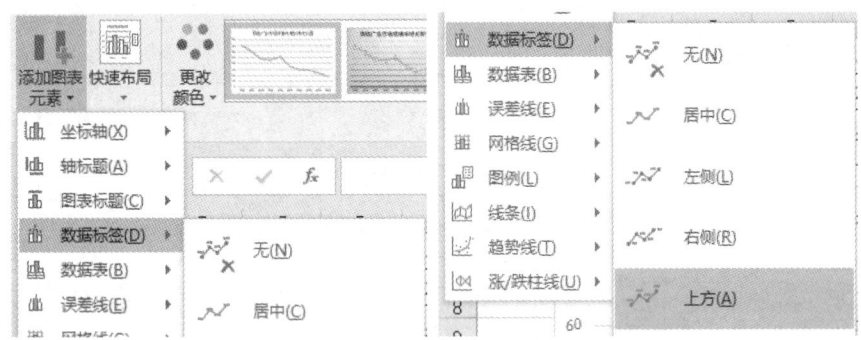

图 6-43　更改数据标签

图 6-44　更改数据标签的折线图

（6）增加坐标轴名称和单位。在"图表工具"→"设计"选项卡下单击"添加图表元素"下拉按钮，在弹出的下拉列表中选择"坐标轴标题"选项，依次添加"主要横坐标轴"和"主要纵坐标轴",输入文字分别为"年份"和"增幅(百分比)",如图 6-45 所示,最终效果如图 6-46 所示。

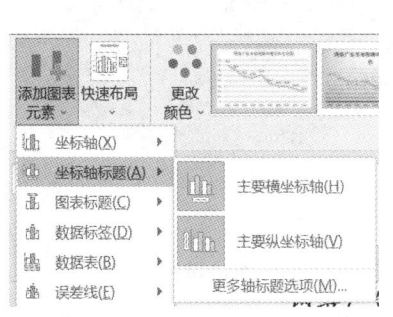

图 6-45　修改折线图——增加坐标轴名称和单位　　　图 6-46　增加坐标轴名称完成折线图

▶▶ 6.2.5　饼图

饼图通常用于对比几个数据在形成的总和中所占的百分比。整个饼形代表总和,每个百分比数值都用一个扇形区域表示,比如,表示不同产品的销售量占总销售量的比例、每个部门的收入占总收入的比例等。

案例 6-4

图 6-47 是饼图,该饼图比较了 2019 年网络广告数据市场规模的组成情况,分别统计了电商广告、搜索广告、视频广告、新闻资讯、社交广告、分类广告、工具、垂直及其他类别的广告收入。

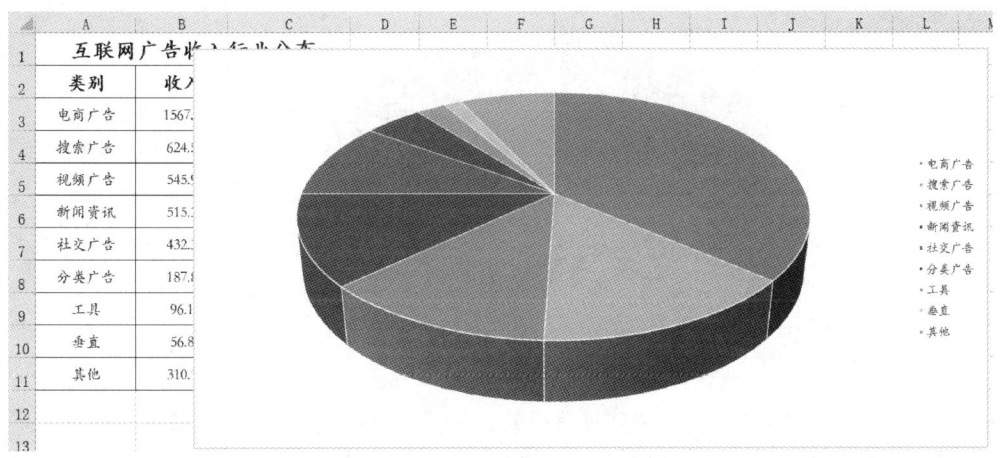

图 6-47　网络广告数据市场规模饼图

要绘制这样的饼图,具体的操作步骤如下。

(1)创建图表。就是选中数据区域,单击"插入"选项卡,在"图表"区域选择饼图中的三维饼图,如图 6-48 和图 6-49 所示。

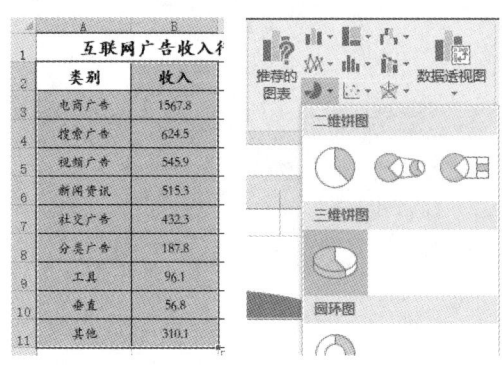

图 6-48 创建饼图（1）

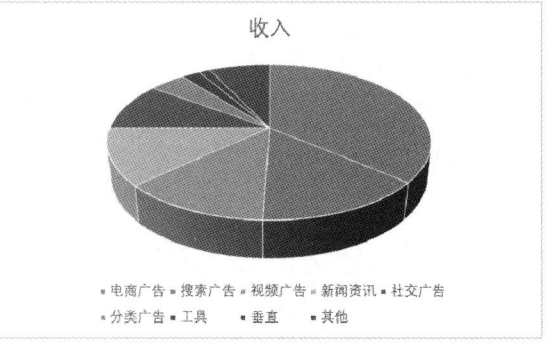

图 6-49 创建饼图（2）

（2）修改图表标题和图例格式。在"图表工具"→"设计"选项卡下单击"添加图表元素"下拉按钮，在弹出的下拉列表中选择"图表标题"→"无"选项；单击"添加图表元素"下拉按钮，在弹出的下拉列表中选择"图例"→"右侧"选项，如图 6-50 所示；单击图例位置，修改图例字体为"楷体"，效果如图 6-51 所示。

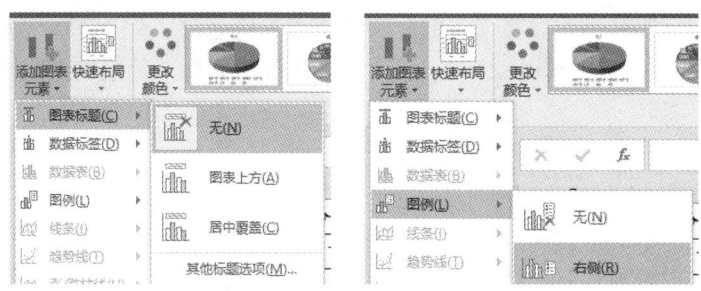

图 6-50 修改图表标题和图例格式

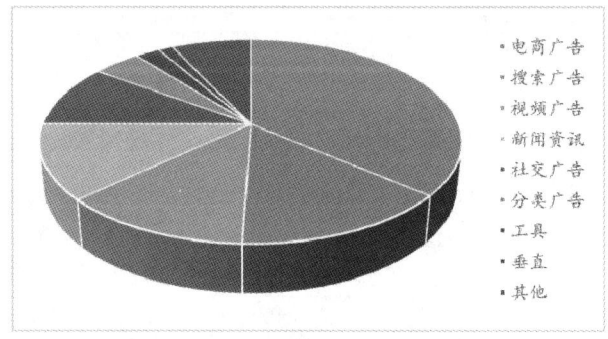

图 6-51 修改饼图（1）

（3）更改颜色。想要更改饼图中数据系列的颜色，在"图表工具"→"设计"选项卡下单击"更改颜色"按钮，在弹出的下拉列表中选择合适的颜色，如图 6-52 所示。效果如图 6-53 所示。

（4）显示数据标签。在"图表工具"→"设计"选项卡下单击"添加图表元素"下拉按钮，在弹出的下拉列表中选择"数据标签"→"其他数据标签选项"，在"标签选项"中勾选"百分比"和"显示引导线"复选框，在"标签位置"选择"数据标签外"单选按钮，如图 6-54 所示。最终效果如图 6-55 所示。

第 6 章 新媒体数据的可视化

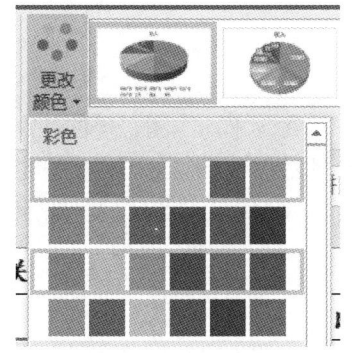

图 6-52 更改饼图颜色

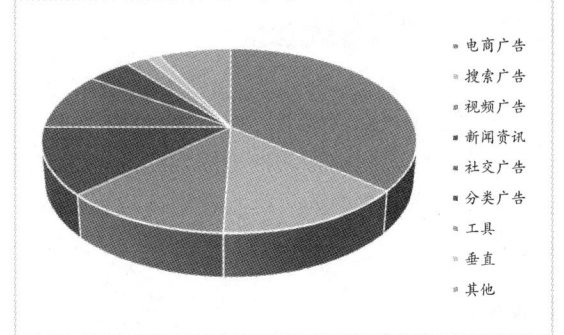

图 6-53 修改饼图（2）

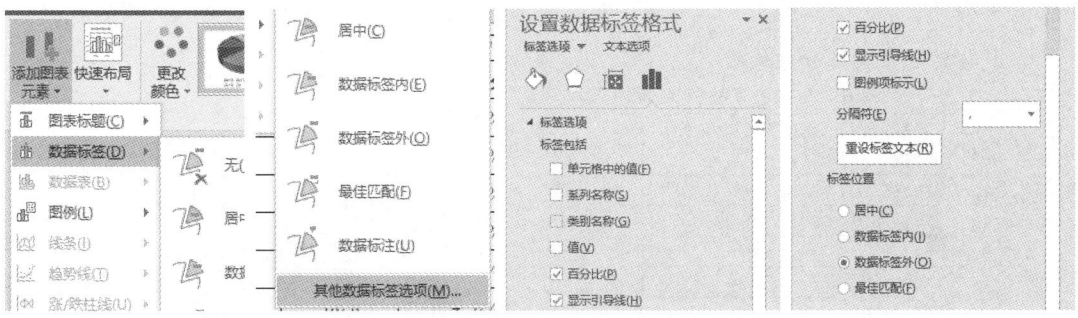

图 6-54 显示数据标签

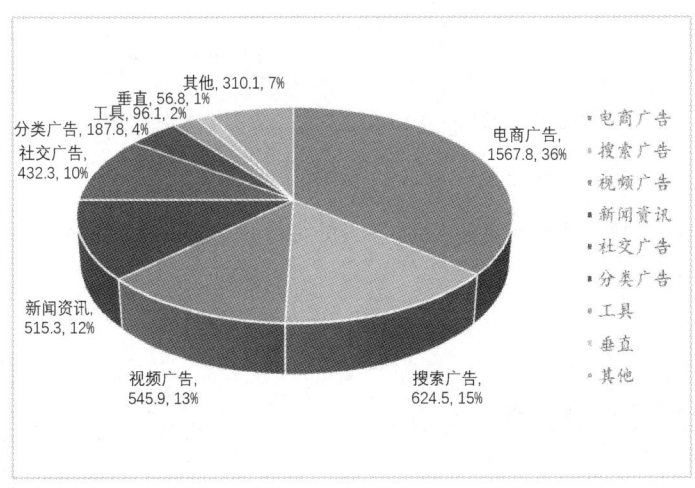

图 6-55 完成饼图

6.3 复杂图表

在日常工作中，有时候单一的图表类型无法满足多维度的数据展示，这时候就要考虑使用复杂图表。复杂图表就是将两种及两种以上的图表类型组合起来绘制在一个图表中。下面我们介绍几种经典的复杂图表。

6.3.1 平均线图

平均线图是在原来的柱形图或折线图的基础上添加一条平均线。平均线图表现的是对比的关系，可以用来对比图中各项目与平均线的差距。这条参考线的数据不一定是平均值，也可以是其他值，如财务分析中的目标收益率，项目的收益率处于目标收益率上方即可选，在目标收益率下方就不选。

案例 6-5

如图 6-56 所示，根据 2014—2019 年直播行业融资额生成了一个柱形图，现要求在图上添加一条平均线。

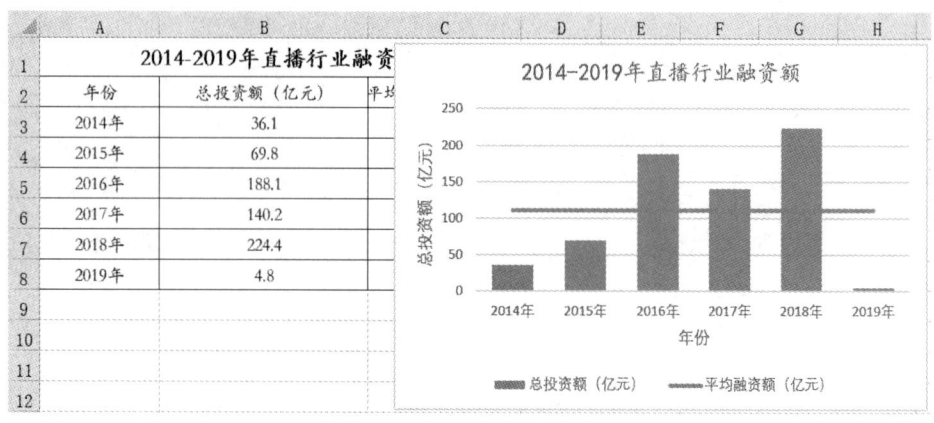

图 6-56　2014—2019 年直播行业融资额平均线图

要绘制这样的平均线图，具体的操作步骤如下。

（1）创建图表。根据前面的知识，创建一个柱形图，如图 6-57 所示。

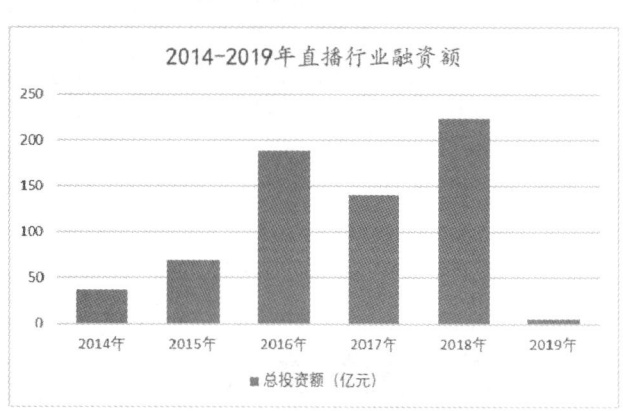

图 6-57　创建柱形图

（2）添加辅助列。在源表中添加一个辅助列，将其命名为"平均融资额（亿元）"，并设置平均值公式：=AVERAGE（$B$3:$B$8），如图 6-58 所示。

第 6 章 新媒体数据的可视化

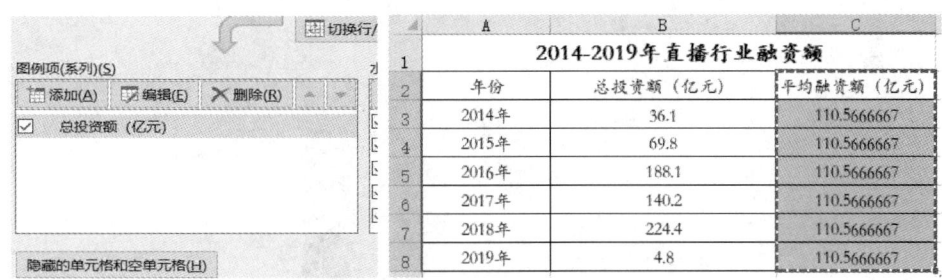

图 6-58　添加辅助列

（3）将辅助列的数据合并到柱形图中。将一个图例的柱形图修改成两个图例的柱形图的方法有两种，第一种是复制所选数据列中的所有数据，选中绘图区，按 Ctrl+V 组合键直接粘贴；第二种是在"图表工具"→"设计"选项卡下单击"选择数据"命令，在弹出的"选择数据源"对话框中的"图例项（系列）"区域单击"添加"按钮，添加"平均融资额（亿元）"数据，如图 6-59 所示，效果如图 6-60 所示。

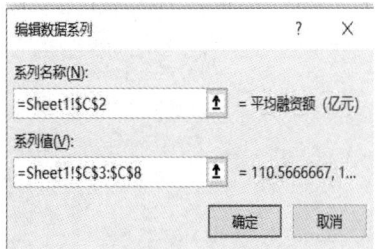

图 6-59　将辅助列的数据合并到柱形图

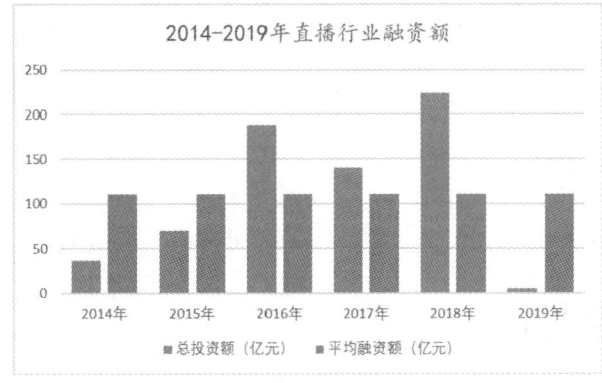

图 6-60　将辅助列的数据合并到柱形图中

（4）选取平均值系列柱形图右击，在弹出的快捷菜单中选择"更改系列图表类型"选项，把"平均融资额（亿元）"对应的"簇状柱形图"改为"折线图"即可，如图6-61和图6-62所示。

（5）增加坐标轴名称和单位。在"图表工具"→"设计"选项卡下单击"添加图表元素"下拉按钮，在弹出的下拉列表中选择"坐标轴标题"选项，依次添加"主要横坐标轴"和"主要纵坐标轴"，分别输入文字"年份"和"总投资额（亿元）"，如图6-63所示。最终效果如图6-64所示。

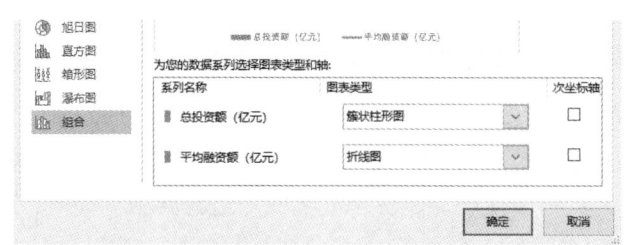

图6-61　修改"平均融资额（亿元）"对应的图表类型为折线图

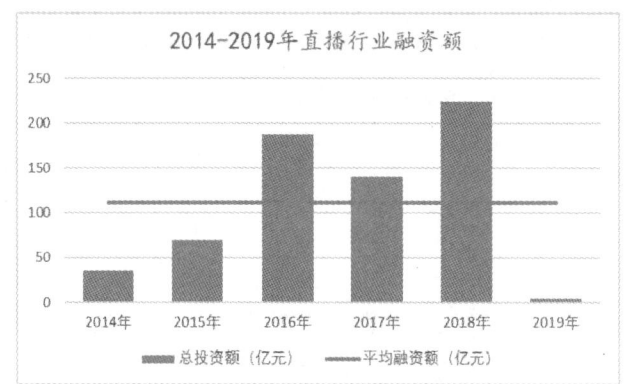

图6-62　完成平均线图

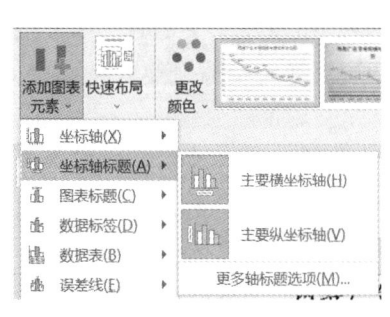

图6-63　修改平均线图——增加坐标轴名称和单位

图6-64　增加坐标轴名称完成平均线图

▶▶ 6.3.2　双坐标图

当数据系列为2个或2个以上的时候，并且单位不同或数据量级差别较大时，就可以使用双坐标图。例如，销量数据和增长率数据，一个为数值数据，另一个为百分比数据，这时就需要 2 个坐标 Y 轴。

案例 6-6

如图 6-65 所示，根据网民互联网使用情况中的不同平台用户规模和网民使用率设计一个双坐标图。

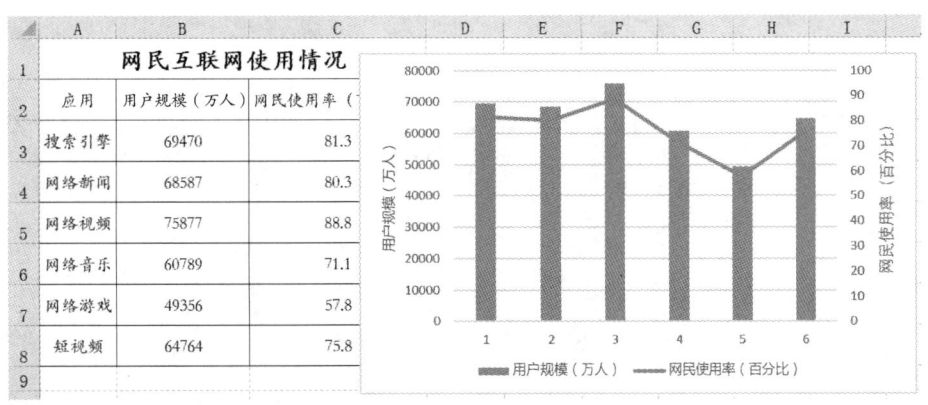

图 6-65　不同平台用户规模和网民使用率双坐标图

要绘制这样的双坐标图，具体的操作步骤如下。

（1）选中"用户规模"和"网民使用率"两列数据，单击插入柱形图，选择二维柱形图中的簇状柱形图，效果如图 6-66 所示。

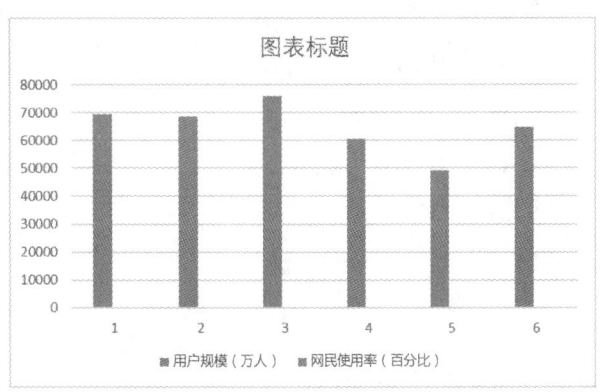

图 6-66　创建簇状柱形图

（2）选取"网民使用率"系列柱形图右击，在弹出的快捷菜单中单击"更改系列图表类型"选项，把"网民使用率（百分比）"对应的图表类型改为折线图即可，如图 6-67 和图 6-68 所示。

（3）增加坐标轴名称和单位。在"图表工具"→"设计"选项卡单击"添加图表元素"下拉按钮，在弹出的下拉列表中选择"坐标轴标题"选项，依次添加"主要纵坐标轴"和"次要纵坐标轴"，分别输入文字"用户规模（万人）"和"网民使用率（百分比）"，如图 6-69 所示，最终效果如图 6-70 所示。

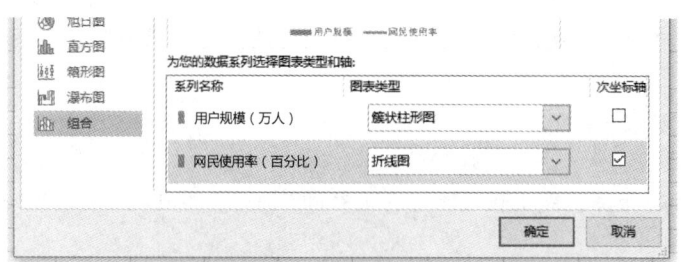

图 6-67　修改"网民使用率（百分比）"对应的图表类型为折线图

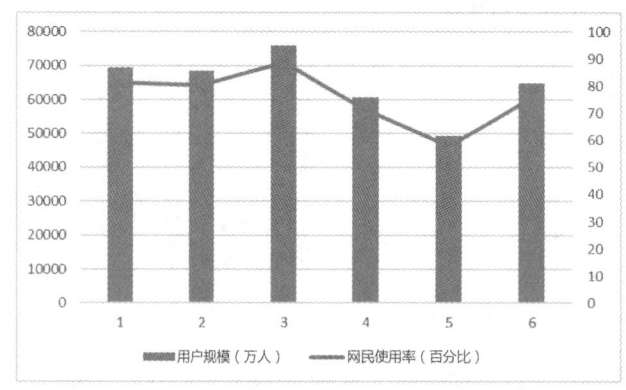

图 6-68　步骤（2）修改的双坐标图

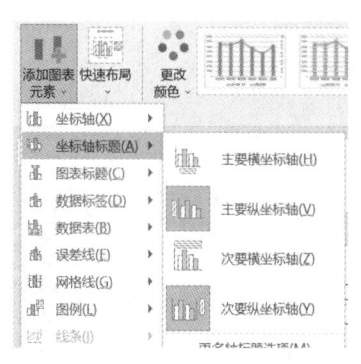

图 6-69　修改双坐标图——增加坐标轴名称和单位　　　图 6-70　完成双坐标图

6.3.3　竖形折线图

从外观上看，竖形折线图是散点图的子图形。一些咨询公司和市场研究机构习惯使用这种图表类型比较两个对象在不同方面的评价得分，看它们在哪方面领先、哪方面落后。

案例 6-7

如图 6-71 所示，根据 2019 年度互联网舆论场热点事件中两个不同热点事件在平台的讨论情况设计一个竖形折线图。

要绘制这样的竖形折线图，具体的操作步骤如下。

（1）选择数据表格，在功能区选择“插入”选项卡的“图表”选项，选择“散点图”（带有平滑线和数据标签的散点图）选项。

（2）插入图表后，创建“辅助列 1”和“辅助列 2”，“辅助列 1”的数据为不同平台的序号数，“辅助列 2”为常数 1 800 000。在“设计”选项卡下，选择“选择数据”选项，先选择系列中“全国多地推行垃圾分类制度”选项，单击“编辑”按钮，将“X 轴系列值”的数据修改为“全国多地推行垃圾分类制度”事件的舆情热度值，将“Y 轴系列值”的数据修改为不同平台的序号数（辅助列 1）；将事件“中美经贸摩擦”按同样的方式更换 X 轴和 Y 轴的数据；修改“图表标题”为“互联网舆论场热点事件热度图”，如图 6-72～图 6-76 所示。

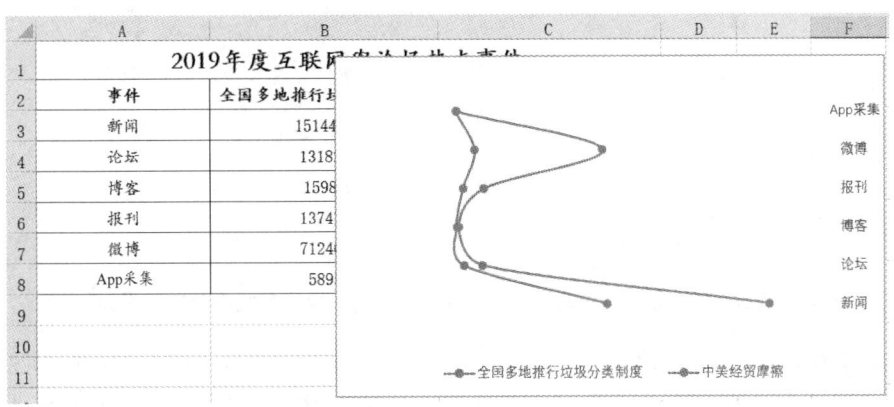

图 6-71 热点事件在平台的讨论情况竖形折线图

2019年度互联网舆论场热点事件		
事件	全国多地推行垃圾分类制度	中美经贸摩擦
新闻	1514407	733067
论坛	131829	42497
博客	15988	6990
报刊	137470	39212
微博	712460	94714
App采集	5895	3180

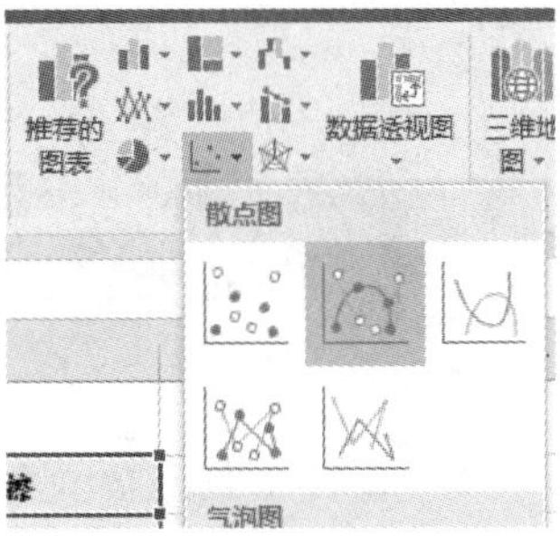

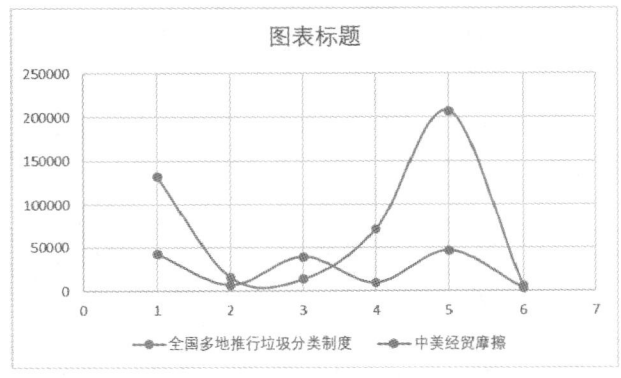

图 6-72 创建散点图

图 6-73 修改后的竖形折线图（1）

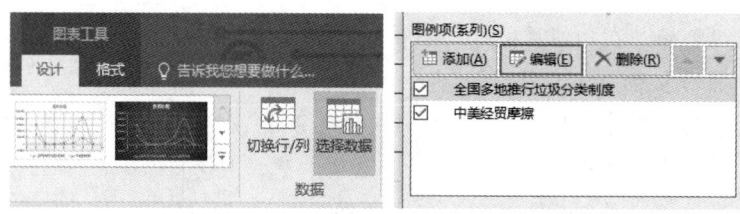

图 6-74　编辑图例项

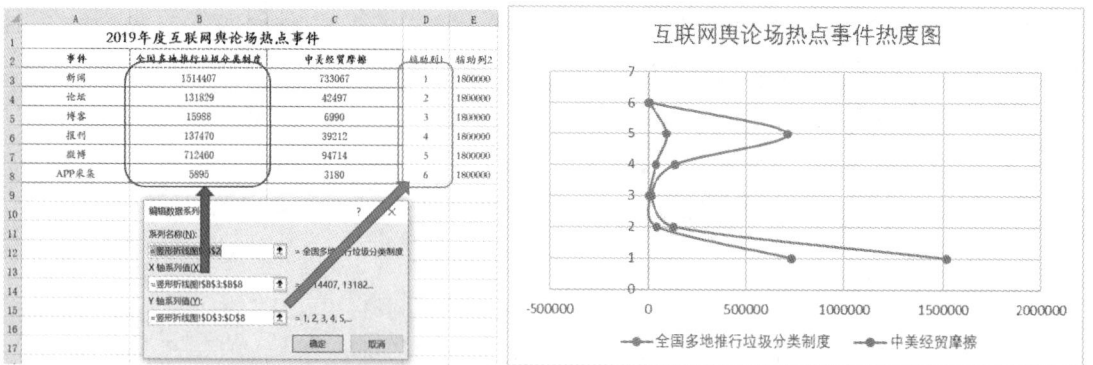

图 6-75　X 轴的数据和 Y 轴的数据互换　　　　图 6-76　修改后的竖形折线图（2）

（3）添加辅助列。在"设计"选项卡下，单击"选择数据"命令添加"辅助列 2"，"X 轴系列值"的数据选中"辅助列 2"中的常数值 1 800 000，"Y 轴系列值"的数据修改为不同平台的序号数（辅助列 1）；效果如图 6-77 和图 6-78 所示。

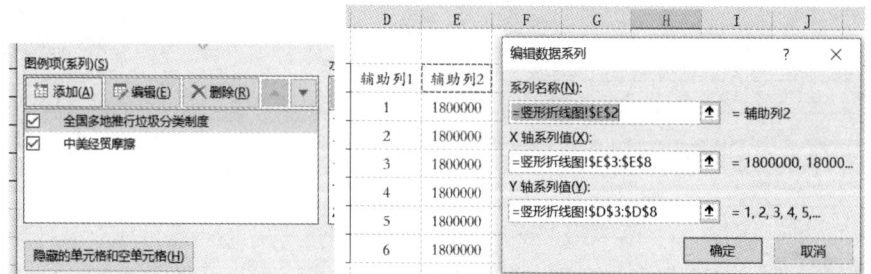

图 6-77　添加数据标签示意图

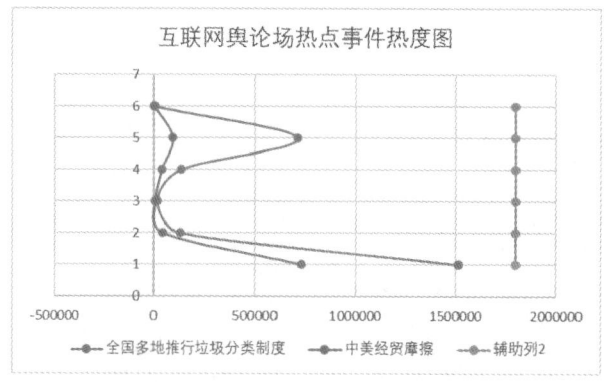

图 6-78　修改后的竖形折线图（3）

(4)设置辅助列数据标签格式。在图表绘图区选择辅助列数据点右击,在弹出的快捷菜单中选择"设置数据标签格式"选项,在"标签选项"中勾选"单元格中的值"复选框,拖选所有不同的平台,效果如图 6-79 和图 6-80 所示。

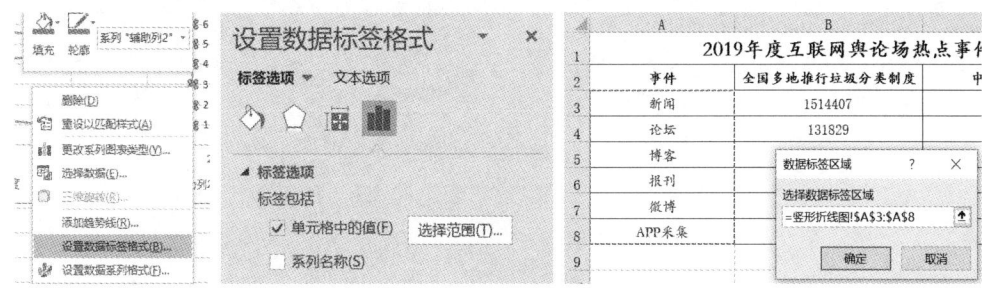

图 6-79　设置数据标签

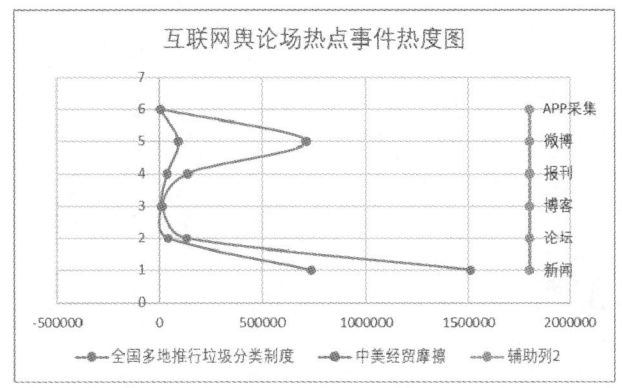

图 6-80　完成的竖形折线图(3)

(5)美化图表。去掉标题、网格线、坐标轴等,美化散点图、标签,如图 6-81 所示。

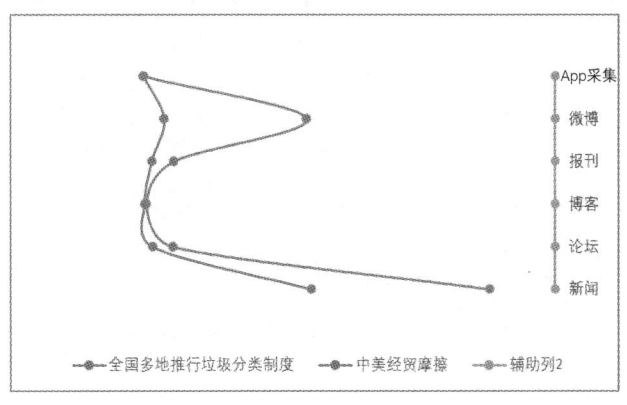

图 6-81　美化图表后的竖形折线图

(6)去掉辅助列数据点。选择辅助列数据点右击,在弹出的快捷菜单中选择"设置数据系列格式",在"系列选项"的"线条"中选择"无线条"单选按钮,标记选择"无填充"单选按钮,边框选择"无线条"单选按钮,选中"辅助列 2"图例,单击"Backspace"键将其删除,如图 6-82 所示,效果如图 6-83 所示。

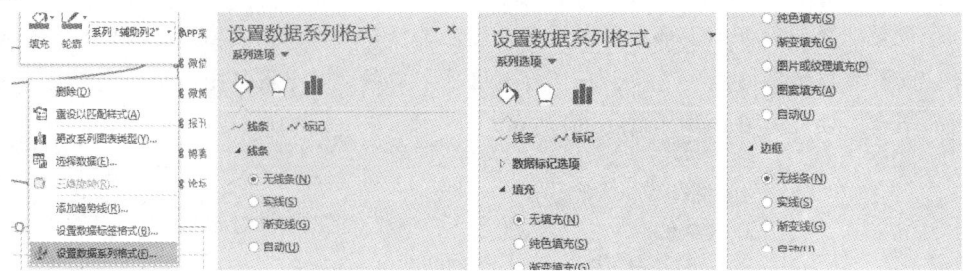

图 6-82　去掉辅助列数据点示意图

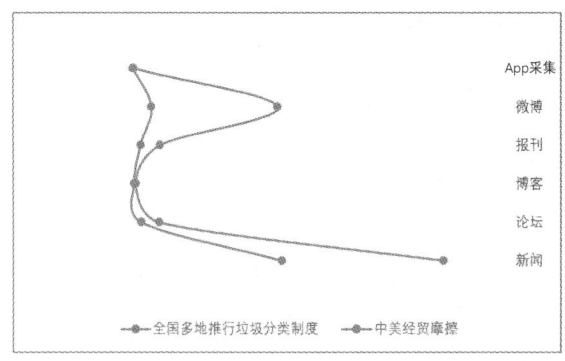

图 6-83　完成竖形折线图

▶▶ 6.3.4　瀑布图

瀑布图是由麦肯锡顾问公司独创的图表类型，通过巧妙的设置，使图表中的数据点排列形状看似瀑布悬空，因为形似瀑布流水而被称为瀑布图（Waterfall Plot）。这种图表采用绝对值与相对值结合的方式，适用于表达数个特定数值之间的数量变化关系。瀑布图不仅能够反映数据在不同时期或受不同因素影响的程度及结果，还可以直观地反映数据的增减变化，在工作表中非常有实用价值。

下面一起学习如何使用 Excel 2016 制作瀑布图。

案例 6-8

如图 6-84 所示，根据 2019 年主要游戏上市公司收入情况设计一个瀑布图。

图 6-84　2019 年主要游戏上市公司收入瀑布图

第 6 章 新媒体数据的可视化

要绘制这样的瀑布图，具体的操作步骤如下。

（1）数据处理。在"开始"选项卡下，单击"排序和筛选"下拉按钮，在弹出的下拉列表中选择"自定义排序"选项，如图 6-85 所示，按照操作步骤将"总收入（亿元）"列的数据设置为"升序"排列，单击"确定"按钮，如图 6-86 所示。

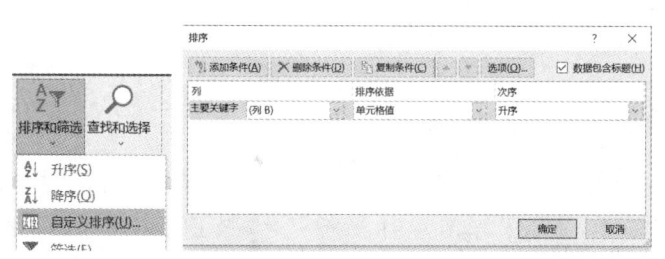

图 6-85　自定义排序

图 6-86　处理后的数据表

（2）在数据表的右侧新建"辅助列"，"辅助列"的数值为"该公司总收入-上一公司的总收入"，如图 6-87 所示，下拉填充整列，如图 6-88 所示。

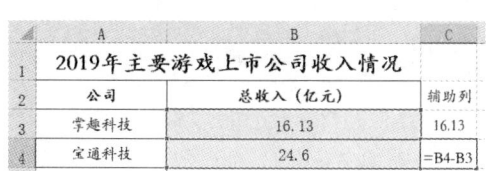

图 6-87　数据表插入公式示意图　　　　　　图 6-88　创建辅助列

（3）选择数据表格，选择"插入"选项卡的"图表"选项，插入"瀑布图"，如图 6-89 和图 6-90 所示。

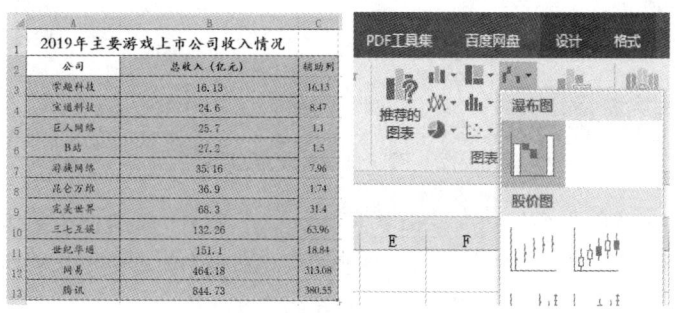

图 6-89　插入"瀑布图"

107

图 6-90 创建的瀑布图

（4）修改坐标轴标签和名称，在"图表工具"选项卡中选择"设计"→"选择数据"选项，选择"总收入（亿元）"系列，单击"删除"按钮，如图 6-91 所示。对瀑布图进行拖动放大，得到递增的瀑布图如图 6-92 所示。

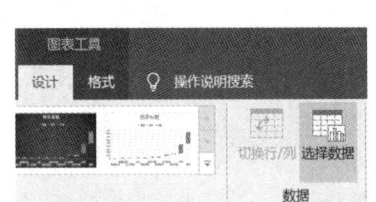
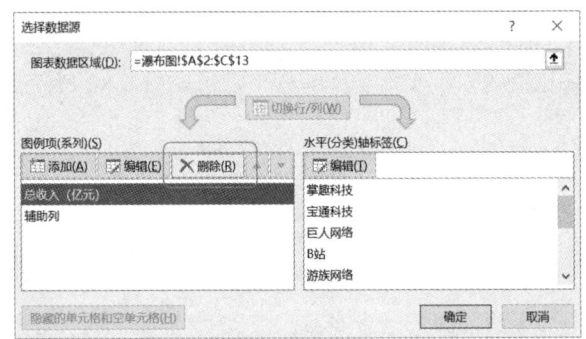

图 6-91 修改瀑布图

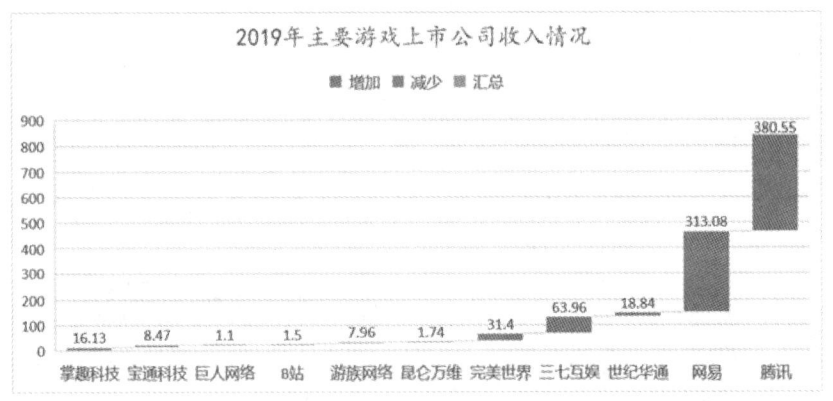

图 6-92 修改后的瀑布图

（5）增加坐标轴名称和单位。在"图表工具"→"设计"选项卡下单击"添加图表元素"下拉按钮，在弹出的下拉列表中选择"坐标轴标题"选项，添加"主要纵坐标轴"，输入文字"总收入（亿元）"，如图 6-93 所示。最终效果如图 6-94 所示。

第 6 章 新媒体数据的可视化

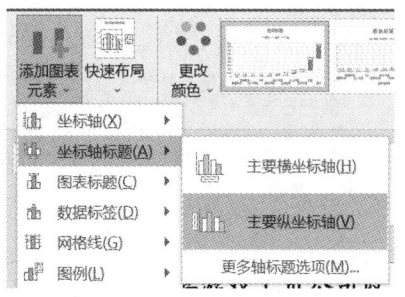

图 6-93 增加坐标轴名称示意图

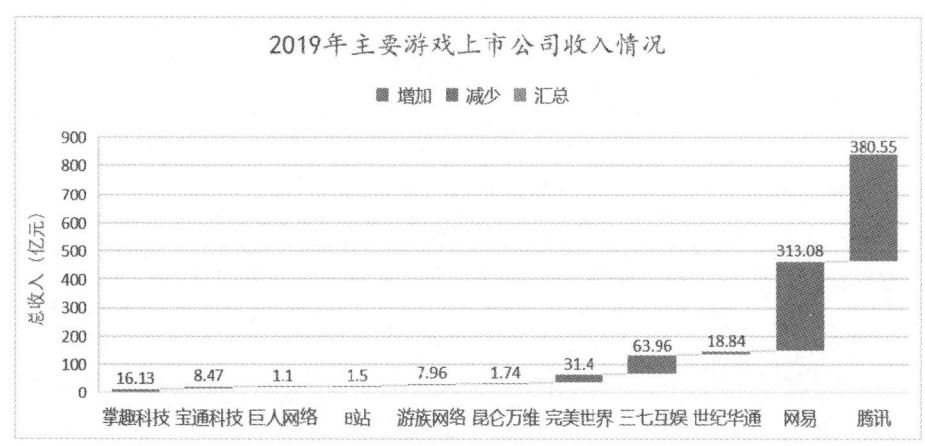

图 6-94 完成的瀑布图

▶▶ 6.3.5 帕累托图

帕累托图是以意大利经济学家 V. Pareto 的名字命名的。帕累托图又叫排列图、主次图,是按照发生频率高低的顺序绘制的直方图,表示有多少结果是由已确认类型或范畴的原因所造成的。

在帕累托图中,不同类别的数据根据其频率降序排列,并在同一幅图中显示累积百分比。帕累托图可以体现帕累托原则:数据的绝大部分存在于很少类别中,剩下的极少数据分散在大部分类别中。这两组数据经常被称为"至关重要的极少数"和"微不足道的大多数"。

在实际生活中,我们经常会遇到在一项事物中最重要的部分只占 20%,其他 80%的部分却是次要的,这就是二八定律,也称帕累托法则。帕累托图就是专门分析二八定律的图表。比如,排查质量问题,我们只要花费少量精力和时间解决累计占比达到 80%的导致问题的因素,就能显著改善质量问题,没必要花费更多的精力和时间去解决 20%的问题。

案例 6-9

图 6-95 比较了我国 2019 年网络广告收入情况,分别统计了电商广告、搜索广告、视频广告、新闻资讯、社交广告、工具、分类广告及其他类别的广告收入,根据统计数据设计一个帕累托图。

图 6-95　网络广告数据收入帕累托图

要绘制这样的帕累托图，具体的操作步骤如下。

（1）首先对数据进行排序。在"开始"选项卡中单击"筛选和排序"下拉按钮，在弹出的下拉列表中选择"自定义排序"选项，根据"收入"列的数据进行"降序"排序。

图 6-96　数据排序示意图

（2）插入两个辅助列，分别为"所占百分比"和"累计百分比"，在 C3 单元格输入公式 =B3/SUM($B$3:$B$11)并向下填充，计算各个分段占总数的百分比。在 D3 单元格输入公式 =SUM($C$3:C3)并向下填充，算出累计百分比。选择 C3~D11 单元格，按 Ctrl+Shift+5 组合键把数据改为以百分比形式，如图 6-97 所示。

（3）插入图表。选中"类别"和"收入"列的所有数据，单击"插入"图表，选择插入"簇状柱形图"，修改"图表标题"为"2019年互联网广告收入行业分布"，设置"字体"为"楷体"，如图 6-98 和图 6-99 所示。

图 6-97　插入两个辅助列　　　　　图 6-98　插入"簇状柱形图"

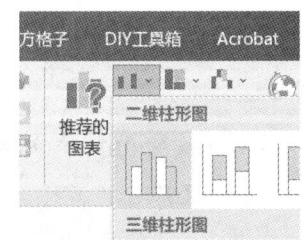

第6章 新媒体数据的可视化

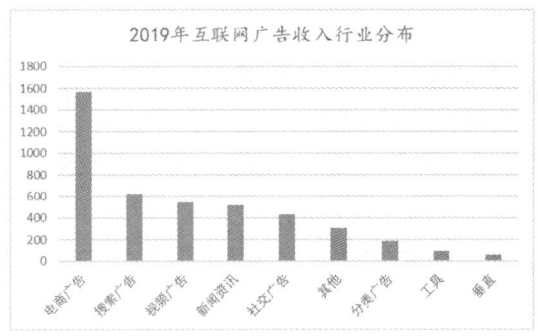

图 6-99 插入图表

（4）在"图表工具"→"设计"选项卡下，单击"选择数据"命令，弹出"选择数据源"对话框，选中"收入"复选框，然后单击"添加"按钮，弹出"编辑数据系列"对话框，将"累计百分比"数据添加到柱形图中，如图 6-100～图 6-102 所示。

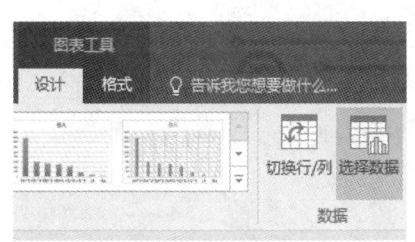

图 6-100 选择数据

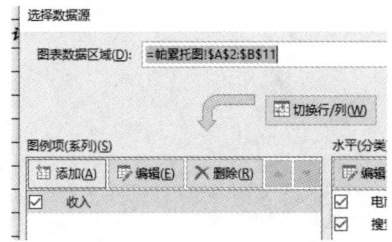

图 6-101 添加"累计百分比"系列

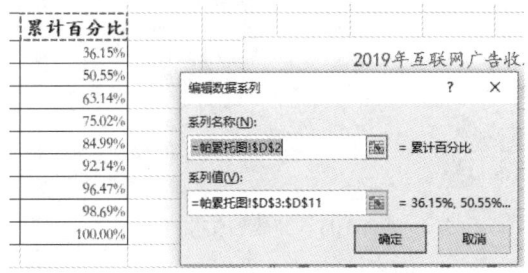

图 6-102 将"累计百分比"数据插入柱形图

（4）单击"累计百分比"柱形图，在"图表工具"→"设计"选项卡下单击"更改图表类型"命令，在弹出的"更改图表类型"对话框中把"累计百分比"对应的图表类型改为折线图即可，如图 6-103 所示。

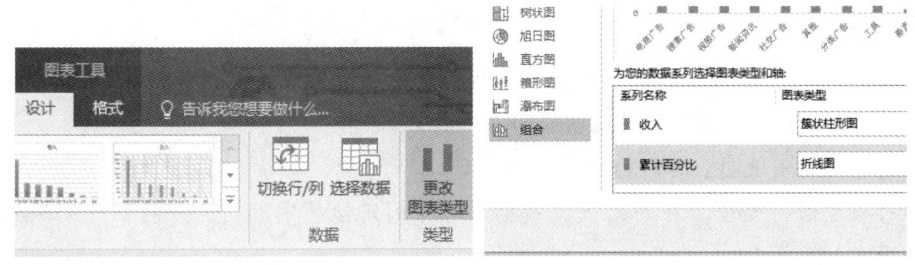

图 6-103 把"累计百分比"对应的图表类型改为折线图

（5）在图表绘图区选择辅助列数据点右击，在弹出的快捷菜单中选择"添加数据标签"→"添加数据标签"选项，如图 6-104 所示。添加坐标轴名称，在"图表工具"→"设计"选项卡下单击"添加图表元素"下拉按钮，在弹出的下拉列表中选择"坐标轴标题"选项，依次添加"主要纵坐标轴"和"次要纵坐标轴"，分别输入文字"收入（亿元）"和"累计百分比（%）"，效果图如图 6-105 所示。

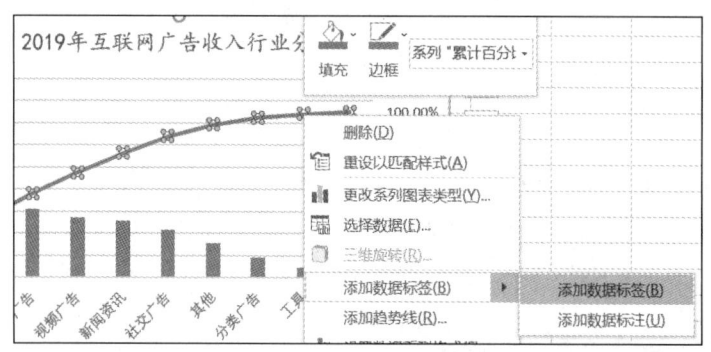

图 6-104　添加数据标签

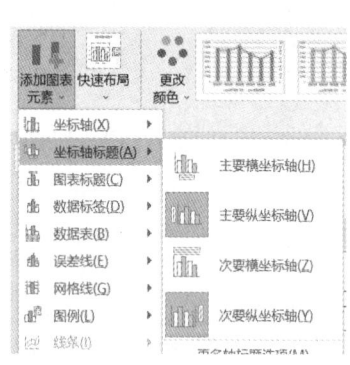
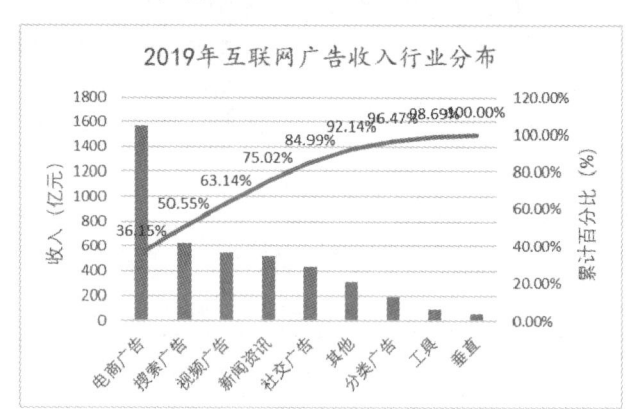

图 6-105　完成的帕累托图

▶▶ 6.3.6　旋风图

旋风图从本质上来说就是 Excel 中簇状条形图的变种，即旋风图的两组数据共用横坐标，各自单独占用横坐标轴的正负坐标范围。

案例 6-10

图 6-106 比较了 2020 年中国资讯短视频用户观看渠道偏好情况，分别统计了 10 个不同类型的平台用户使用人数，根据统计数据设计了一个旋风图。

要绘制这样的旋风图，具体的操作步骤如下。

（1）对数据进行处理。在两列数据中插入一个固定值的辅助列，并将第一列数据换成负数值，如图 6-107 所示。

第6章 新媒体数据的可视化

	A	B	C	D	E
1	2020年中国资讯短视频用户观看渠道偏好				
2	平台类别	使用该渠道观看过	辅助列	最常使用的渠道	
3	其他短视频平台	-1377	1000	734	
4	咨询短视频平台				
5	门户资讯平台				
6	搜索类平台				
7	社交平台				
8	聚合咨询平台				
9	传统媒体平台				
10	网络视频平台				
11	垂直资讯平台				
12	其他平台				

图6-106　2020年中国资讯短视频用户观看渠道偏好情况

	A	B	C
1	2020年中国资讯短视频用户观看渠道偏好		
2	平台类别	使用该渠道观看过	最常使用的渠道
3	其他短视频平台	1377	734
4	咨询短视频平台	1253	327
5	门户资讯平台	1246	283
6	搜索类平台	1216	165
7	社交平台	1197	218
8	聚合咨询平台	1146	291
9	传统媒体平台	1098	155
10	网络视频平台	1091	159
11	垂直资讯平台	534	30
12	其他平台	6	4

	A	B	C	D
1	2020年中国资讯短视频用户观看渠道偏好			
2	平台类别	使用该渠道观看过	辅助列	最常使用的渠道
3	其他短视频平台	-1377	100	734
4	咨询短视频平台	-1253	100	327
5	门户资讯平台	-1246	100	283
6	搜索类平台	-1216	100	165
7	社交平台	-1197	100	218
8	聚合咨询平台	-1146	100	291
9	传统媒体平台	-1098	100	155
10	网络视频平台	-1091	100	159
11	垂直资讯平台	-534	100	30
12	其他平台	-6	100	4

图6-107　对数据进行处理

（2）选择数据区域，单击"插入"→"推荐的图表"选项卡，依次选择"所有图表"→"条形图"→"堆积条形图"选项，如图6-108所示。

（3）此时图表中类别的顺序与源数据的顺序是颠倒的，如图6-109所示。选择纵坐标轴并右击，在弹出的快捷菜单中选择"设置坐标轴格式"选项，在弹出的"设置坐标轴格式"对话框中勾选"逆序类别"复选框，如图6-110所示，这时类别顺序和源数据顺序已经一致。按Delete键删除纵坐标轴、网格线、图例，效果如图6-111所示。

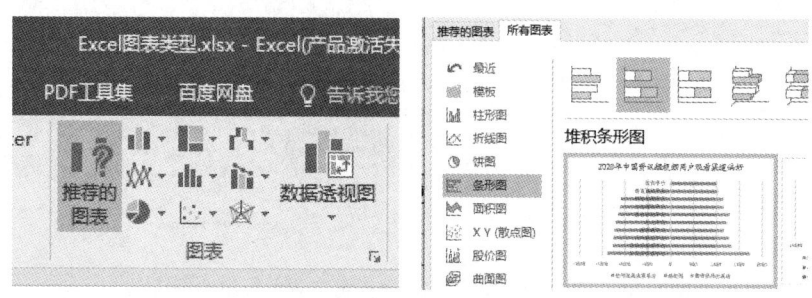

图6-108 插入"堆积条形图"

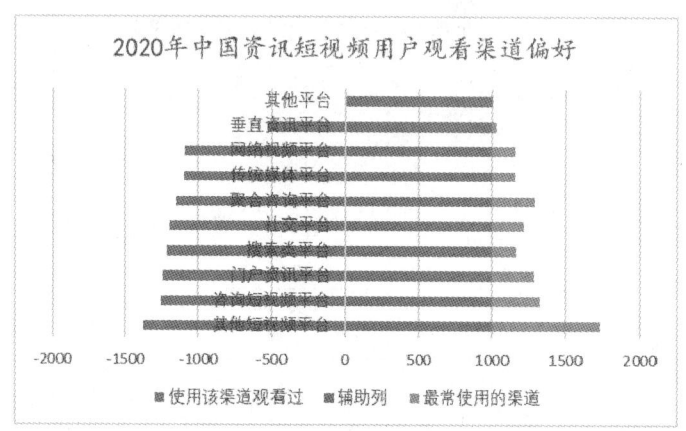

图6-109 类别的顺序与源数据的顺序颠倒

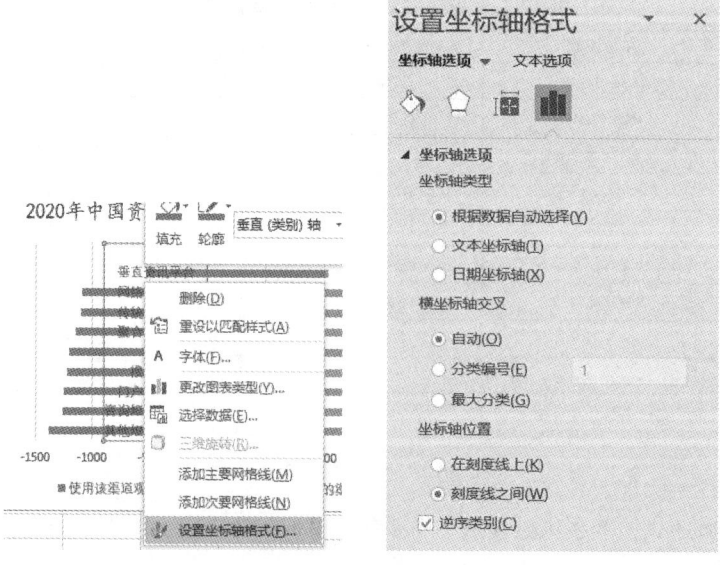

图6-110 修改旋风图的过程

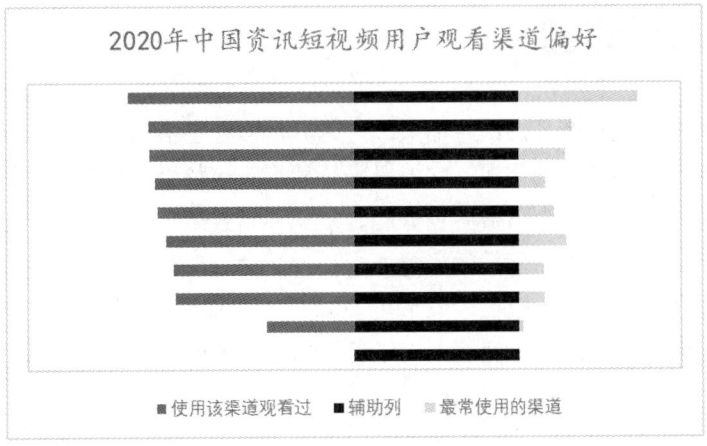

图 6-111　修改后的旋风图

（4）选择图表中间的橙色系列并右击，在弹出的快捷菜单中选择"添加数据标签"→"添加数据标签"选项；选择数据标签并右击，在弹出的快捷菜单中选择"设置数据标签格式"选项，在"设置数据标签格式"对话框中勾选"类别名称"复选框，取消勾选"值"复选框；再次选择图表中间的橙色系列并右击，在弹出的快捷菜单中选择"设置数据系列格式"选项，弹出"设置数据系列格式"对话框，在"填充"区域选择"无填充"单选按钮，最终效果如图 6-113 所示。

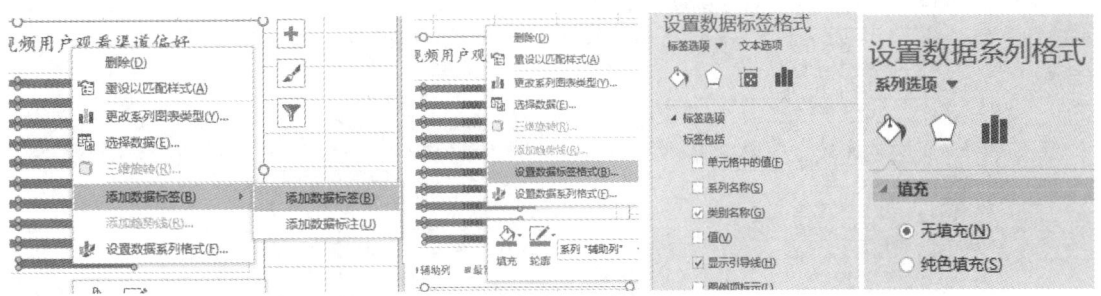

图 6-112　设置数据标签示意图

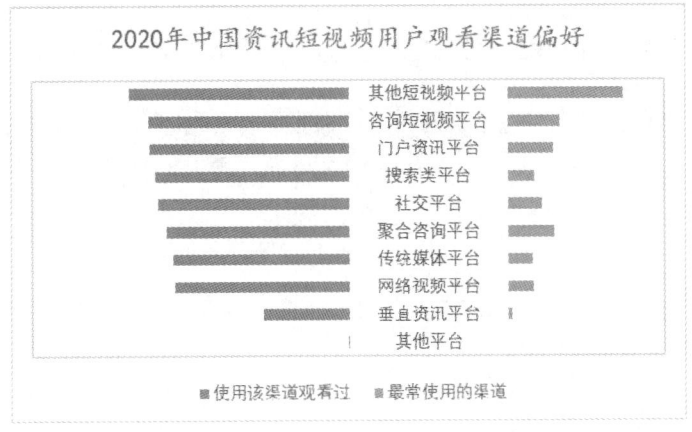

图 6-113　完成的旋风图

6.3.7 金字塔图

金字塔图是由两套柱形统计图组合而成的,因其形似金字塔而得名。以人口制图为例,金字塔图可以用于表示人口年龄的构成,它的纵坐标表示各年龄组,横坐标表示不同性别(如男左女右)各年龄组人口数占总人口数的百分比。根据各年龄组条带的长度,可以看出人口年龄的构成。根据图形可以分析人口增长的趋势:增长型、缩减型和静止型。增长型是指年出生人数逐年递增,即小年龄组所占比重大,图形呈上尖下宽形状。缩减型正相反,图形呈底部收缩的形状。静止型则是介于前两者之间的人口年龄结构,其图形上下宽度基本一致。

案例 6-11

如图 6-114 所示,该金字塔图比较了 2020 年中国资讯短视频用户观看渠道偏好情况,分别统计了 10 个不同类型的平台用户使用人数,根据统计数据设计了一个简易金字塔图。

要绘制这样的金字塔图,具体的操作步骤如下。

(1)对数据进行处理。将第一列数据换成负数值,如图 6-115 所示。

(2)选择数据区域,单击"插入"→"推荐的图表"选项卡,依次选择"所有图表"→"条形图"→"堆积条形图"选项,如图 6-116 所示,同时更改标题,如图 6-117 所示。

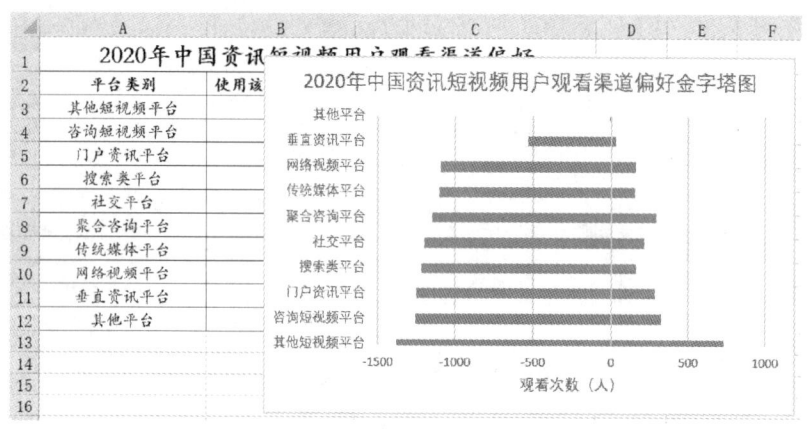

图 6-114 2020 年中国资讯短视频用户观看渠道偏好金字塔图

	A	B	C
1	2020年中国资讯短视频用户观看渠道偏好		
2	平台类别	使用该渠道观看过	最常使用的渠道
3	其他短视频平台	-1377	734
4	咨询短视频平台	-1253	327
5	门户资讯平台	-1246	283
6	搜索类平台	-1216	165
7	社交平台	-1197	218
8	聚合咨询平台	-1146	291
9	传统媒体平台	-1098	155
10	网络视频平台	-1091	159
11	垂直资讯平台	-534	30
12	其他平台	-6	4

图 6-115 修改后的数据表

第6章 新媒体数据的可视化

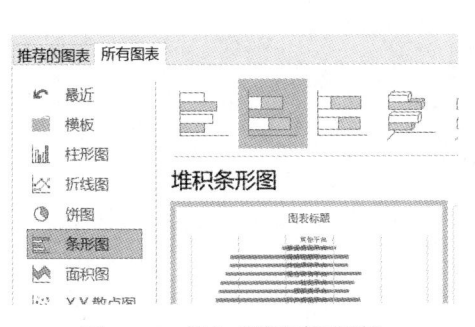

图 6-116　插入"堆积条形图"

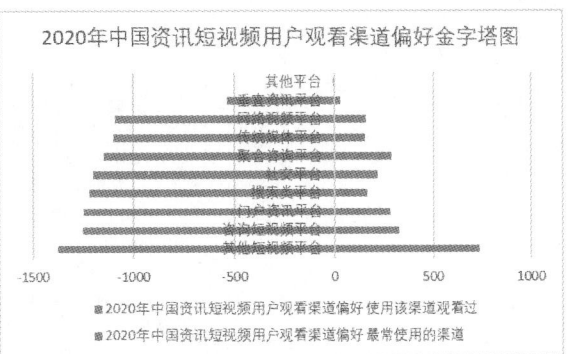

图 6-117　创建的金字塔图

（3）调整纵坐标标签的位置，设置标签位置为"低"。选择纵坐标轴并右击，在弹出的快捷菜单中选择"设置坐标轴格式"选项，在弹出的对话框中选择"坐标轴选项"→"标签"选项，选择"标签位置"为"低"，如图 6-118 所示，效果如图 6-119 所示。

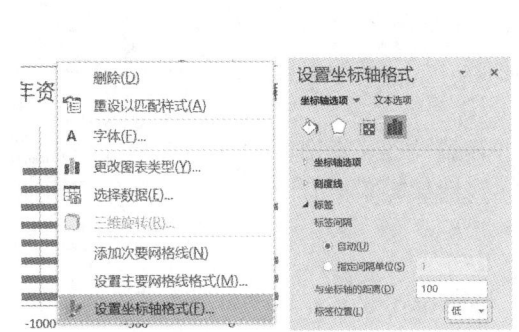

图 6-118　调整纵坐标标签示意图

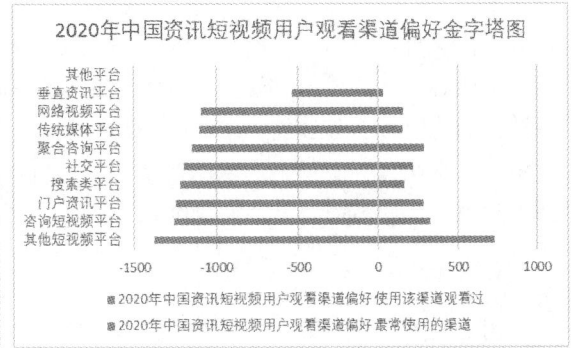

图 6-119　修改后的金字塔图

（4）选择图中左边的蓝色系列并右击，在弹出的快捷菜单中选择"设置数据系列格式"选项，单击"颜色"下拉按钮，在弹出的下拉列表中选择橙色；删除下方"图例名称"；增加"坐标轴名称"，在"图表工具"→"设计"选项卡下单击"添加图表元素"下拉按钮，在弹出的下拉列表中选择"坐标轴标题"选项，如图 6-120 所示，添加"主要横坐标轴"，输入文字"观看次数（人）"，最终效果如图 6-121 所示。

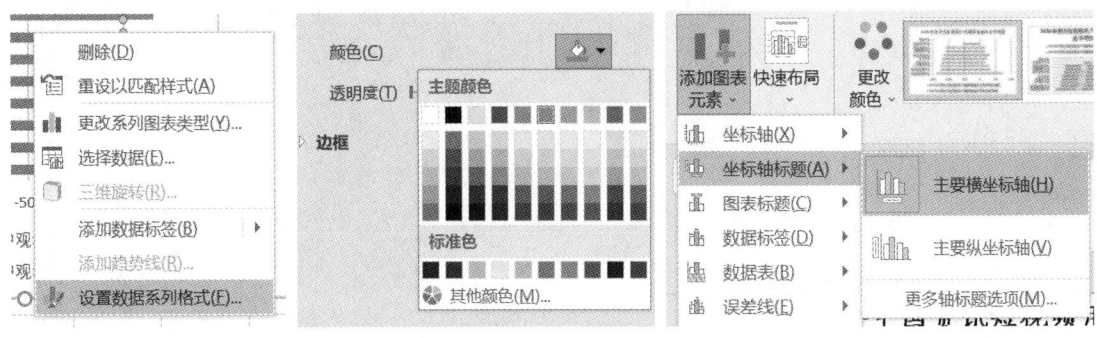

图 6-120　更改数据系列颜色和增加坐标轴名称示意图

117

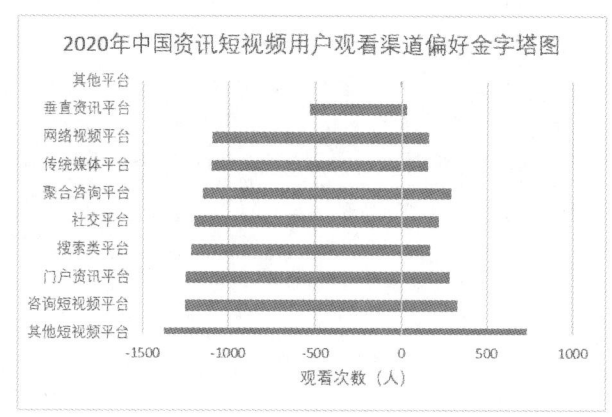

图 6-121　完成的金字塔图

▶▶ 6.3.8　漏斗图

漏斗图又称倒三角图，由堆积条形图演变而来，是由占位数把条形图挤成一个倒三角的形状而形成的。漏斗图适用于业务流程比较规范、周期长、环节多的流程分析，通过漏斗各环节业务数据的比较，能够直观地发现和说明问题。

漏斗图显示流程中多个阶段的值。例如，可以使用漏斗图显示销售过程中每个阶段的销售潜在客户数。在通常情况下，值逐渐减小，从而使条形图呈现漏斗形状。

案例 6-12

如图 6-122 所示，在比较了某平台销售情况后，根据用户留存量，创建了一个漏斗图。

要绘制这样的漏斗图，具体操作步骤如下：选择数据区域，单击"插入"→"推荐的图表"选项卡，依次选择"所有图表"→"漏斗图"选项，如图 6-123 所示。

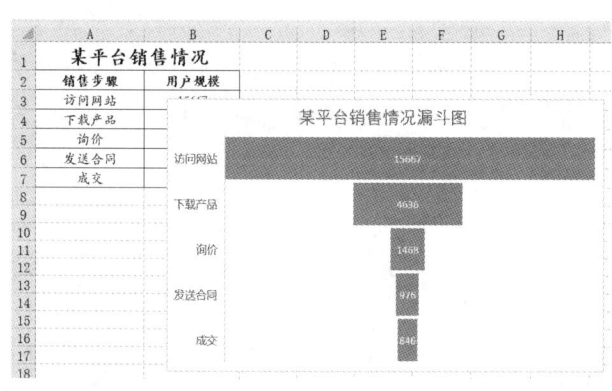

图 6-122　创建漏斗图

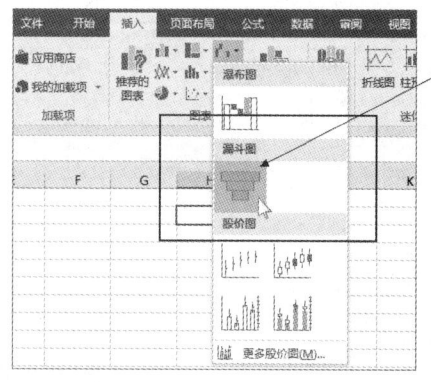

图 6-123　插入漏斗图

▶▶ 6.3.9　矩形树图

矩形树状结构图是一种有效实现层次结构可视化的图表结构，简称矩形树图或树图。在矩形树图中，各个小矩形的面积表示每个子节点的大小，矩形面积越大，表示子节点在父节点中的占比越大，整个矩形的面积之和表示整个父节点。若将测度分配给颜色角色，则每个图块的颜色表示该测度的值。

矩形树图的基本数据角色包括矩形树图拼块、大小和颜色。矩形树图拼块是指用于创建矩形树图中的图块的类别或层次。若为拼块角色指定类别，则类别的顺序决定每个类别的级别。拖放类别应将它们按所需要的顺序放置。矩形树图的大小是指确定每个图块大小的测度。若未指定大小角色，则图块大小由频数计数决定。若大小角色的任意聚合值导致大小值为负数或零，则显示错误。矩形树图颜色是指决定图块颜色的测度。

案例 6-13

图 6-124 比较了我国网民互联网使用情况中不同平台的用户规模，根据统计数据设计了一个矩形树图。

图 6-124 网民互联网使用情况矩形树图

要绘制这样的矩形树图，具体操作步骤如下：选择数据区域，单击"插入"→"推荐的图表"选项卡，依次选择"所有图表"→"树状图"，如图 6-125 所示。

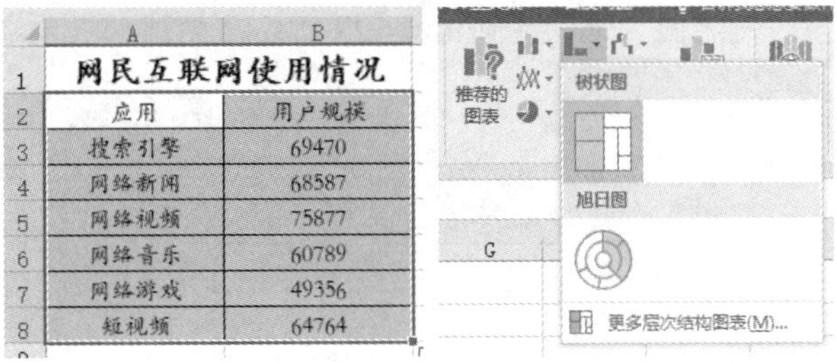

图 6-125 创建矩形树图

6.3.10 气泡图

气泡图使用散点图中不同大小的图标记（气泡）来显示至少三个测度的值。两个测度的值用图形轴上的位置表示，第三个测度的值用标记大小表示。气泡图中的气泡大小是确定标记大小的测度。气泡的颜色是确定气泡颜色的数据项。若指定类别，则用不同气泡颜色表示每个类别值。若指定测度，则用气泡颜色表示测度值。指定气泡图的属性包括名称、标题和网格线等。名称是指可视化视图的名称。标题是指图形上方显示的标题。

气泡图线性属性是指气泡大小相对于数据中的最小值和最大值（或频数）进行缩放。负值显示为比正值小的气泡。对于线性尺度类型，气泡大小的差异可能与值的差异不成比例。量值属性是指气泡大小相对于数据中的零值和最大绝对值进行缩放。对于量值尺度类型，气泡大小的差异与绝对值的差异成比例。频数属性是指频数显示为计数还是百分比。负值显示为六边形。

案例 6-14

如图 6-126 所示，根据 2014—2019 年直播行业投资额和总投资次数，设计了一个气泡图。

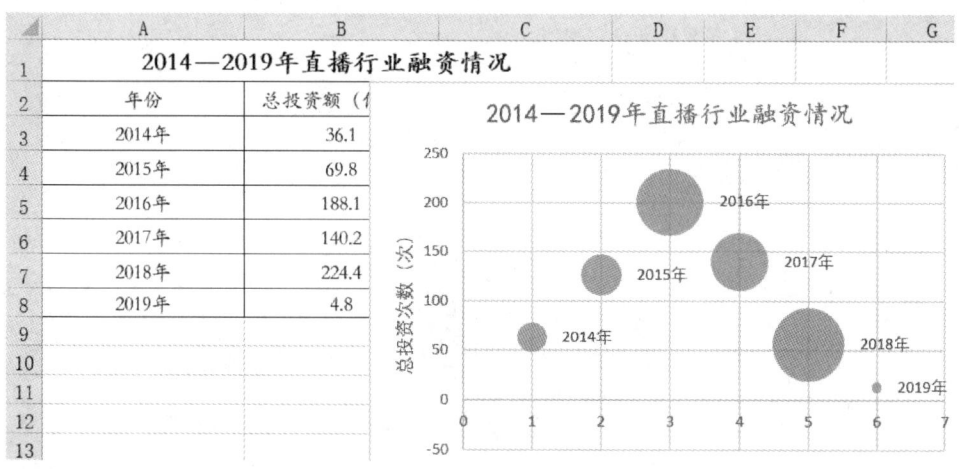

图 6-126　2014—2019 年直播行业投资额和总投资次数

要绘制这样的气泡图，具体的操作步骤如下。

（1）创建图表，选中数据区域，单击"插入"→"推荐的图表"选项卡，依次选择"所有图表"→"散点图"→"气泡图"选项，如图 6-127 所示。创建的气泡图如图 6-128 所示。

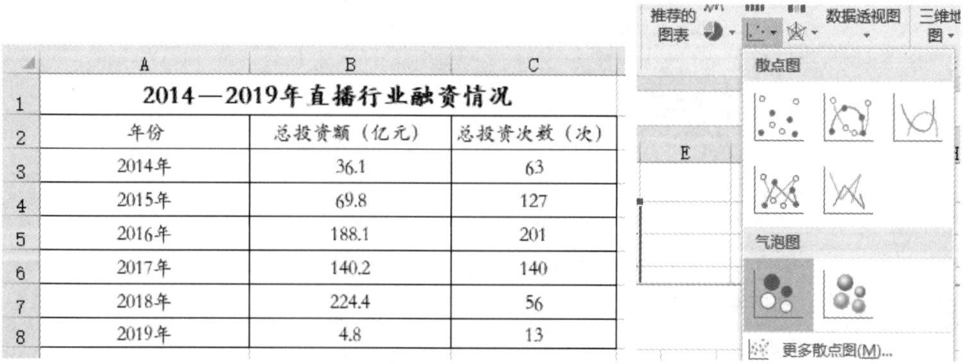

图 6-127　插入"气泡图"

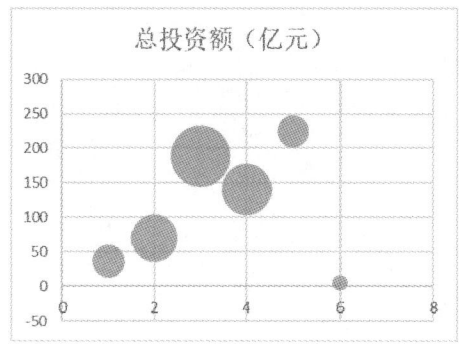

图 6-128　创建的气泡图

（2）在"图表工具"→"设计"选项卡下，单击"选择数据"选项，在弹出的对话框中选择"总投资额（亿元）"系列，单击"编辑"按钮，将 X 轴的数据和 Y 轴的数据及气泡大小数据换成如图 6-130 中所示的数据列；修改"图表标题"为"2014—2019年直播行业融资情况"，字体为"楷体"，效果如图 6-131 所示。

（3）添加数据标签和坐标轴名称，在"图表工具"→"设计"选项卡下单击"添加图表元素"下拉按钮，选择"数据标签"→"其他数据标签"选项，勾选"X 值"复选框；在"图表工具"→"设计"选项卡下单击"添加图表元素"下拉按钮，在弹出的下拉列表中选择"坐标轴标题"选项，添加"主要纵坐标轴"，输入文字"总投资次数（次）"，如图 6-132 所示。效果如图 6-133 所示。

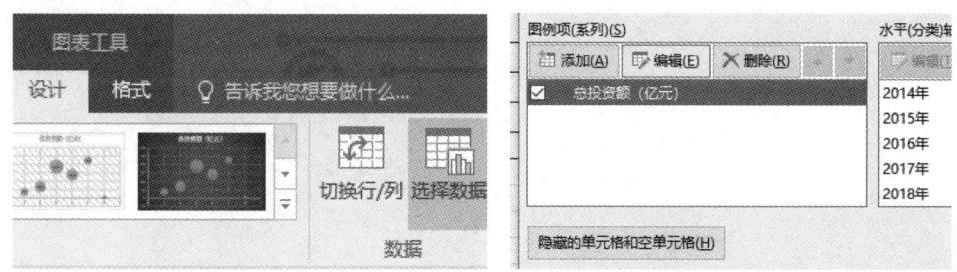

图 6-129　选择"总投资额（亿元）"数据编辑示意图

图 6-130　修改 X 轴的数据和 Y 轴的数据及气泡大小

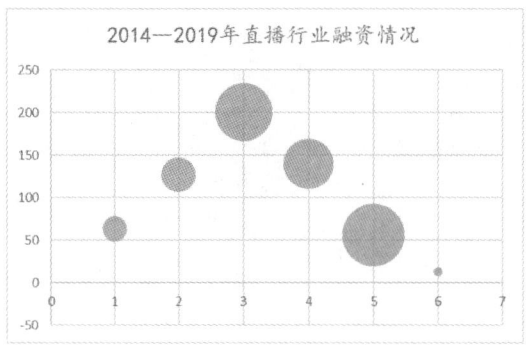

图 6-131　修改的气泡图

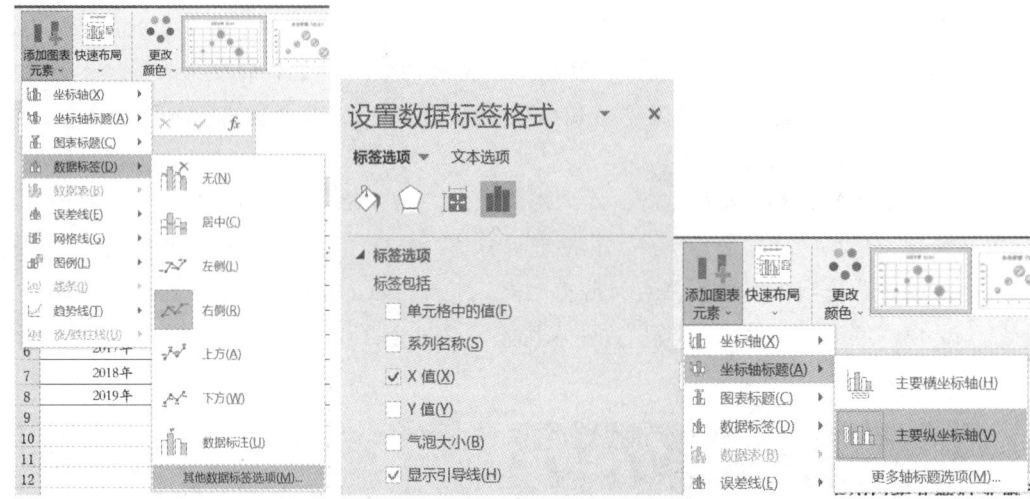

图 6-132　添加数据标签和坐标轴名称

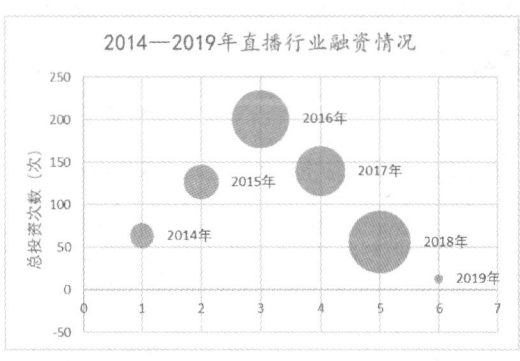

图 6-133　完成的气泡图

6.4　利用编程语言绘图

近年来由于数据量爆炸性增长,许多新的计算机编程语言层出不穷。学习编程的一个好处是,利用计算机语言可以完成那些靠手工难以完成或根本不可能完成的数据处理与分析工作。当所需的文件数量不断增加时,手动处理会变得越来越困难或者根本不可能完成。在以上这些情况下，使用编程语言进行绘图可以解决这些问题。编程语言可以快速有效地处理大型文件和大批量文件。

学习编程语言的另一个好处是，可以自动地重复数据处理和数据分析过程。在很多情况下，针对数据做的都是耗时的重复性工作。最重要的是，在进行数据处理和数据分析时，使用编程语言代替手动操作可以降低出错的可能性。手动进行数据处理时，可能出现复制粘贴错误或输入错误。

下面以 Python 为例，简单介绍一下如何利用编程语言进行绘图。Python 诞生于 20 世纪 90 年代初，它具有简洁性、易读性及可扩展性。Python 中包含大量内建库和附加库，可以方便地完成许多一般的数据处理和分析操作。使用 Python 可以创建常用的统计图，常见的绘图库包括 Matplotlib、Pandas、Ggplot 和 Seaborn 等。其中最常用的绘图库是 Matplotlib。Matplotlib 绘图库创建的图形质量标准非常高，常用于创建统计图，包括条形图、箱型图、折线图、散点图和直方图等。我们通过示例来简单了解一下利用 Python 绘图。

案例 6-15

使用 Matplotlib 绘图库绘制一个简单的条形图（见图 6-134），其主要步骤是导入绘图库、导入数据、创建图表、修改坐标轴和图表标题、保存和打印图片，具体的 Python 代码如下所示。

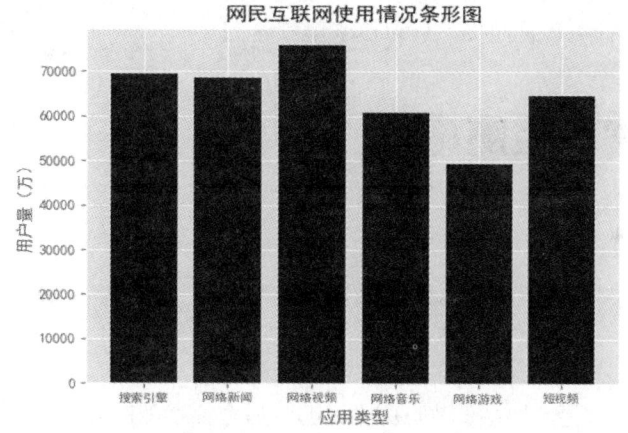

图 6-134　Matplotlib 制作的条形图

```python
import matplotlib.pyplot as plt
plt.style.use('ggplot')
plt.rcParams['font.sans-serif']=['SimHei']
plt.rcParams['axes.unicode_minus']=False

app_name = ['搜索引擎','网络新闻','网络视频','网络音乐','网络游戏','短视频']
user_index = range(len(app_name))
user_amounts = [69470, 68587, 75877, 60789, 49356, 64764]

fig = plt.figure()
ax1 = fig.add_subplot(1,1,1)
ax1.bar(app_name, user_amounts, align='center', color='darkblue')
```

```
ax1.xaxis.set_ticks_position('bottom')
ax1.yaxis.set_ticks_position('left')
plt.xticks(user_index, app_name, rotation=0, fontsize='small')

plt.xlabel('应用名')
plt.ylabel('用户量（万）')
plt.title('网民互联网使用情况条形图')

plt.savefig('plot.png', dpi=400, bbox_inches='tight')
plt.show()
```

在未来的学习过程中，读者可以通过参考 Matplotlib 的初学者指南了解使用 Matplotlib 创建和设计统计图表的更多信息。

本章知识小结

本章介绍了由简单到复杂的图表类型的特点和应用场合，并给出了具体的应用实例和 Excel 操作步骤，操作的每个步骤都在 Excel 2016 中进行了详细的讲解和说明。除此之外，本章还介绍了利用编程语言进行可视化绘图，以供读者继续学习。

本章考核检测评价

一、名词解释

散点图　平均线图　帕累托图　矩形树图

二、简答题

1. 在柱形图、折线图、饼图、散点图中，哪些适合描述随时间变化的变量？哪些适合描述百分比变量？

2. Excel 中的图表组成元素包括哪几个？分别是什么？

三、案例分析

2019 年，中国游戏市场实际销售收入 2330.2 亿元，增速为 8.7%，较 2018 年增速有所回升，这主要受益于移动游戏市场实际销售收入增速保持平稳，而客户端游戏市场实际销售收入同比下降幅度收窄。以下是 2019 年中国主要游戏上市公司收入情况。

请根据图 6-135 中的数据，绘制平均线图。

图 6-135　2019 年中国主要游戏上市公司收入情况

第 7 章 微信数据分析

【学习目标】

1. 了解微信数据的基本构成和微信数据分析的目的；
2. 掌握微信公众号和小程序的基本数据分析，能够进行简单的数据可视化；
3. 掌握新榜数据平台的使用方法。

【学习重点、难点】

重点：微信数据的分析和可视化。
难点：新榜数据平台的使用方法。

【本章思维导图】

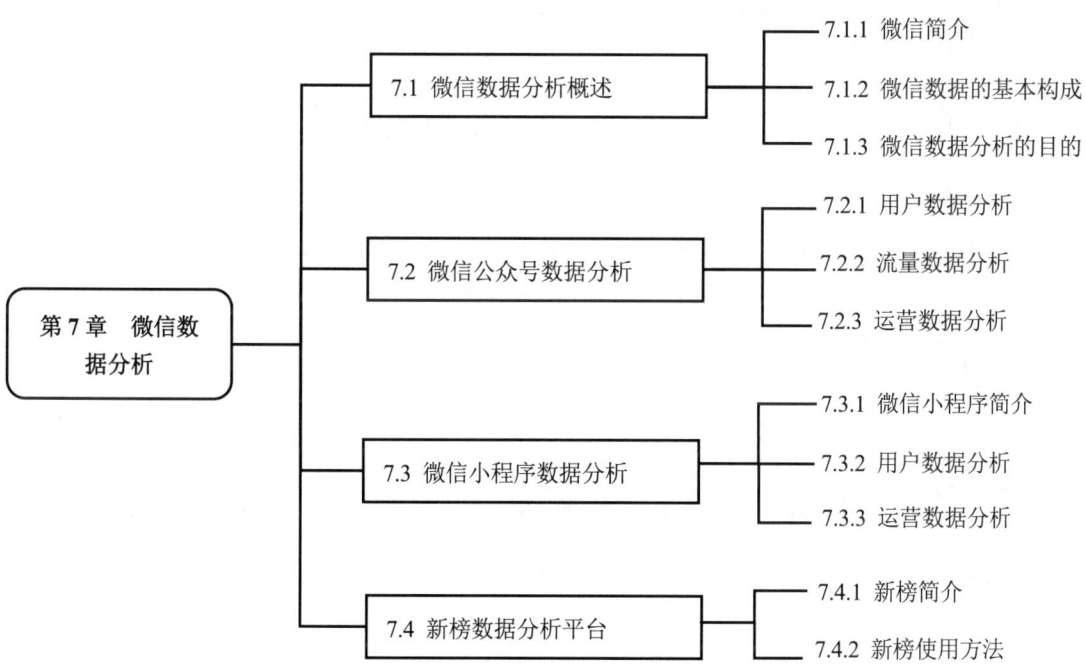

7.1 微信数据分析概述

7.1.1 微信简介

1. 微信介绍

微信是腾讯公司于 2011 年 1 月 21 日推出的一款通过网络快速发送语音信息、视频、图片和文字，支持多人群聊的手机聊天软件。用户可以通过微信与好友进行形式上更加丰富的类似于短信、彩信等方式的联系。微信软件本身完全免费，使用微信时产生的上网流量费由网络运营商收取。截至 2021 年 1 月，腾讯公司推出的微信最新版本达到 8.0。

2. 功能特点

（1）支持发送语音短信、视频、图片（包括静/动态表情）和文字。
（2）支持多人群聊。
（3）支持查看所在位置附近使用微信的人。
（4）使用摇一摇功能可结识各地的朋友。
（5）支持腾讯微博、QQ 邮箱、漂流瓶、语音记事本、QQ 离线消息等功能。
（6）支持视频聊天。
（7）支持电脑网页登录。
（8）把照片分享到朋友圈，可与好友进行互动。
（9）查看热点新闻资讯。
（10）随时随地收/写 QQ 邮件。
（11）支持微信小程序功能，用户不用下载 App 就能使用相关应用。

3. 微信优势

（1）沟通无障碍，微信支持主流的智能操作系统，用户在不同系统间互发信息畅通无阻。
（2）轻松聊天不显示信息是否已读，降低收信压力。
（3）图片压缩传输，节省流量。
（4）输入状态实时显示带来手机聊天极速新体验，且微信能够显示对方实时输入状态。
（5）移动即时通信，楼层式消息对话使聊天更简洁方便。

7.1.2 微信数据的基本构成

1. 阅读量

阅读量是指看到文章标题后打开文章的用户有多少人。通过阅读量可以检验文章的标题和摘要是否合适，因为只有吸引用户，用户才会打开文章进行阅读。阅读量如图 7-1 所示。

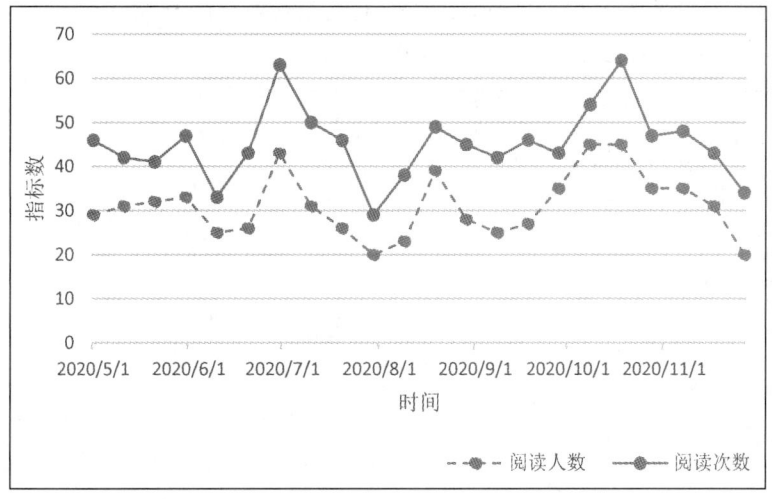

图 7-1　阅读量

2. 分享量

分享量是指有多少人将这个文章分享到朋友圈或其他渠道。分享量反映了文章的质量。用户打开文章以后，看到喜欢的或质量高的文章，才会去分享。分享量如图 7-2 所示。

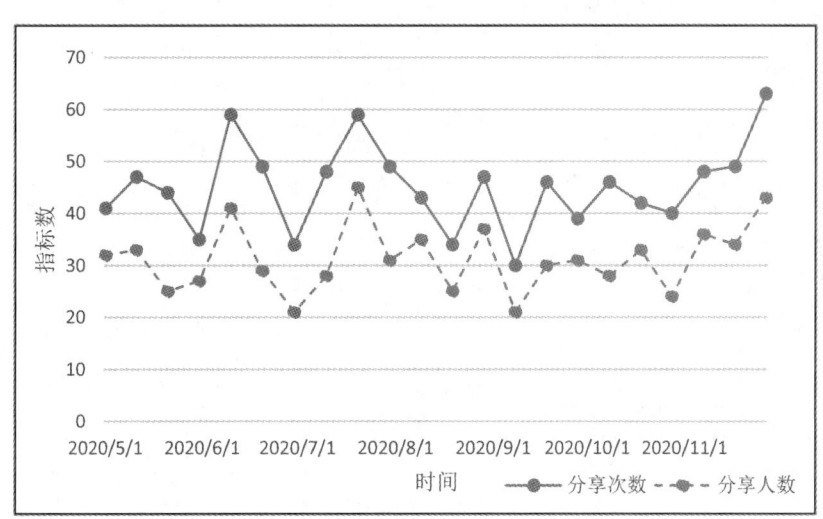

图 7-2　分享量

3. 当日掉粉量

当日掉粉量是指当日有多少用户取消了关注。取消关注的用户可能是新用户，进来以后看到自动回复的内容不喜欢，或者菜单栏的内容设置不喜欢。取消关注的也有可能是老用户，微信公众号中发了一些不符合这些用户阅读喜好的文章。当日掉粉量如图 7-3 所示。

4. 当日净增量

当日净增量=当日增长用户数-当日掉粉量。当日发文章后，微信公众号用户净增长了多少。

这个指标一般和文章转发量有很大关系。因为只有文章转发到朋友圈后,才能吸引新的用户来关注。当日净增量如图 7-4 所示。

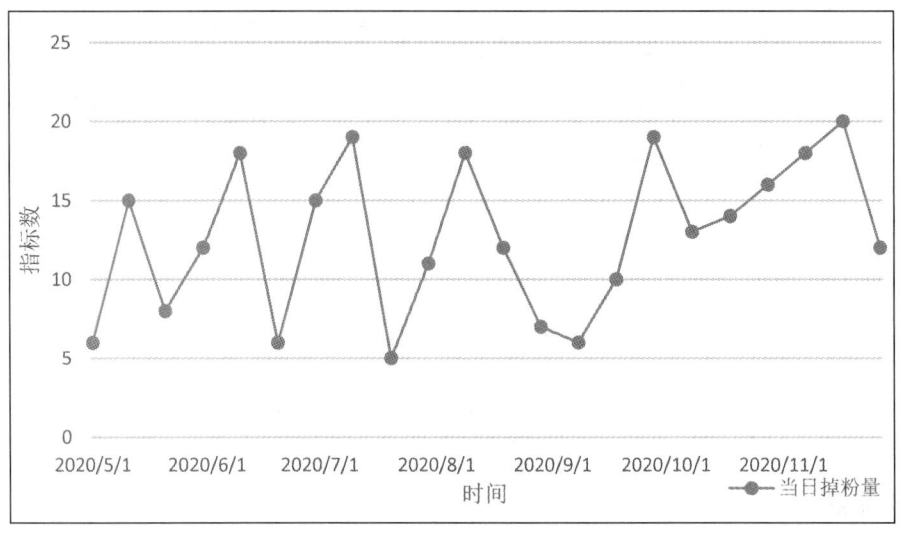

图 7-3 当日掉粉量

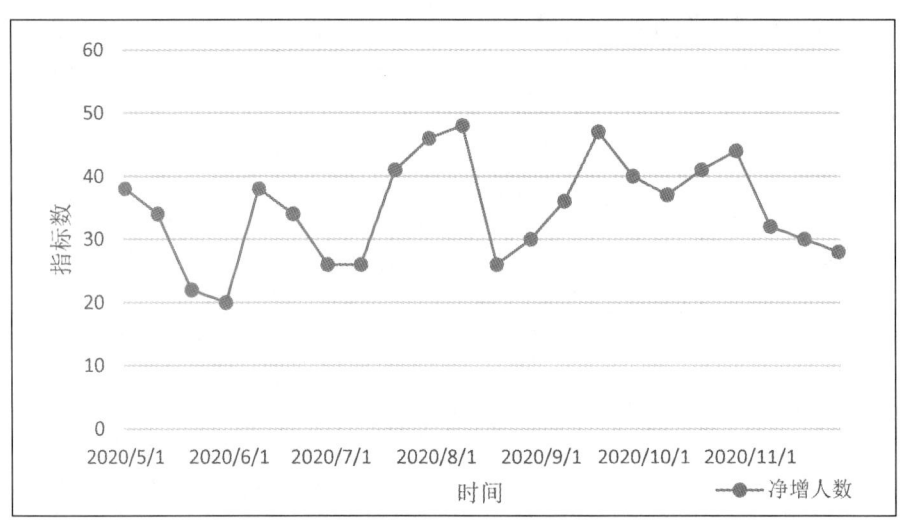

图 7-4 当日净增量

▶▶ 7.1.3 微信数据分析的目的

微信早已进入我们的生活,随着用户群体的逐渐扩大,微信营销也成了网络经济时代个人或企业营销模式的创新,也是当前最具有价值的网络营销方式之一,微信让人与人之间不存在距离,微信用户与商家之间的点对点的关系让商家与客户始终保持着联系,从而让营销产生最大价值。我们现在拥有先进的移动互联网,微信和微信公众号的出现也使我们的生活变得越来越便利。微信公众号上线以来,很快就成为自媒体矩阵中的核心领域,也是获取市场价值的重要渠道。因此，通过微信公众号的数据分析，运营人员可以了解粉丝活跃度、极具吸引力的图文发布形式，以及用户关注的需求点，进而提高企业的用户留存率和用户忠诚度。

7.2 微信公众号数据分析

7.2.1 用户数据分析

1. 用户分析简介

用户分析主要从用户增长、用户属性、关键词回复三方面数据入手。通过这些数据可查看粉丝人数的变化。单击微信公众号后台"用户分析"中的"用户增长"，页面显示具体的用户数据，包括新关注人数、取消关注人数、净增关注人数、累积关注人数。可选择时段进行查看，用户数据分析在写周报、月报、季度数据分析报表时用处很大。新关注人数的变化，可以用来监测公众号内容或活动的优劣。如果新增用户多，以后可以多尝试这方面的公众号内容或活动。如果新增用户少或呈负增长，那么活动或公众号内容都需要调整。用户分析如图 7-5 所示。

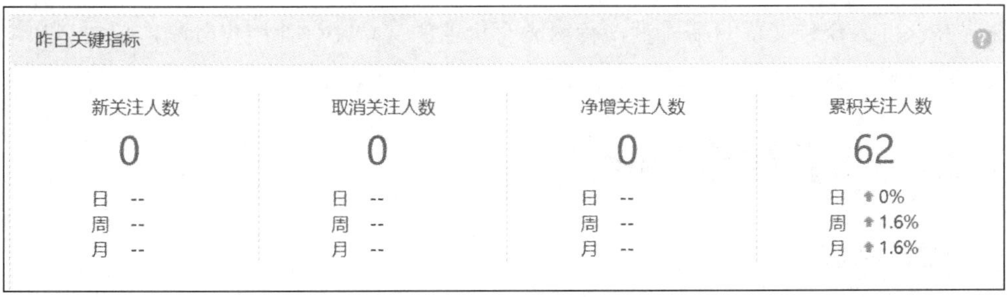

图 7-5 用户分析

2. 用户属性分类

（1）关注来源。

在用户分析这一栏里，主要看关注来源。通过分析用户数据得出，目前这个公众号的新增用户主要来自两种模式：名片分享、扫描二维码。用户数据代表开源渠道。

名片分享：业务人员在销售时，指引用户关注公众号。

扫描二维码：技术人员和电商运营人员在网站上面做了引流。

所以通过这两个渠道的新增用户较多。

（2）用户属性。

应当特别关注用户属性，用户属性对于内容运营方面有指导性作用。通过用户属性可以查看用户的性别比例、语言分布、省份分布、城市分布、终端分布、机型分布。

3. 实践运用

利用 AARRR 模型对用户进行分析，过程如下。

（1）获客。

根据定位用户群，发现用户是一些对于数据、知识、报名、面试、转行关注的人群，然后在一些流量较大的平台发布文章吸引新用户。

（2）激活。

输出高质量的文章吸引用户。对于初关注的、对公众号茫然的用户要进行适当的文章推送，让用户从被动接收信息转变到主动在公众号中关注其他内容。

（3）留存。

根据掉粉量的分析，发现那些华而不实的、枯燥的知识点让用户无法接受，要避免给用户推送这类文章，加大用户专注点内容的推荐，让用户真正觉得这是一个有帮助的公众号从而留存并使用。

（4）变现。

等用户真正对该公众号感兴趣后变成忠实用户，可以提供一些免费试听课，且试听课也不要空泛，要包含一些干货，启发用户听课的欲望，从而购买课程进行学习。

（5）推荐。

加强并保证公众号文章的高质量，有内涵有价值的文章才会让用户分享，还可以采取奖励的方式促进用户分享。

7.2.2 流量数据分析

1. 流量分析简介

流量主要有以下来源：阅读量、转发量、点赞量、留言率等。之所以没有重点谈这些内容，主要是因为这些内容是人为可控的。比如留言率，如果企业搞了一个留言点赞的活动，那么这一篇文章的阅读量、点赞量、留言率自然而然会提升。因此在进行内容分析的时候，要在明确常量统一的情况下进行分析。

2. 实践运用

（1）在没有活动的情况下，通过阅读量、转发量分析受用户欢迎的内容类型，并持续优化内容。

（2）在有活动的情况下，通过分析用户行为数据找出受用户欢迎的活动类型，例如，活动如何提升，如何优化活动方式。

总之，在进行数据分析的时候，一定要在统一常量的基础上分析变量，并进行大范围的分析才有价值。

▶▶ 7.2.3 运营数据分析

1. 运营分析简介

在公众号的菜单栏可以定位公众号的功用属性。如果是购物类的公众号，如京东、唯品会，基本菜单栏就是一个购物的入口。

公众号的菜单栏里面有子菜单，合理地设计分类公众号子菜单的内容，通过菜单栏的点击率，了解用户关心什么，在乎什么，并做出相应的调整规划。

建议在设置菜单栏时，可以将子菜单的内容同级分类，这样便于我们了解哪一个类别的产品更受用户欢迎。通过分类产品来调查用户最感兴趣的是什么，从而更好地进行内容运营，创作出用户感兴趣的内容。

因此建议菜单栏跟产品一同使用，这样才可以充分发挥作用。有些公众号的菜单栏长期没有更换，或者只是单纯连接历史消息的，需要对菜单栏进行细分设置。好好利用菜单栏，可以帮助我们更好地了解用户，做好内容运营。

2. 实践运用

图 7-6 展示了 10 万+文章阅读量在一天内各个时间段的转发次数和阅读人数的记录数据。

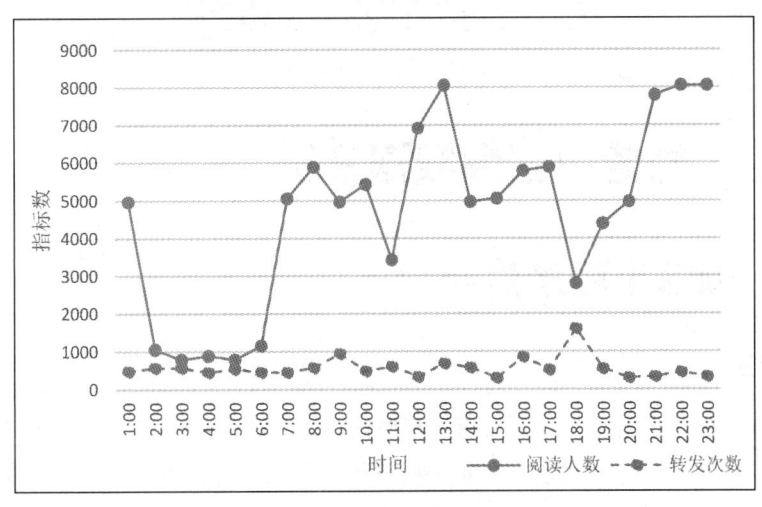

图 7-6　用户行为数据记录

很明显看出，在 20 点到 23 点之间，阅读人数和阅读量是直线上升的，也说明这个时间段阅读微信的人数是最多的。

图 7-7 展示的是具体时间段的转发次数和阅读人数，我们重点关注下转发阅读比，这个数据的好处在于避开因为累积分享造成阅读量过高的数据误差。凌晨 1 点到 2 点的时候比例较高，说明在这个时间段分享的人虽然少，但是朋友圈阅读率比较高，大部分人已经入睡，部分人还在看微信，很少的分享可以获得更高的用户阅读率。这个数据占比比较高的时间段在中午和晚上都保持在 10%以上，在这两个时间段用户有更多的时间支配看微信，也是很多公众号推送文章的高峰期。

10万+文章号阅读数据			
时间轴	阅读人数	转发次数	转发阅读比
0:00	364	45	12.36%
1:00	201	25	12.44%
2:00	115	11	9.57%
3:00	72	19	26.39%
4:00	54	4	7.41%
5:00	200	10	5.00%
6:00	439	20	4.56%
7:00	753	87	11.55%
8:00	811	68	8.38%
9:00	600	60	10.00%
10:00	511	49	9.59%
11:00	492	66	13.41%
12:00	583	60	10.29%
13:00	665	90	13.53%
14:00	555	65	11.71%
15:00	549	52	9.47%
16:00	732	79	10.79%
17:00	958	84	8.77%
18:00	798	84	10.53%
19:00	755	96	12.72%
20:00	1061	115	10.84%
21:00	1651	201	12.17%
22:00	2585	260	10.06%
23:00	2440	273	11.19%

图 7-7　用户转发阅读比

7.3　微信小程序数据分析

7.3.1　微信小程序简介

1. 功能概述

小程序数据分析是面向小程序开发者、运营人员的数据分析工具，提供关键指标统计、实时访问监控、自定义分析等，帮助小程序产品迭代优化和运营。小程序的主要功能包括每日例行统计的标准分析，以及满足用户个性化需求的自定义分析。

2. 名词解释

用户：使用过小程序的微信用户，根据 openid 来判断。
分享：用户点击小程序内或小程序外的菜单，将小程序及其页面分享给好友的过程。
新增：用户首次访问小程序页面。
活跃：用户在一段时间内访问过小程序。
停留：用户从打开小程序内的页面，到主动关闭或超时退出小程序的过程。切换到后台、显示到聊天顶部或浮窗，均不算停留在小程序。

留存：某个时间段内新增或活跃的用户经过一段时间后仍然使用小程序。留存分为新增留存和活跃留存。

事件：自定义分析中进行用户行为数据收集和分析的模型，表示某个用户行为。

漏斗：自定义分析中由一系列事件组成的数据分析模型，用于分析业务流程中每个步骤的用户转化与流失。

3. 分析指标解释

累计访问人数：历史累计访问小程序的用户数，同一用户多次访问不重复计。

新访问人数：首次访问小程序页面的用户数，同一用户多次访问不重复计。

打开次数：打开小程序的总次数。用户从打开小程序到主动关闭或超时退出小程序的过程，计为一次。

访问次数：访问小程序页面的总次数。多个页面之间跳转、同一页面的重复访问计为多次访问。

访问人数：访问小程序页面的总用户数，同一用户多次访问不重复计。

人均停留时长：平均每个用户停留在小程序页面的总时长（单位为秒），即总停留时长与访问人数的比值。

次均停留时长：平均每次打开小程序停留在小程序页面的总时长（单位为秒），即总停留时长与打开次数的比值。

平均访问深度：平均每次打开小程序访问的去重页面数。

访问留存人数：本周期有访问且上一周期有访问的用户（如日粒度下则为当日访问且昨日有访问的用户）。

访问回流人数：本周期有访问且上一周期没有访问，但历史有访问过的用户（如日粒度下则为当日访问且昨日没有访问，但历史曾经访问过的用户）。

新增留存：指定时间新增（即首次访问小程序）的用户，在之后的第 N 天（或周、月）再次访问小程序的用户数占比。

活跃留存：指定时间活跃（即访问小程序）的用户，在之后的第 N 天（或周、月）再次访问小程序的用户数占比。

支付次数转化率：在小程序内，完成非免密支付转化的小程序打开次数占比，即小程序内非免密支付成功次数与小程序打开次数的比值。

支付人数转化率：在小程序内，完成非免密支付转化的小程序用户数占比，即小程序内非免密支付成功人数与小程序打开人数的比值。

▶▶ 7.3.2 用户数据分析

用户行为是用户在产品上产生的行为，实际表现为相关的用户数据。运用不同的分析方法对不同的数据进行分析，进而为产品迭代和发展提供方向。用户行为数据是通过埋点进行监控的。常见的用户数据分析主要包括性别、年龄、地区及其使用终端分布等。

1. 性别及年龄分布

查看新增或活跃用户的性别及年龄分布,由于部分用户属性数据缺失,可能出现"未知",如图 7-8 所示和图 7-9 所示。

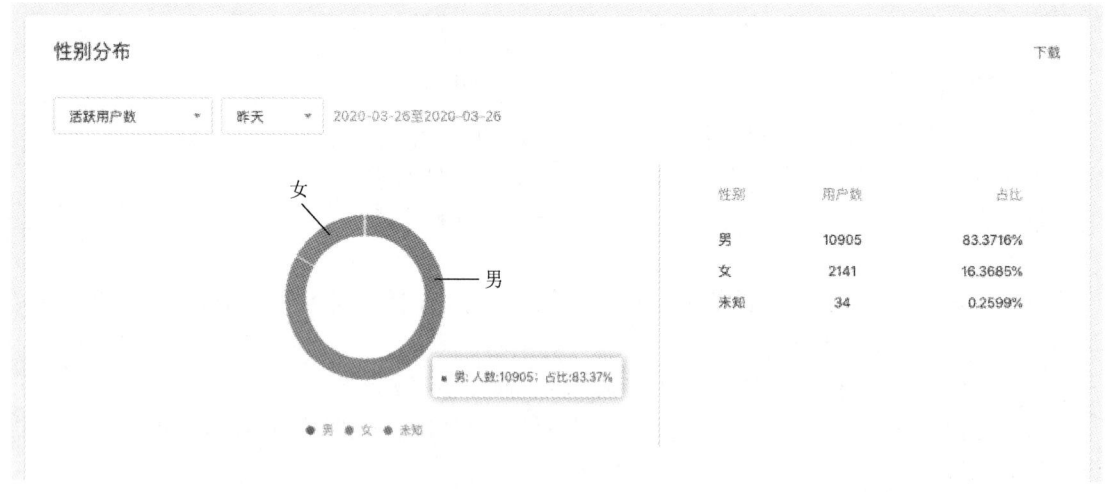

图 7-8 性别分布

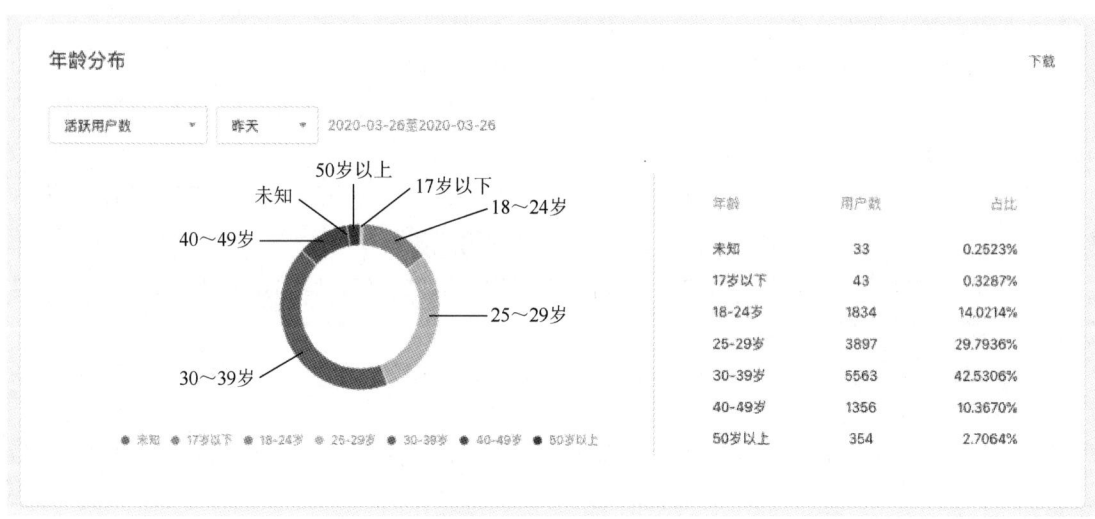

图 7-9 年龄分布

2. 地区分布

查看新增用户或活跃用户的主要省份和城市分布,可筛选展示全国或单个省份下的城市数据。由于部分用户属性数据缺失,可能出现"未知"。

3. 终端及机型分布

查看活跃或新增用户的终端及机型分布,终端包括 iPhone、Android 和其他,机型提供用户数最多的前 10 名。由于部分用户机型数据缺失,可能出现"未知",如图 7-10 所示。

第 7 章 微信数据分析

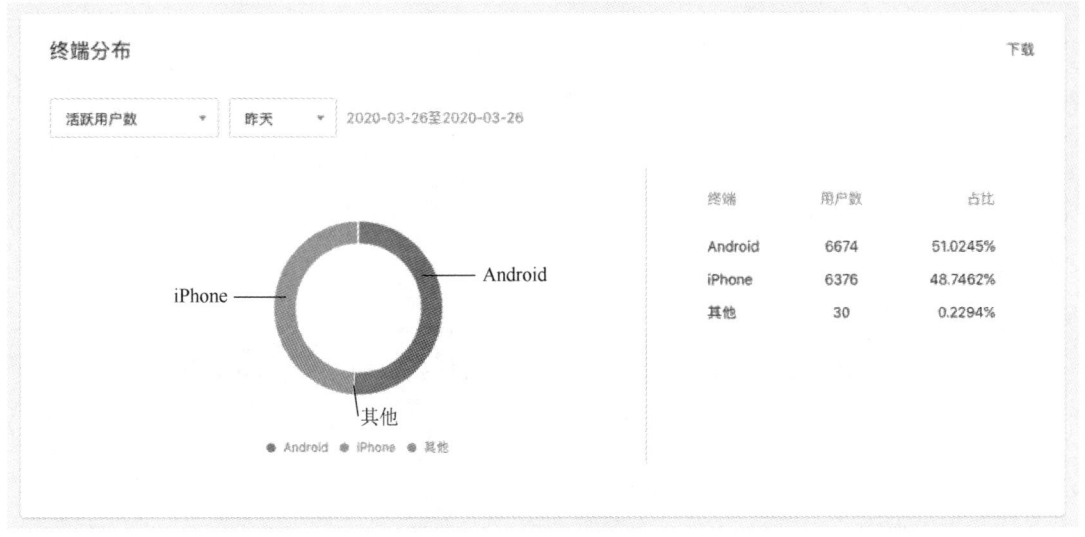

图 7-10 终端分布

7.3.3 运营数据分析

1. 昨日数据

查看昨日关键用户使用数据，以及对比一天、一周、一月前的变化率；可根据需求自定义展示个人关注的数据项，如图 7-11 所示。

图 7-11 昨日数据

2. 分布情况

查看使用分布情况，包括访问深度分布、使用频次分布、不同访问时长打开次数分布、不同访问时长打开人数分布，如图 7-12 所示。

3. 来源分析

整体来源分布即查看整体访问来源分布，包括打开次数和访问人数，可选择不同场景和时间段进行查看，如图 7-13 所示。

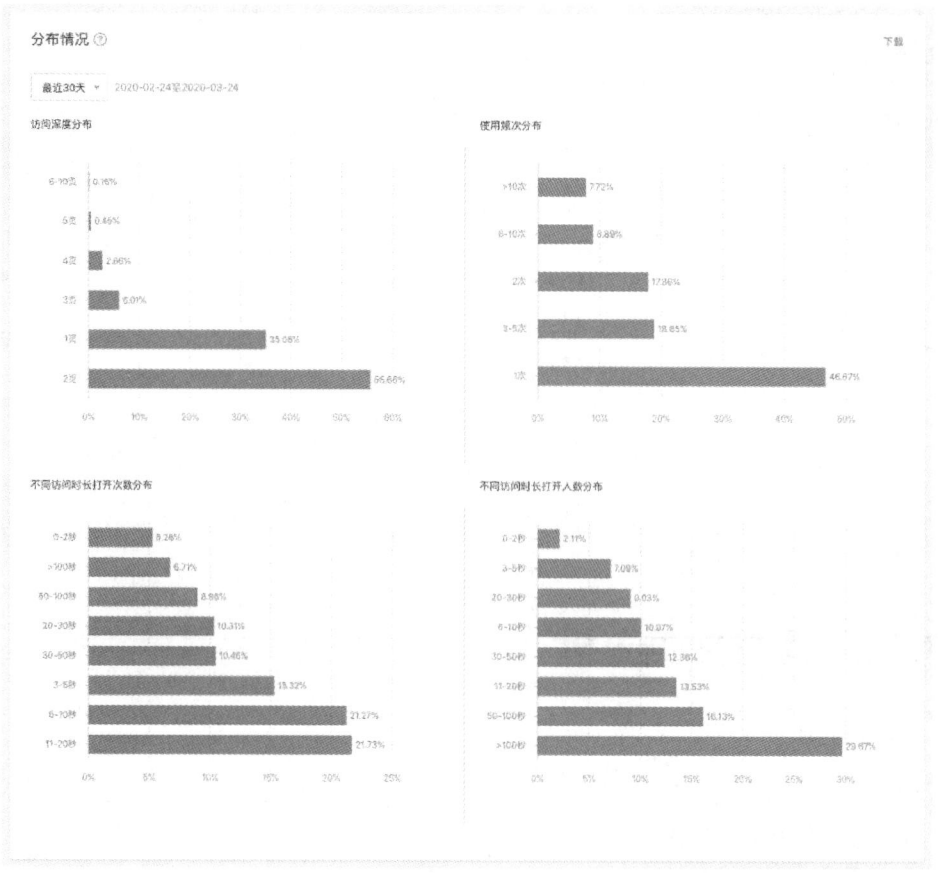

图 7-12 分布情况分析

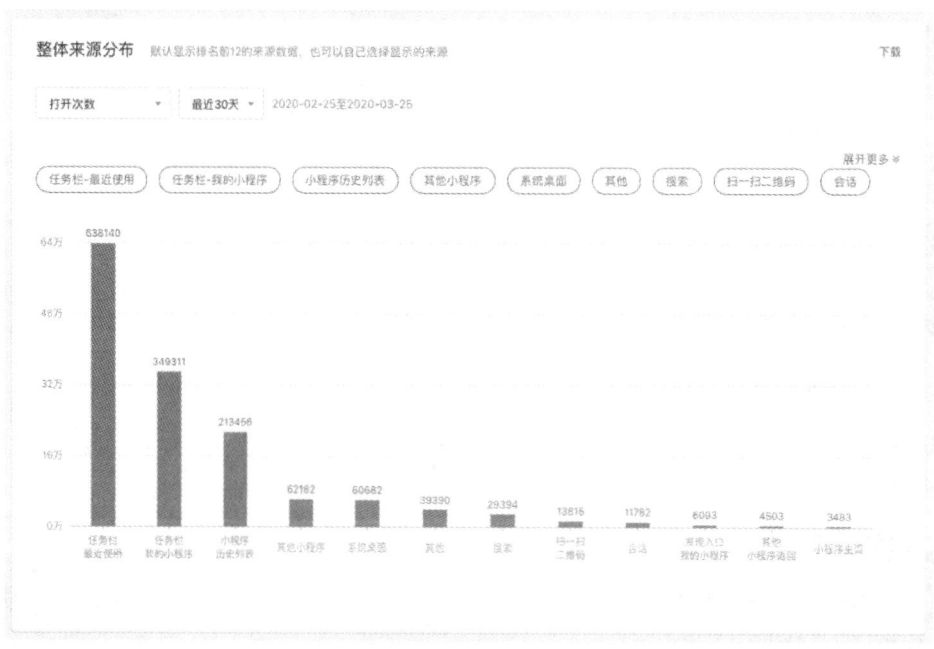

图 7-13 来源分析

4. 分场景访问趋势

查看不同场景下小程序打开人数和访问次数的趋势，可选择不同场景和时间进行查看和比对，如图 7-14 所示。

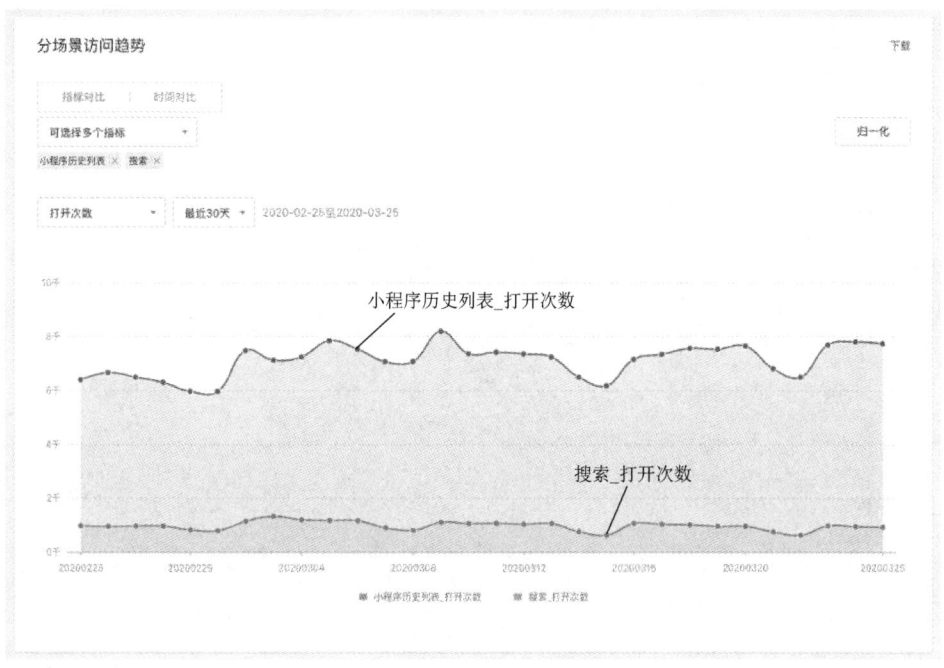

图 7-14　访问趋势分析

5. 渠道来源明细

查看一段时间内公众号文章或 App 分享带来的访问数据，包含打开次数和访问人数，如图 7-15 所示。

公众号文章	打开次数	占比
想随时查小程序后台数据？这款"神器"上线了	61	67.78%
小程序后台数据分析及插件功能升级	20	22.22%
未知	6	6.67%
小程序新增状态信息展示等能力	2	2.22%
新能力再来！小程序码数量不再受限，还可分析"用户画像"	1	1.11%

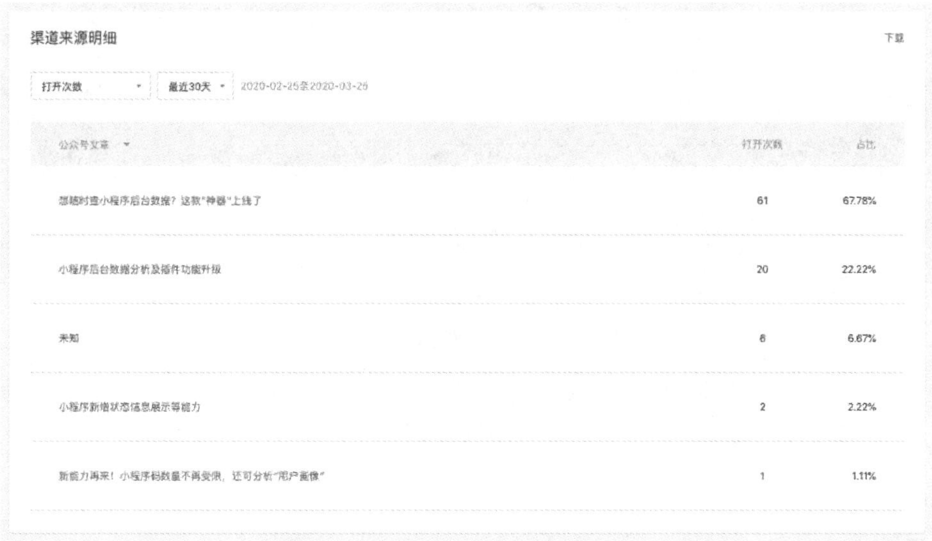

图 7-15　渠道来源分析

6. 行为数据

查看用户行为指标数据,包括打开、添加、访问类别下的各项。可选择不同数据指标和时间区间进行查看和比对,如图 7-16 所示。

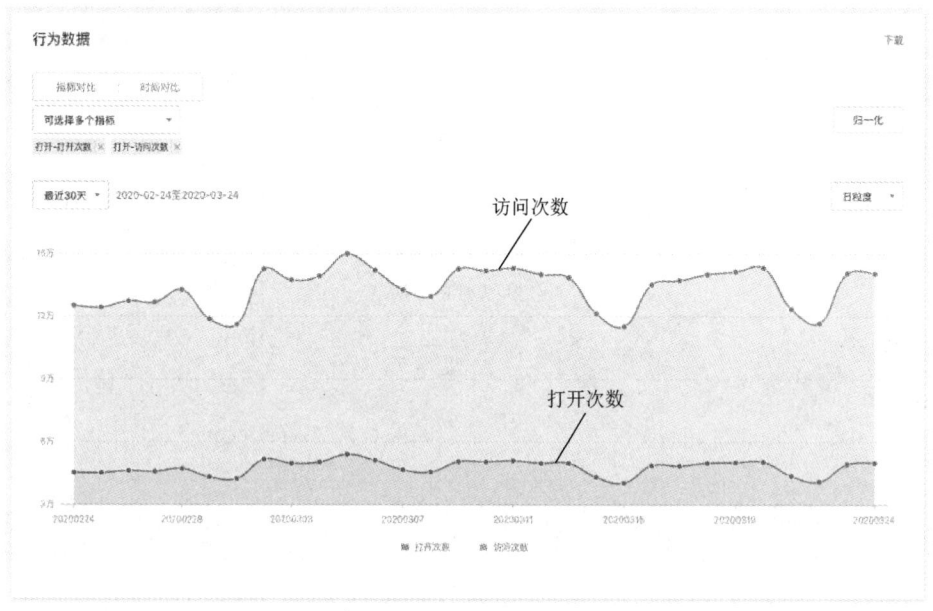

图 7-16　行为数据

7. 留存分析

通过小程序的留存趋势,可查看小程序的新增留存和活跃留存,可选择不同时间进行查看和比对,如图 7-17 所示。

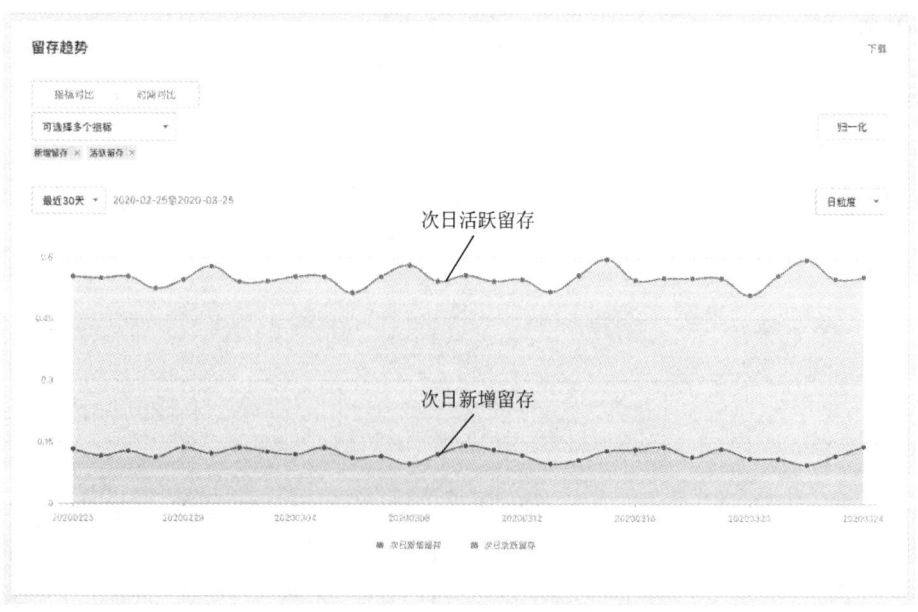

图 7-17　留存分析

8. 留存数据

查看选定时间范围内，小程序的新增留存或活跃留存的详细数据，可按日/周/月的粒度进行展示，如图 7-18 所示。

留存数据　下载

新增留存　最近7天　2020-03-19至2020-03-26　日粒度

时间	新增用户数	1天后	2天后	3天后	4天后	5天后	6天后	7天后	14天后	30天后
20200326	1191									
20200324	1218	14.04%								
20200323	1096	11.68%	8.3%							
20200322	799	9.51%	6.01%	5.26%						
20200321	905	10.94%	8.73%	7.73%	6.19%					
20200320	1205	11.04%	7.39%	7.88%	7.3%	6.56%				
20200319	1237	13.42%	7.52%	6.22%	7.11%	6.39%	6.47%			

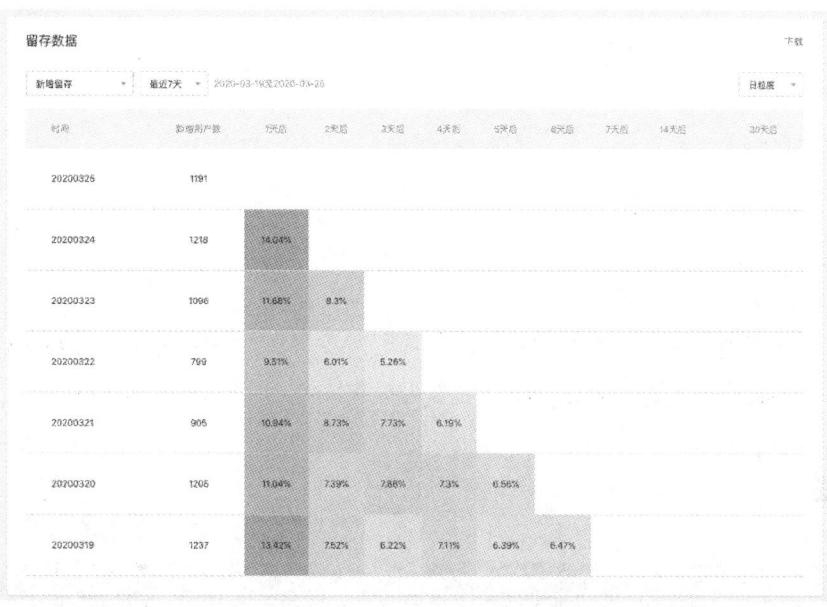

图 7-18　留存数据

9. 页面分析

访问页面即查看在选定时间范围内，每个页面访问、使用、退出、分享指标的数据。这些指标均为时间范围内的累计值。可以单击单个指标进行排序显示，如图 7-19 所示。

访问页面　下载

最近7天　2020-03-19至2020-03-26

页面路径	访问次数	访问人数	次均时长(s)	入口页次数	退出页次数	退出率	分享次数	分享人数
pages/data_base/data_base	478303	71701	18.16	287866	241319	50.45%	672	579
pages/home_page/home_page	378031	80095	5.85	255257	62790	16.61%	0	0
pages/data_pay/data_pay	43516	17326	7.37	26505	6324	14.53%	13	13
pages/my_account/my_account	41514	15496	2.78	24887	5298	12.76%	0	0
pages/authorize/authorize	3826	2260	5.04	2577	116	3.03%	0	0
pages/feedback_write/feedback_write	1922	1176	3.67	1240	21	1.09%	0	0
pages/members_manage/members_manage	940	530	4.86	601	48	5.11%	6	5

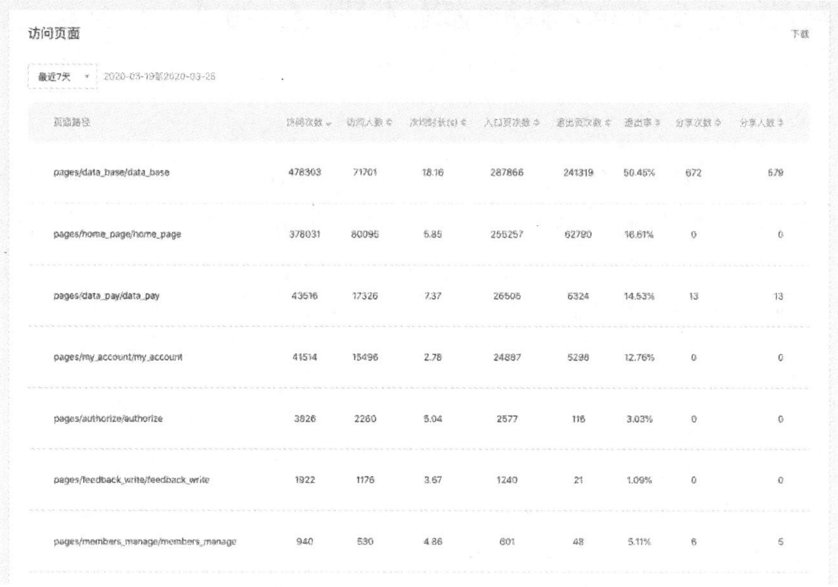

图 7-19　页面分析

7.4 新榜数据分析平台

7.4.1 新榜简介

自媒体行业的兴起后，越来越多的人选择投身其中。但自媒体运营，尤其是公众号运营，并不是一件简单的事情。除了每日编辑推送文章，还需要监控行业情况、阅读数据、用户增长率等强大的数据分析工作。在这种情况下，一些专门针对公众号平台的第三方工具就诞生了，新榜就是其中的佼佼者。

新榜不仅提供了第三方文章排版编辑器，拥有丰富的图文模板，还具有强大的数据分析能力，能够直接给运营人员展示所需要的信息。图7-20所示是新榜网站首页界面，其业务板块主要分为榜单、内容营销、数据服务、运营增长等板块。

图7-20　新榜网站首页

1. 新榜介绍

作为数据驱动的内容产业服务平台，新榜发挥行业枢纽作用，连接线上线下资源，提供内容营销、电商导购、用户运营、版权分发等产品服务，服务于内容产业，以内容服务产业。

2018年，新榜荣获第二届"上海文化企业十佳"称号。同年，新榜上海母公司及北京全资子公司被评定为"国家级高新技术企业"。2020年，新榜荣获全国内容科技创新创业大赛商业A组第一名。

2. 新版平台特点

（1）权威的微信大数据。

作为中国首先提供微信公众号内容数据价值评估的第三方机构，新榜已遍历超过2000万个微信公众号，截至2020年3月，对超过110万个有影响力的优质账号实行每日固定监测，据此发布微信公众号影响力排行榜（日、周、月、年），以及近30个细分内容类别的行业榜和近40个省市区的地域榜。

作为内容价值评估的重要产品，新榜每月和每年发布的中国微信500强榜单已成为行业公认的权威标准。基于抖音的短视频全场景AI数据平台"新抖"，新榜为用户带来全面的实时热门素材、热门商品、带货力分析等数据服务。

（2）领先的移动端全平台数据服务。

除了以日、周、月、年的频率发布全类别微信公众号影响力排行榜外，新榜还与今日头条、腾讯媒体平台、搜狐、快手、快传号、西瓜视频、百家号、QQ空间、新浪看点、网易新闻客户端、大鱼号、淘宝达人、飞猪旅行、马蜂窝、优酷、爱奇艺、哔哩哔哩、秒拍、美拍、喜马拉雅FM、蜻蜓FM、荔枝FM、企鹅FM、知乎等平台分别达成合作协议，以独家优先形式联合发布数据榜单，构筑了移动端全平台内容数据体系。

（3）公正透明的新榜指数算法。

建立在领先稳定的技术能力和平台保障的优先协议基础上，由复旦大学新闻学院提供全方位学术支持，新榜依据公开透明和不断优化的算法公式来生成新榜指数，以作为各类榜单排名的基础依据。

依托分钟级监测和周期数据对比等技术，新榜对数据造假现象实施净化，确保公正权威。

3. 新榜指数

"新榜指数"（New Rank Index，NRI），由新媒体排行榜（newrank.cn）基于海量数据、用户深度反馈及专家建议推出，用于衡量新媒体（主要是两微一端）的传播能力，此指数反映该新媒体主体的热度和发展趋势。

4. 算法简介

新榜指数是由原始数据参照基数通过计算公式推导出来的标量数值，用以衡量原始数据在其所属维度的相对表现。例如，某用户点赞数为379，平台会将这一数据和点赞常数进行比较，以确定其点赞数的相对位置，进而转换为其点赞指数，其余指标以此类推。该算法相较于常规加权有四大优势。

（1）不仅显示绝对表现，还能反映所处位置。

（2）标准化后，不同维度的指标之间可以相互比较。

（3）指标之间可以相互运算，从而得到综合考察各维度的新榜指数。

（4）形成的指数为单调增函数，不仅可以用于用户间的比较，也可以用于用户自身的跨期比较。

▶▶ 7.4.2 新榜使用方法

各新媒体平台的运营人员除了可以依据后台显示的各类数据表进行数据分析，还可以利用专业的数据统计平台的排行榜获得有价值的数据分析。下面将介绍新榜平台的使用方法。

1. 访问平台

打开新榜官网，其网站首页如图 7-20 所示。

2. 选择榜单

在新榜平台首页单击"榜单"选项卡，选择"微信"选项，即可进入新榜微信公众号榜单，如图 7-21 所示。

图 7-21　选择微信公众平台

此外，新榜也对微博、抖音、快手、哔哩哔哩及其他视频号的用户行为数据进行追踪，发布独家用户数据榜单，如图 7-22 所示。

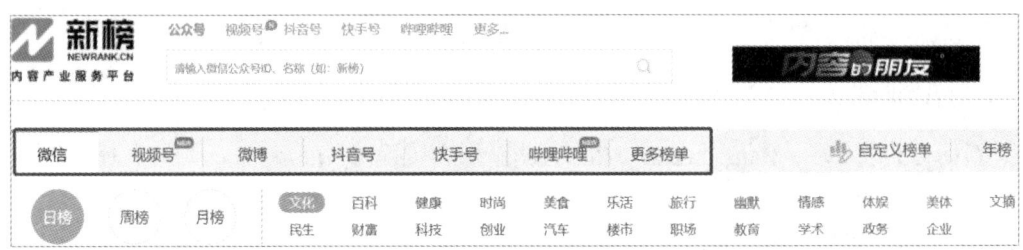

图 7-22　各大平台榜单

3. 查看榜单

下面是新榜数据分析平台在 2020 年 12 月 11 日的微信排行榜，如图 7-23 所示。

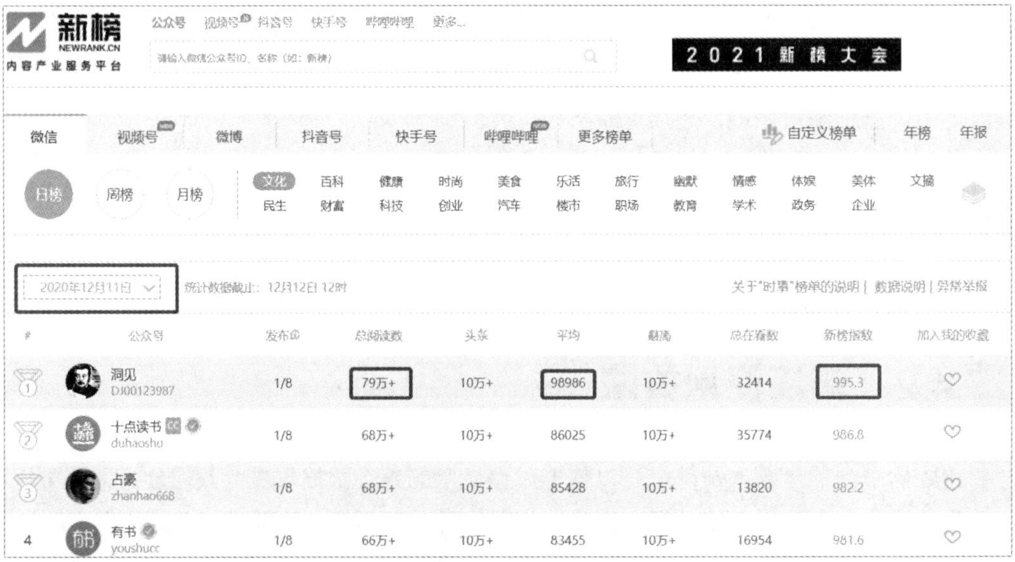

图 7-23　新榜平台微信日榜排行

通过微信排行榜，运营人员可以充分了解热门微信公众号的各项数据，从而有利于平台运营情况的数据分析。运营人员可以通过分析排行榜获取很多有价值的信息。

（1）自定义时间栏：运营人员可以单击时间栏，选择查看排行的具体时间，图 7-23 显示为 2020 年 12 月 11 日，即统计出来的数据代表 2020 年 12 月 11 日的微信公众号排名。另外，时间下拉列表中可供选择的时间范围为 7 天。

（2）新榜指数：新榜指数是新榜平台各类榜单排名的基础依据，图 7-23 所示的排名第 1 位的微信公众号"洞见"的新榜指数为 995.3，同时这一新榜指数也是自 8 月 24 日统计数据以来最高的新榜指数。查看新榜指数可以帮助平台运营人员对自身平台准确定位。

（3）排行数据栏：在微信日榜排行中，我们可以通过查看排行的数据栏，明确微信公众号的各项数据，如发布时间、总阅读数、头条数据、平均值、最高值及总点赞数等数据。

本章知识小结

通过本章学习，明确了微信数据主要由阅读量、分享量、当日掉粉量及当日粉丝净增量等指标构成。此外，掌握了微信公众号和小程序的基本数据分析角度，可以分别通过用户数据、流量数据、运营数据的三大指标分析企业的经营活动目标能否实现，并对此类数据进行简单的数据可视化；此外，还学习了新榜数据平台的使用方法。

本章考核检测评价

一、名词解释

用户留存　活跃留存　平均访问深度　支付次数转换率

二、简答题

1. 微信数据的基本构成有哪些？
2. 可以从哪些角度通过微信小程序进行运营数据分析？
3. 如何通过新榜提供的榜单功能对平台的运营情况进行分析？

三、案例分析

麻省理工学院一项研究发现，以数据驱动决策的企业，生产效率要比普通企业高 4%，利润要高 6%。无论运营推广怎样以小博大，文案美工如何画龙点睛，最后都离不开科学准确的数据统筹与分析，使后面的整体营销更加正确合理。

公众号的核心价值确实在于优质内容的创作，但人们忽略的优质内容除了好文笔，还有一次次数据反馈后的纠错与打磨。透过数据我们可以有的放矢地说出来问题的原因。由此可见，数据分析对公众号运营的重要性。借助第三方平台，分析行业热门文章，分析头部账号运营推送情况，确实能帮助我们快速找到方向，但在分析行业之前，先应该了解自身账号的实际情况。

微信公众号的单篇图文的数据分析详情页有 5 个关键指标：送达、公众号会话阅读、在朋友圈/社群首次分享、在朋友圈/社群再次分享、在朋友圈阅读。这 5 个关键指标可以构成一个标准的转化漏斗模型，通过数据可以展现出一篇文章的传播途径。其中前 3 个指标（送达、公众号会话阅读、在朋友圈/社群首次分享）定义为一次传播，后 2 个指标定义为二次传播。公众号文章阅读量=一次传播+二次传播，通过用户行为转化数据（二次传播率），很容易判断出一篇文章是否具有传播性，判断它的阅读量是来源于已关注用户还是朋友圈分享的结果。

因此请基于本章知识创建微信公众号，熟悉微信公众平台各个模块的数据功能，并基于该公众号进行如下图文分析。

请筛选一篇图文并对该图文进行分析，主要包括以下两个方面。

（1）一次传播率。

（2）二次传播率。

第8章 微博数据分析

【学习目标】

1. 了解微博数据分析的基本情况；
2. 了解微博数据分析的步骤和内容；
3. 了解知微数据分析平台的运作方式和功能。

【学习重点、难点】

重点：微博数据分析的手段技术的理解和运用。
难点：微博数据分析的内容；知微数据分析平台的实际应用。

【本章思维导图】

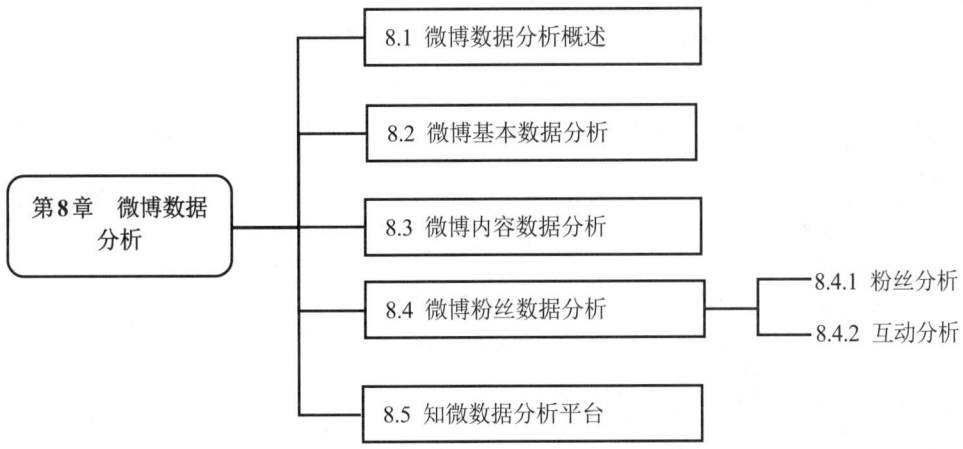

8.1 微博数据分析概述

2020年10月19日，在2020V影响力峰会上，微博高级副总裁曹增辉介绍，微博月活跃用户达5.23亿，同比增长3700万，每天活跃用户2.29亿，同比增长1800万。月活跃用户中，30

岁以上的用户占比23%，30岁以下的用户占比77%。

在过去的10年里，微博平台在互联网行业中一直保持相当高的活跃度，无论是从用户体量还是从影响力上看，微博都可以称得上是王者般的。

回顾过去发生的各类重大事件，几乎都会通过微博迅速登上热搜，完成事件发酵、深度解读和裂变传播的过程。同时，微博也是广告主日常投放中不可或缺的重要渠道，许多广告着眼于微博的巨大流量，对自己的品牌在微博上的传播性、讨论度相当看重。

虽然这几年短视频平台相继崛起，让微博市场面临重重挑战，但据微博官方发布的报告显示，截至2019年底，微博月活跃用户达到5.16亿，微博的强社交属性使其依然是各个热点内容输出与品牌曝光的重要途径。

微博已成为市场营销的重要途径，而运营人员若想做好微博运营，学会数据分析是必须要掌握的基本功。

本章主要对微博内容、粉丝、不同账号对比及推广进行数据分析，通过客观数据探寻提升微博运营效率的规律。

8.2 微博基本数据分析

微博管理后台提供了丰富的数据分析功能，运营人员先登录微博首页后，单击本人昵称进入用户页，如图8-1所示。单击"管理中心"（见图8-2）→"数据助手"（见图8-3）命令，即可看到各项数据分析的具体情况，有如下版块："数据概览""粉丝分析""博文分析""互动分析""相关账号分析""文章分析""视频分析""大数据实验室"。

图8-1　微博Web端页面

第 8 章　微博数据分析

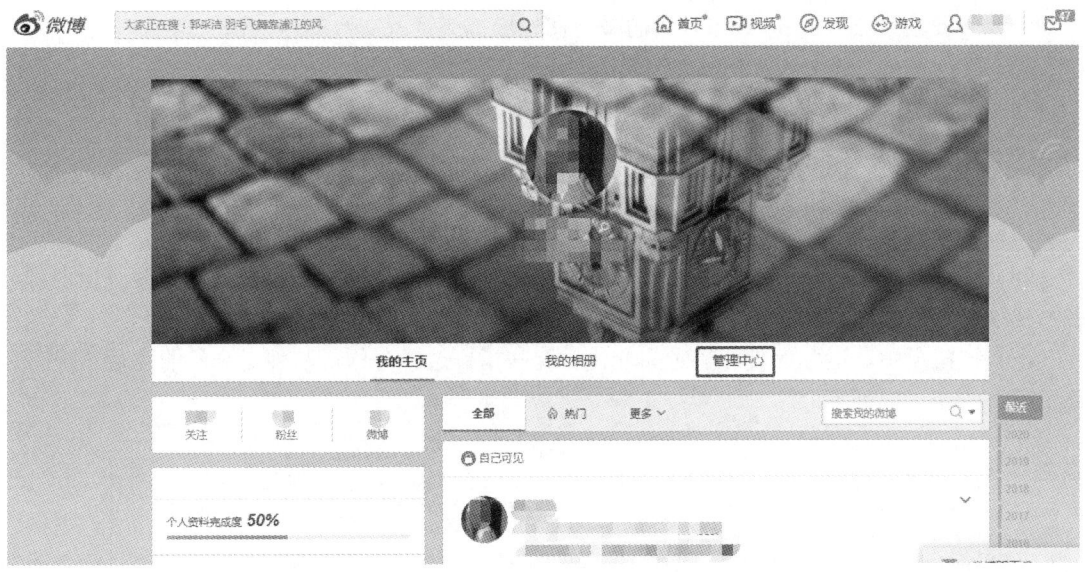

图 8-2　进入"管理中心"页面

图 8-3　进入"数据助手"页面

有些数据分析模块需要运营人员付费，但大部分服务都为运营人员提供了 7 天的试用期，试用期结束之后，运营人员可以选择有用的数据分析模块进行付费订阅，从而更好地掌握各方面的数据，使自己的账号得到更好发展，如图 8-4 所示。

1. 昨日关键指标

"数据概览"的第一部分是"昨日关键指标"，运营人员可以在这一版块观察到"净增粉丝数""阅读数""转评赞数""发博数""文章发布数""文章阅读数""视频发布数""视频播放量"，如图 8-5 所示。

（1）净增粉丝数：账号昨日净增加的粉丝数量。

（2）阅读数：账号近 30 日内发布的微博在昨日被阅读的次数。

（3）转评赞数：账号发布的微博在昨日转发、评论和点赞次数的累加。

（4）发博数：账号昨日发布的微博条数。

（5）文章发布数：账号昨日发布的文章数。

（6）文章阅读数：账号昨日发布文章的阅读数。

（7）视频发布数：账号昨日发布的视频数。

（8）视频播放量：账号近 7 天内发布的视频在昨日被播放的次数，仅支持微博原生视频和秒拍视频获取该数据。

在数据概览中，运营人员可随时间变化对这些指标进行分析，从而对账号的运营状况有大致了解。

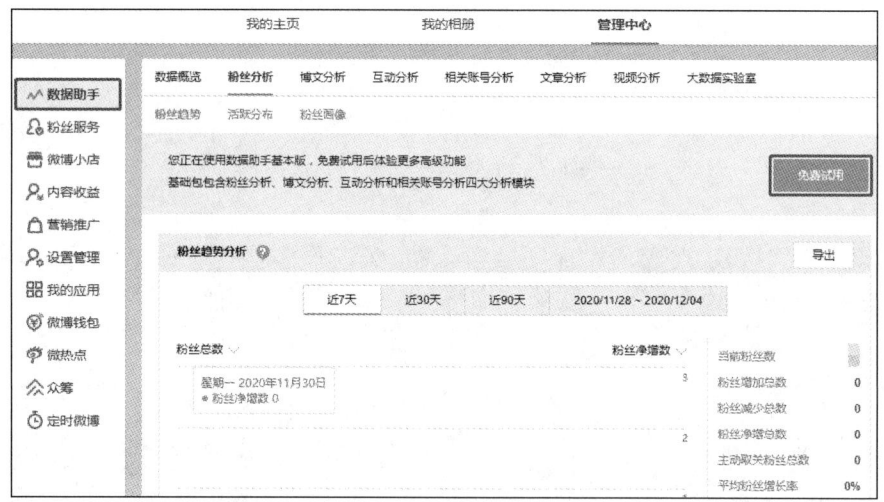

图 8-4 "数据助手"页面

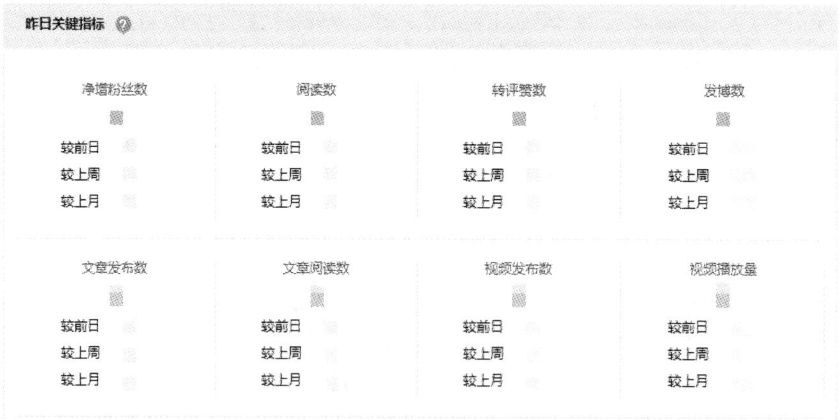

图 8-5 "昨日关键指标"页面

净增粉丝数能够帮助运营人员监测粉丝增长状况，如果粉丝数据增长，运营人员需要从发布内容、发布时间、发布数量等方面进行总结，从而得出经验使后续粉丝数据保持良好的增长态势。如果粉丝数据下降，运营人员也同样要通过发布内容、发布时间、发布数量等方面进行复盘,吸取教训并使粉丝呈现增长态势。

阅读数、转评赞数、发博数、文章阅读数可反映粉丝对发布内容感兴趣的情况,从而为运营人员发布读者偏好的内容提供思路。

视频发布数、视频播放量同样可以反映粉丝对发布视频感兴趣的情况,为运营人员把握读者偏好提供良好途径。

总之,运营人员需要关注这些数据,并对这些数据进行对比,找到提升账号维护能力的经验。

2. 粉丝变化

"粉丝变化"共包括三个关键指标,即"净增粉丝数""新增粉丝数""减少粉丝数"。其中"净增粉丝数"指新增粉丝数减去减少粉丝数的净值;"新增粉丝数"指新增关注本账号的粉丝数量;"减少粉丝数"既包含粉丝主动取消对账号的关注,又包括账号主动移除粉丝的关注,如图8-6所示。

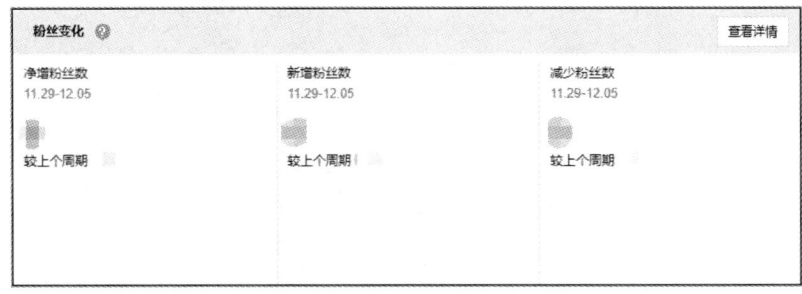

图8-6 "粉丝变化"页面

账号运营人员可以分析具体数据和折线图的波动状况,对相应时间发布的微博内容和文章主题进行分析,如果粉丝数增加,运营人员应该从中总结提高运营效率的方法;如果粉丝数减少,运营人员应吸取教训寻找更吸引用户的主题和内容进行发布。

3. 博文

"博文"共包括三个关键指标,即"微博阅读数""转评赞数""点击数"。

微博阅读数是指账号近30天发布的微博被阅读的次数,一条微博可以被同一用户阅读多次;转评赞数是指对账号发布的微博进行转发、评论和点赞次数的累加。点击数是指账号发布微博被读者点击的次数。在"博文"页面,运营人员可以看到互动数据的具体情况,如图8-7所示。

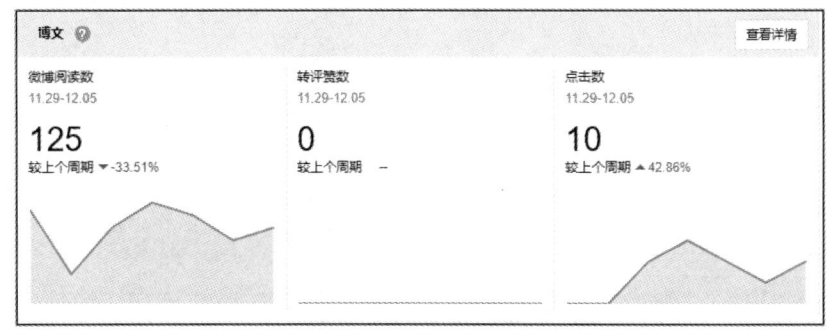

图8-7 "博文"页面

运营人员可以通过分析阅读数、转评赞数和点击数的波峰位置及数据变化情况，发现微博上的热点话题对阅读量影响巨大，运营人员可以结合热点话题进行垂直领域创作，进而总结提升运营效率的方法。

4. 我发布的内容

"我发布的内容"共包括三个关键指标，即"发博数""发出评论数""原创微博数"，如图 8-8 所示。

"发博数"是指账号发出微博的数量，"发出的评论数"是指账号发出评论的数量，"原创微博数"是指账号发出原创微博的数量。对"我发布的内容"进行数据分析，可以看出运营人员是否抓住了热点和关键的时间段，如"6·18""双十一"等。

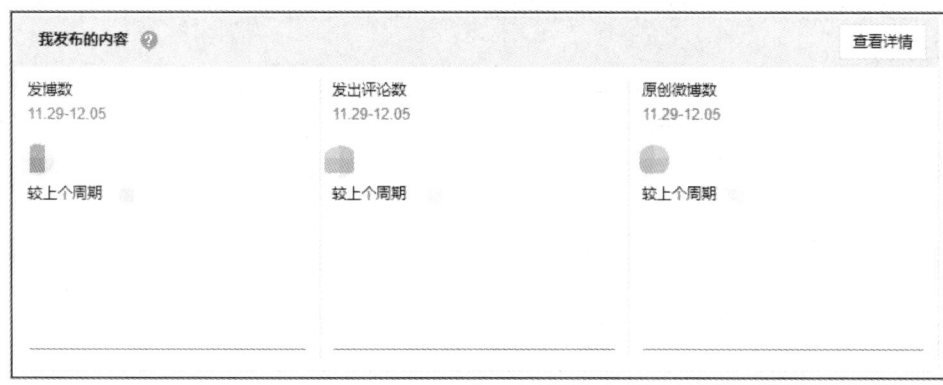

图 8-8 "我发布的内容"页面

5. 视频

"视频"共包括三个关键指标，即"视频发布数""播放量""视频转评赞数"，如图 8-9 所示。

"视频发布数"是指账号发布的视频数量，"播放量"是指账号发布的视频被播放的数量，"视频转评赞数"指视频转发、评论和点赞的数量。对"视频"进行数据分析，运营人员能掌握当下粉丝喜爱视频的风格、趋势。运营人员可以分析视频数据的波峰和波谷位置，从而总结出运营规律，以提升运营效率。

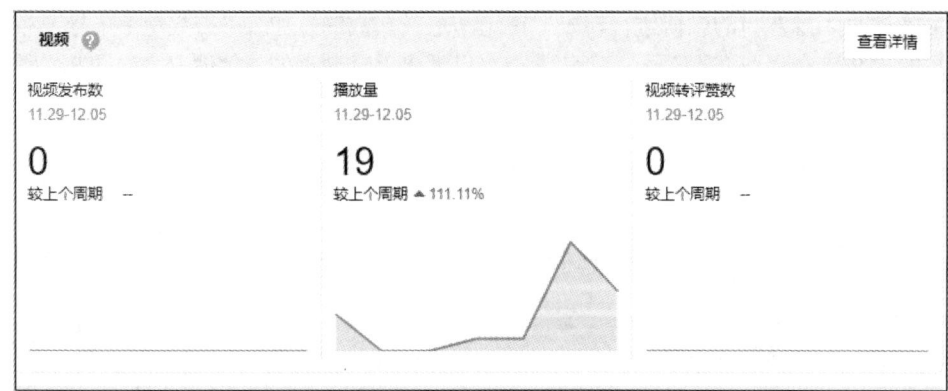

图 8-9 "视频"页面

第 8 章 微博数据分析

6. 文章

"文章"共包括三个关键指标,即"文章发布数""文章阅读数""文章转评赞数"。"文章发布数"是指账号发布的文章数量,"文章阅读数"是指文章被读者阅读的次数,"文章转评赞数"是指文章被转发、评论和点赞的数量。对"文章"进行数据分析,运营人员能掌握当下粉丝感兴趣、关注的文章主题和风格。运营人员可以分析文章数据的波峰和波谷位置,从而总结出运营规律,以提升运营效率。

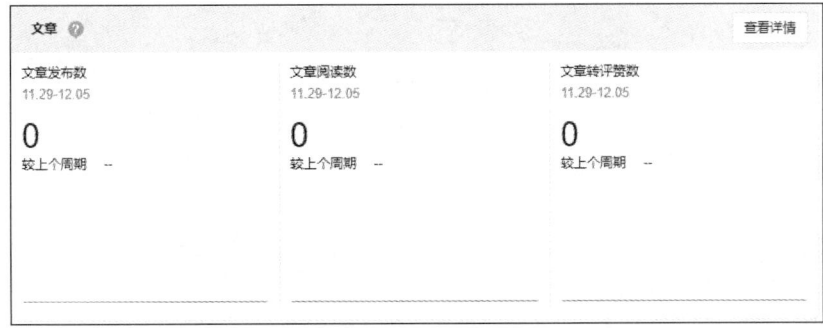

图 8-10 "文章"页面

8.3 微博内容数据分析

微博内容数据分析包括博文分析、文章分析。其中,博文分析是指对所发博文进行数据分析,文章分析是指对微博文章进行数据分析。

1. 博文分析

微博运营人员可通过单击"管理中心"→"数据助手"→"博文分析"命令,对所发博文的数据进行分析,如图 8-11 所示。

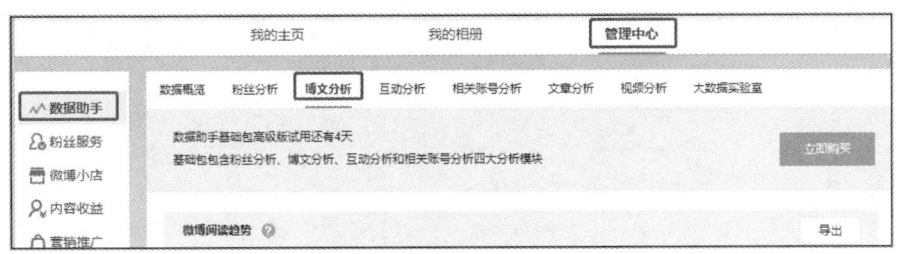

图 8-11 "博文分析"页面

2. 微博阅读趋势

在"微博阅读趋势"版块,运营人员能通过折线图直观地看到本账号发布博文近 7 天(见图 8-12)、近 30 天(见图 8-13)、近 90 天(见图 8-14、图 8-15)阅读数量的趋势。更加人性化的是最后一个功能,可以选择任意时间天数内的阅读及发博数量的趋势图。运营人员只需先单击确定的某一天,再单击之前或之后的某一天即可选定该时间段,如图 8-16 所示。

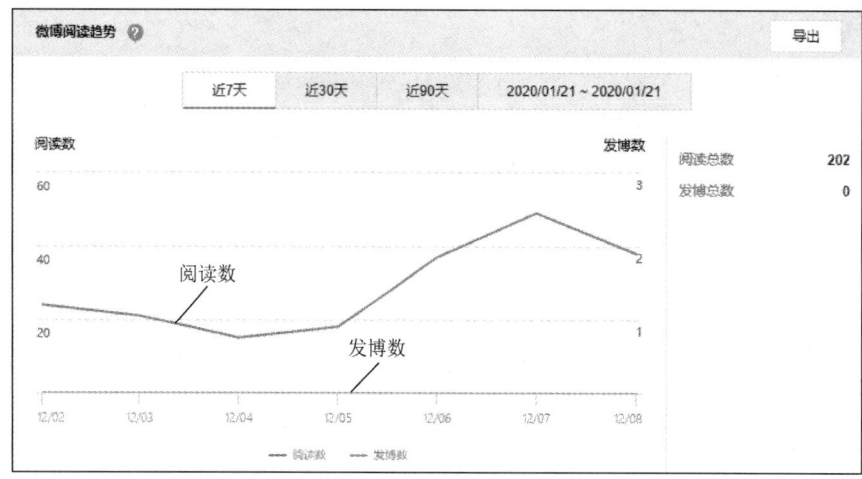

图 8-12 "微博阅读趋势"近 7 天页面

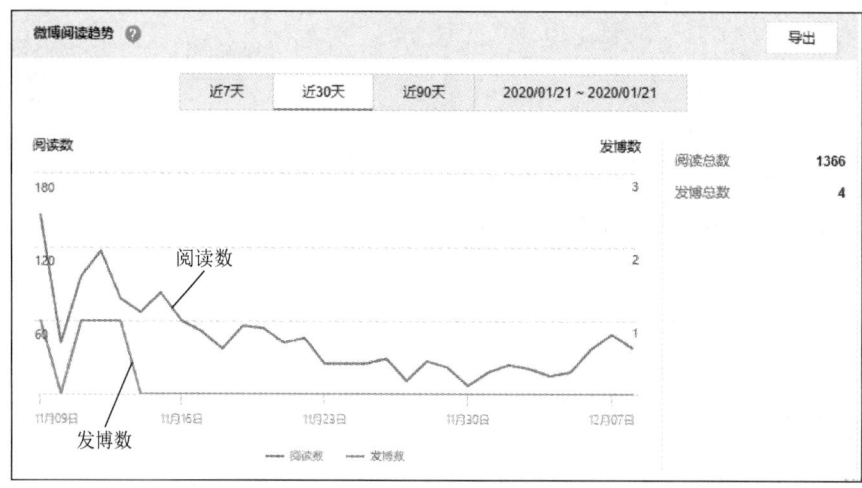

图 8-13 "微博阅读趋势"近 30 天页面

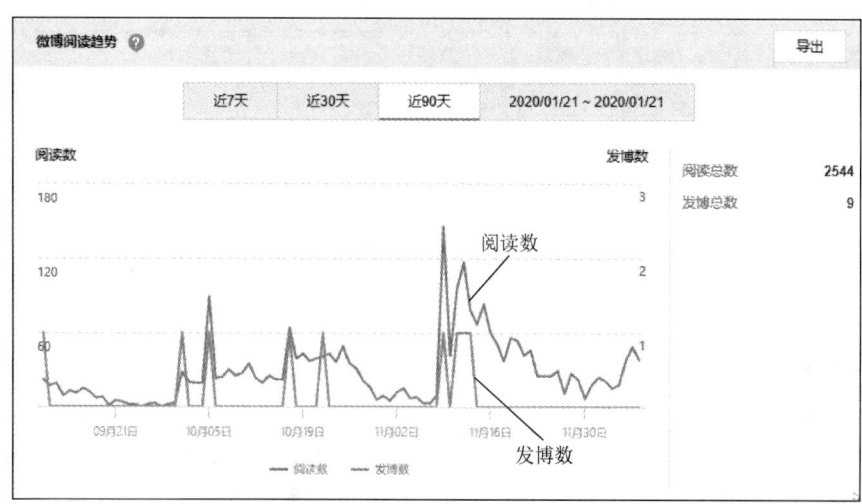

图 8-14 "微博阅读趋势"近 90 天页面

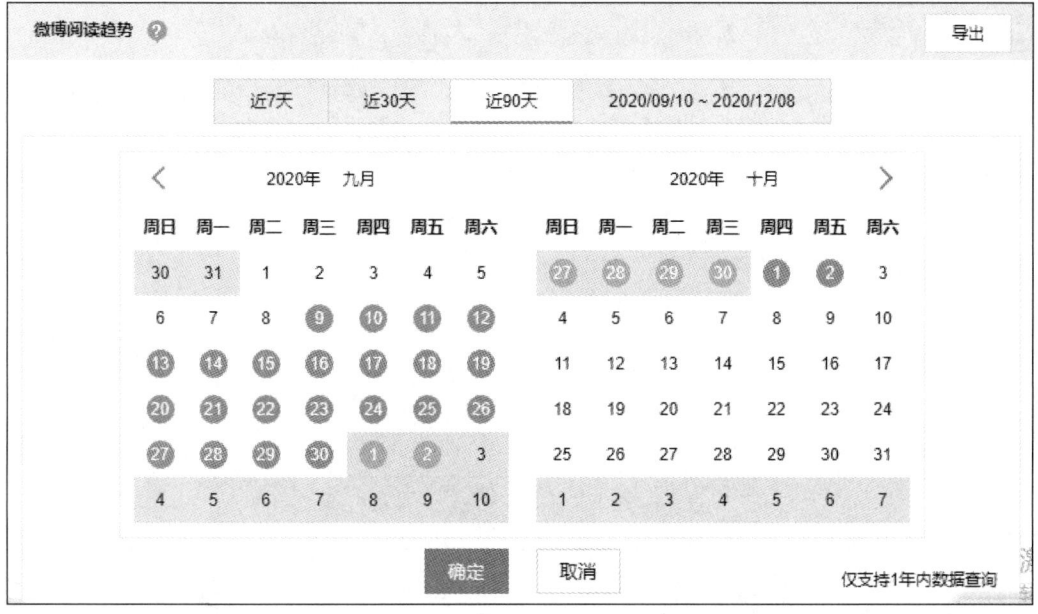

图 8-15 "微博阅读趋势"自定义时间页面（1）

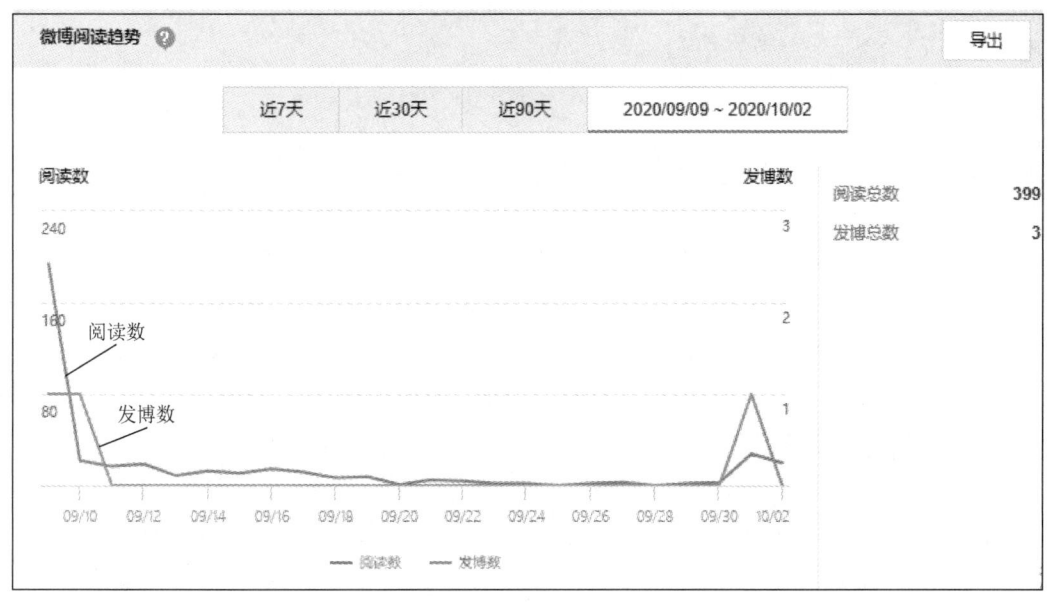

图 8-16 "微博阅读趋势"自定义时间页面（2）

3. 微博阅读人数

在"微博阅读人数"版块，运营人员同样能通过折线图直观地看到本账号发布博文近 7 天（见图 8-17）、近 30 天（见图 8-18）、近 90 天（见图 8-19）阅读人数的趋势。最后一个功能同样也可以选择任意时间天数内的阅读及发博数量的趋势图。运营人员只需先单击确定的某一天（见图 8-20），再单击之前或之后的某一天即可选定该时间段，如图 8-21 所示。

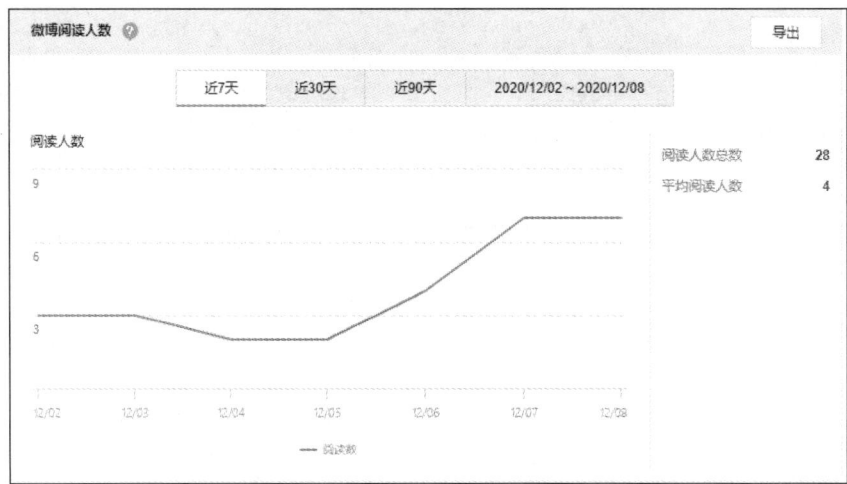

图 8-17 "微博阅读人数"近 7 天页面

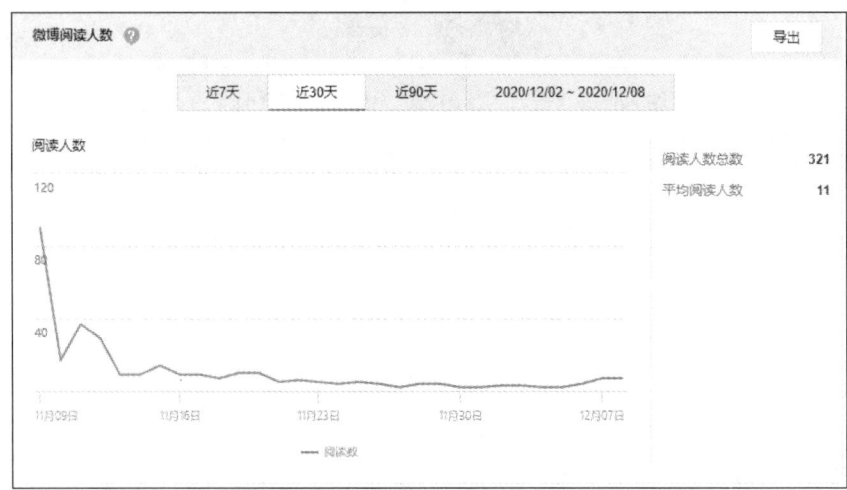

图 8-18 "微博阅读人数"近 30 天页面

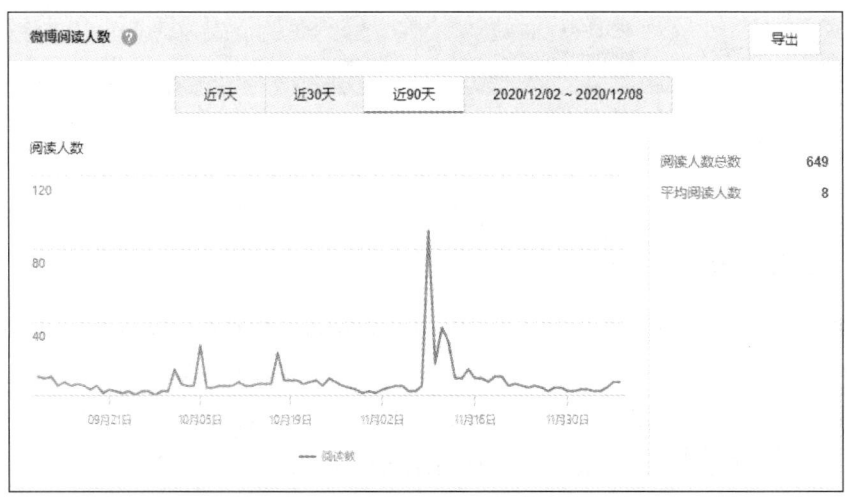

图 8-19 "微博阅读人数"近 90 天页面

图 8-20 "微博阅读人数"自定义时间页面（1）

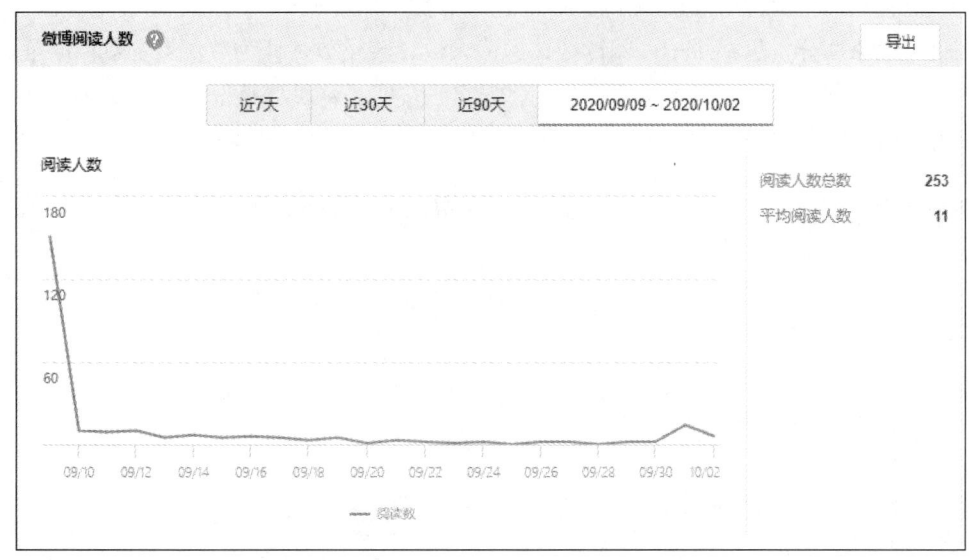

图 8-21 "微博阅读人数"自定义时间页面（2）

4．微博转发、评论和赞

在"微博转发、评论和赞"版块，运营人员同样能通过折线图直观地看到本账号发布博文近 7 天、近 30 天、近 90 天阅读数量的趋势。最后一个功能同样也可以选择任意时间天数内的阅读及发博数量的趋势图。运营人员只需先单击确定的某一天，再单击之前或之后的某一天即可选定该时间段。该部分的图是柱形图和折线图结合的可视化图表，其好处在于折线图不仅能直观展示趋势，还能便捷地看到具体数据。

5．点击趋势分析

在"点击趋势分析"版块，运营人员同样能通过折线图直观地看到本账号近 7 天、近

30天、近90天的微博、链接和图片的单击数据。最后一个功能同样也可以选择任意时间天数内的阅读及发博数量的趋势图。点击数据分为：点击数、图片点击数、短链点击数、阅读数、点击率。两侧都可下拉指标，左侧下拉指标用折线图呈现，右侧下拉指标用柱形图呈现，这种呈现方式可以将两类指标放在同一张图表上以便比较。

6. 单条微博分析

在"单条微博分析"版块，可对本账号近7天、近30天、近90天发布的微博进行逐条分析，可以通过阅读数、阅读人数、转发数、评论数、点赞数5个指标进行数据分析，该5个指标的定义如下。

（1）阅读数：单篇微博发出后累计被阅读的次数，一条微博可以被同一用户阅读多次。

（2）阅读人数：单篇微博发出后累计被阅读的人数（去掉重复的）。

（3）转发数：单篇微博发出后累计被转发的次数。

（4）评论数：单篇微博发出后累计被评论的次数。

（5）点赞数：单篇微博发出后累计被点赞的次数。

在"单条微博分析"模块中，阅读数、阅读人数、转发数、评论数、点赞数将以条形图直观显示出来，运营人员也可以单击右上角的"导出"按钮，将具体数据展现在Excel表中进行操作分析，如图8-22所示。

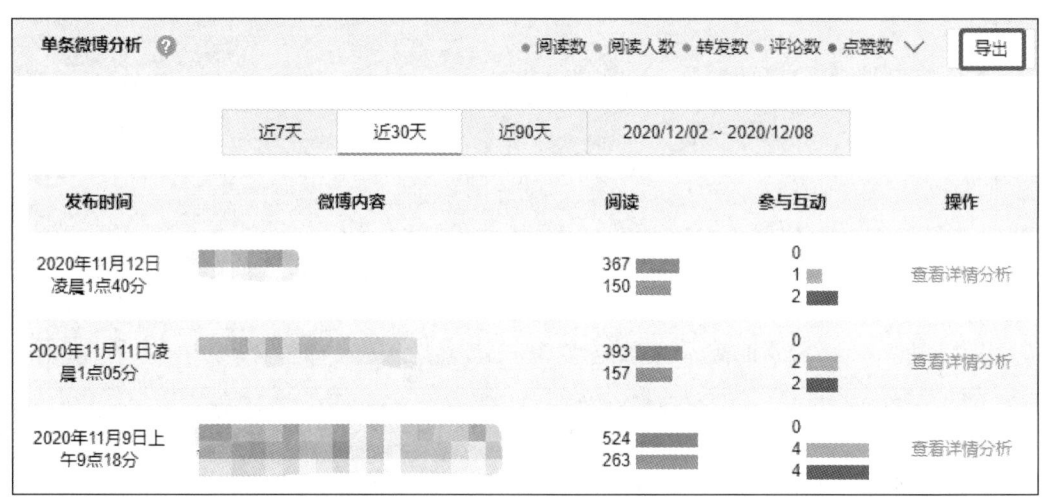

图8-22 "单条微博分析"导出指导

图8-23是将"单条微博分析"导出为Excel的形式，比网页上多了两个指标，即"图片点击数""短链点击数"。

单击"查看详情分析"命令，运营人员可以看到微博阅读数、阅读人数、转发数、评论数和点赞数随时间的变化情况，如图8-24所示。

运营人员可以通过以上5个指标对账号的博文进行全面的数据分析，通过分析这5个数据的变化情况进而总结提升运营效率的方法。运营人员能够结合对阅读量影响巨大的热点话题进行对应领域创作，提升互动数据。

第 8 章　微博数据分析

图 8-23　导出数据表格

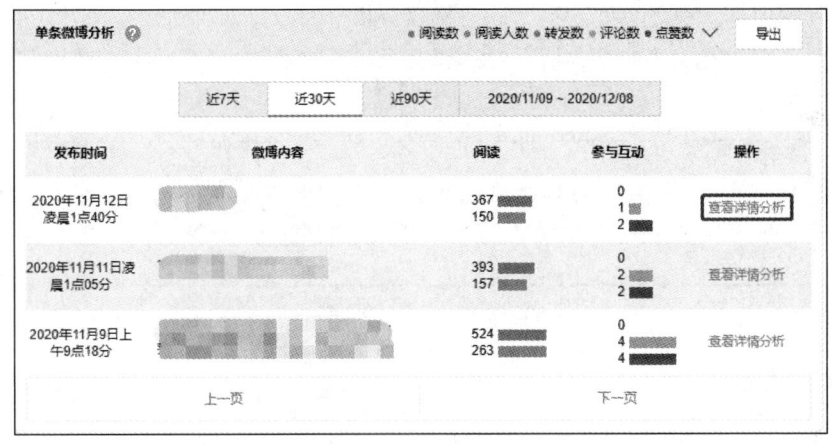

图 8-24　查看详情分析指导

7. 文章分析

文章专栏是作者按主题整理后形成的原创文章作品集。如果运营人员经常创作系列文章，如科普专业知识、发表连载小说、记述见闻与分享经验等，建议使用文章专栏将文章汇总。使用文章专栏后，读者在阅读到发布的文章时，单击"其他设置"→"加入专栏"→"创建专栏"命令，将文章加入专栏，如图 8-25 和图 8-26 所示。在文章发布器左上角单击"专栏"标签（见图 8-27），接着单击"创建专栏"命令完成创建，随后可将已发布的文章批量加入专栏中，读者关注专栏的同时，可以关注运营人员的账号，有利于积累账号粉丝。

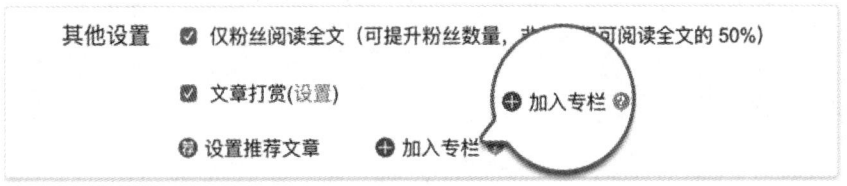

图 8-25　加入专栏

图 8-26 文章专栏页面

图 8-27 专栏

单击"管理中心"→"数据助手"→"文章分析"命令，即可对账号所发布的文章进行数据分析，如图 8-28 所示。"文章分析"包括"文章阅读趋势""文章转发、评论和赞""单篇文章分析" 3 个版块。

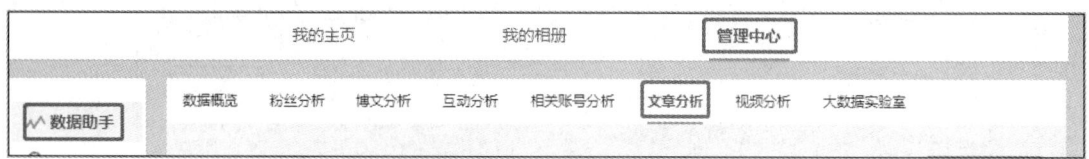

图 8-28 文章数据分析指导

8. 文章阅读趋势

在"文章阅读趋势"版块，类似前面提到的"微博阅读趋势"，运营人员同样能通过折线图直观地看到本账号发布文章近 7 天、近 30 天、近 90 天阅读数量的趋势。更加人性化的同样是最后一个功能可以选择任意时间天数内的阅读及文章数量的趋势图。运营人员只需先单击确定的某一天，再单击之前或之后的某一天即可选定该时间段。

9. 文章转发、评论和赞

"文章转发、评论和赞"版块类似"微博转发、评论和赞"版块，运营人员同样能通过折线图直观地看到本账号发布文章近 7 天、近 30 天、近 90 天阅读数量的趋势。最后一个功能同样也可以选择任意时间天数内的阅读及文章数量的趋势图。运营人员只需先单击确定的某一天，再单击之前或之后的某一天即可以选定该时间段。该部分的图是柱形图和折线图结合的可视化图表，其好处在于折线图不仅能直观展示趋势，还能便捷地看到具体数据。

10. 单篇文章分析

在"单篇文章分析"版块，可对本账号近 7 天、近 30 天、近 90 天发布的头条文章进行逐条分析，可以通过阅读数、阅读人数、转发数、评论数、点赞数 5 个指标进行数据分析，这 5 个指标将以柱形图的形式直观显示出来，运营人员也可以单击右上角的"导出"按钮，将具体数据展现在 Excel 表中进行操作分析。同样，单击单条文章的"查看详情分析"命令，运营人员可以看到文章阅读数、阅读人数、转发数、评论数和点赞数随时间的变化情况的折线图。

运营人员可以对阅读量靠前的头条文章在文风、排版、发布时间等方面找出共同点，进而总结经验制定合适的运营策略，以提升运营效率。

8.4 微博粉丝数据分析

微博粉丝数据分析主要包括粉丝分析和互动分析，粉丝数据是运营人员需要重点关注的指标，对该数据进行分析可以分析粉丝属性，从而使运营人员能够掌握粉丝喜好，做好运营规划，提升运营效率。

8.4.1 粉丝分析

"粉丝分析"包括"粉丝趋势分析""近 7 日取关粉丝列表""近 7 日粉丝活跃分布""粉丝按小时分布""粉丝来源""粉丝性别年龄""粉丝地区分布""关注我的人的粉丝量级""粉丝兴趣标签""粉丝星座""粉丝类型"。这些指标通过粉丝趋势、活跃分布、粉丝画像对账号粉丝进行分析，了解目标粉丝全体，对不同的粉丝全体制定运营策略。

1. 粉丝趋势分析

在"粉丝趋势分析"版块，运营人员可以观测近 7 天、近 30 天、近 90 天和自定义时间段内的"粉丝总数""粉丝净增数""平均粉丝增长率""粉丝增加总数""粉丝减少总数"和"主动取关粉丝总数"等指标数据，如图 8-29 所示，左侧下拉列表选定"粉丝总数"选项，右侧下拉列表选定"粉丝净增数"选项，这样两个选项可同时在一张图表上展现出来以便运营人员比较。吸引粉丝并使粉丝数量增多是运营人员的最大目标和显著的效率指标。粉丝趋势分析可以直观地展现粉丝数量的增减及幅度，可以让运营人员了解最近发布内容的吸引力及运营效率。

2. 近 7 日取关粉丝

在"近 7 日取关粉丝"版块，运营人员可对近 7 天内取消关注的粉丝进行统计分析，运营人员可查看取消关注粉丝的微博账号、取消关注时间、最近关注时长及粉丝数，同样也可以将数据导出为 Excel 形式，进行进一步分析，找出粉丝取关的原因，吸取教训避免其他粉丝取关。

3. 近 7 日粉丝活跃分布

在"近 7 日粉丝活跃分布"版块，运营人员可对账号活跃粉丝进行分析。活跃粉丝是指粉丝在某一天或某个时间段中登录过微博，活跃粉丝是运营人员维护粉丝的核心，这种较为活跃的粉丝才是对运营人员运营账号最有益的，活跃粉丝数越多，实际价值也会越大。活跃粉丝按天分布统计结果用柱形图来显示，如图 8-30 所示，以便运营人员更好地评估自己账号的实际价值和运营效率。

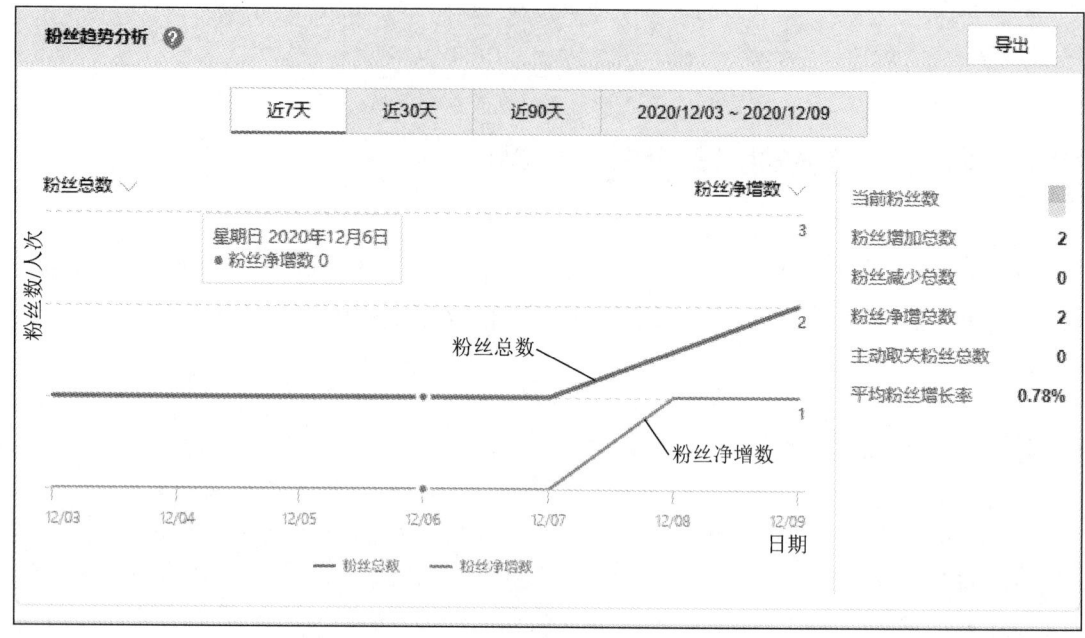

图 8-29 "粉丝趋势分析"近 7 天页面

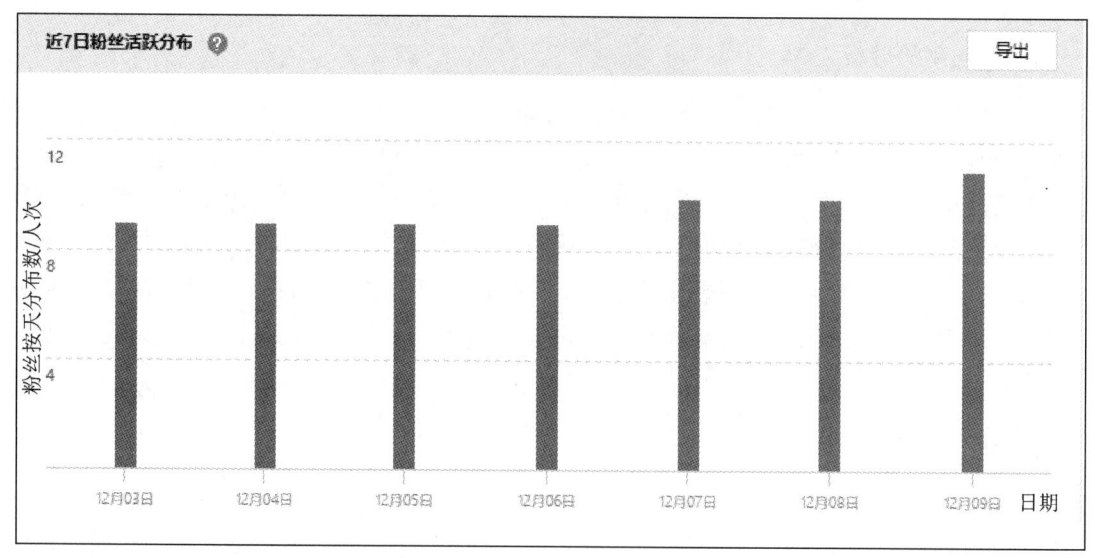

图 8-30 "近 7 日粉丝活跃分布"页面

4. 粉丝来源

"粉丝来源"主要包括 4 个途径："微博推荐""第三方应用""微博搜索""找人"。其中，"微博推荐"是指通过推荐关注账号的粉丝数量。"第三方应用"是指通过第三方应用关注账号的粉丝数量，比如通过知乎、哔哩哔哩等渠道关注。"微博搜索"是指通过微博搜索页面关注该微博账号的粉丝数量。"找人"是指通过手机微博客户端"发现"中的"找人"模块关注账号的粉丝数量,如图 8-31 所示。

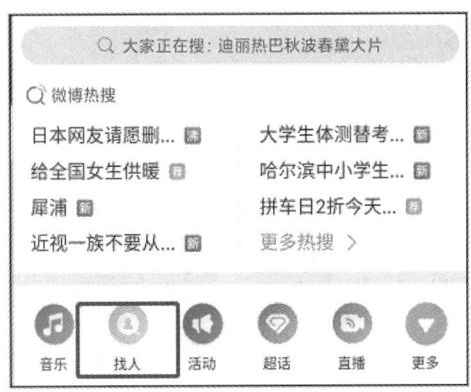

图 8-31 "找人"模块

运营人员可以在"粉丝来源"版块查看该微博账号粉丝来源的比例情况,该比例分布用饼图呈现,如图 8-32 所示。

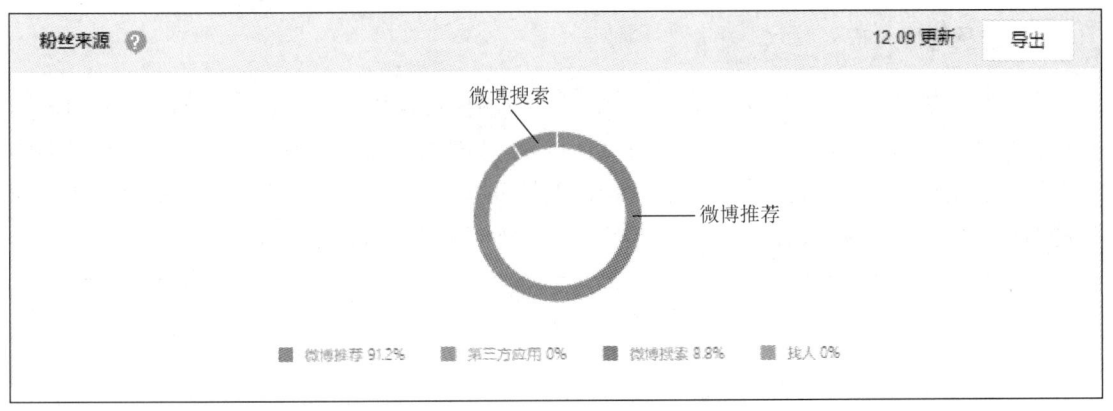

图 8-32 "粉丝来源"页面

5. 粉丝性别年龄

从运营人员账户的粉丝性别和年龄就能大致判断该微博账号发布内容的人群属性,粉丝性别和年龄会影响运营人员发布的内容和风格,运营人员了解粉丝年龄和风格才能更有针对性地发布粉丝群体感兴趣的内容。如果该账号女性粉丝比例偏多,那么运营人员发布的内容风格可以更亲切、可爱、调皮一些,让更多女性粉丝喜欢。

男女粉丝比例不同的微博账号,适合推广的内容也会有所侧重。男性粉丝居多的微博账号,可以投放体育、汽车等内容;女性粉丝居多的微博账号可以投放时尚、美妆、娱乐等内容。这一版块的数据以柱形图的形式呈现,如图 8-33 表示,左侧柱形表示男性粉丝,右侧柱形表示女性粉丝,运营人员可以根据数据算出不同年龄段及不同性别的占比。运营人员同样可以将该模块数据导出为 Excel 形式进行进一步数据分析。

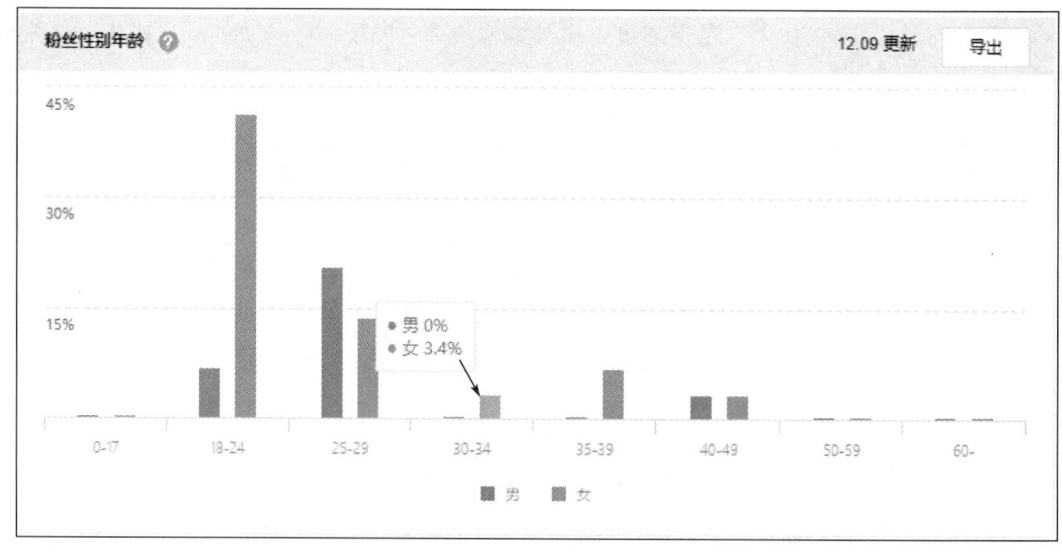

图 8-33 "粉丝性别年龄"页面

注:图中左侧柱形图表示"男",右侧柱形图表示"女"。

6. 粉丝地区分布

在"粉丝地区分布"版块,运营人员能看到所拥有粉丝的地区分布,可以为运营人员提供粉丝付费能力参考、活动举办参考、内容创作参考,比如微博账号的粉丝在一、二线城市的比例较高,表明该账号粉丝付费能力较强,运营人员可以更多地创作有关该一、二线城市相关的话题文章,从而更有利于运营人员了解粉丝属性、规划运营内容,如图 8-34 所示。

排序	地区	粉丝数占比
1	安徽	20.6%
2	湖南	8.8%
3	广东	8.8%
4	辽宁	5.9%

图 8-34 "粉丝地区分布"页面

7. 关注我的人的粉丝量级

在"关注我的人的粉丝量级"版块,运营人员可以对粉丝进行粉丝量级数据分析,粉丝中量级越大的人数越多,说明运营人员的影响力越大,如图 8-35 所示。

8. 粉丝兴趣标签

在"粉丝兴趣标签"版块,运营人员可以对粉丝兴趣标签进行分析,以便结合粉丝群体的喜好提供合适的内容,提高粉丝忠诚度。

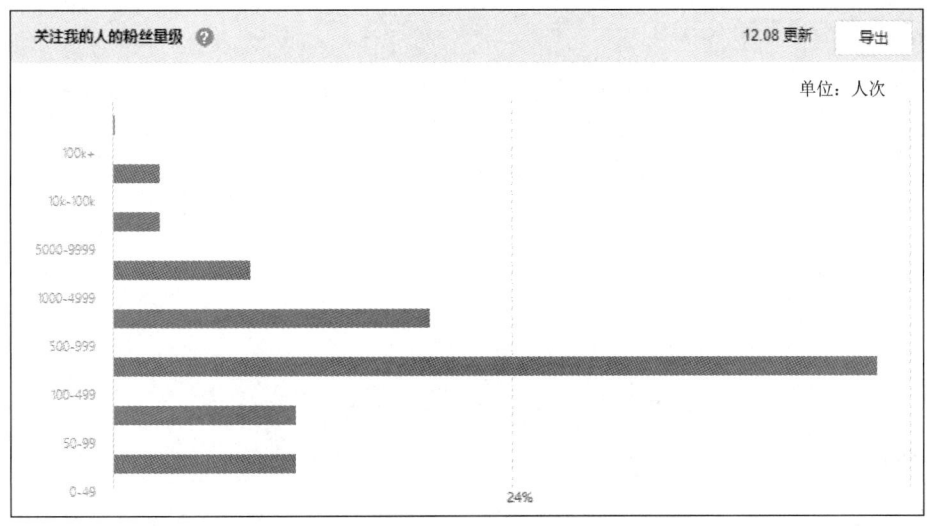

图 8-35 "关注我的人的粉丝量级"页面

9. 粉丝星座

研究星座的人认为不同星座的人具有不同的性格属性和爱好属性，在"粉丝星座"版块，运营人员可以查看账号粉丝的星座分布情况，微博后台运营以雷达图的形式呈现，同样，运营人员也可将星座数据导入 Excel 进行进一步分析。

10. 粉丝类型

在"粉丝类型"版块可以分析普通用户、认证用户的分布情况，认证用户比普通用户的活跃度和黏性更高，且对运营人员更有价值。因此，粉丝中认证用户比例越高，说明运营人员运营效果越好，便于运营人员更好地评估运营效果，如图 8-36 所示。

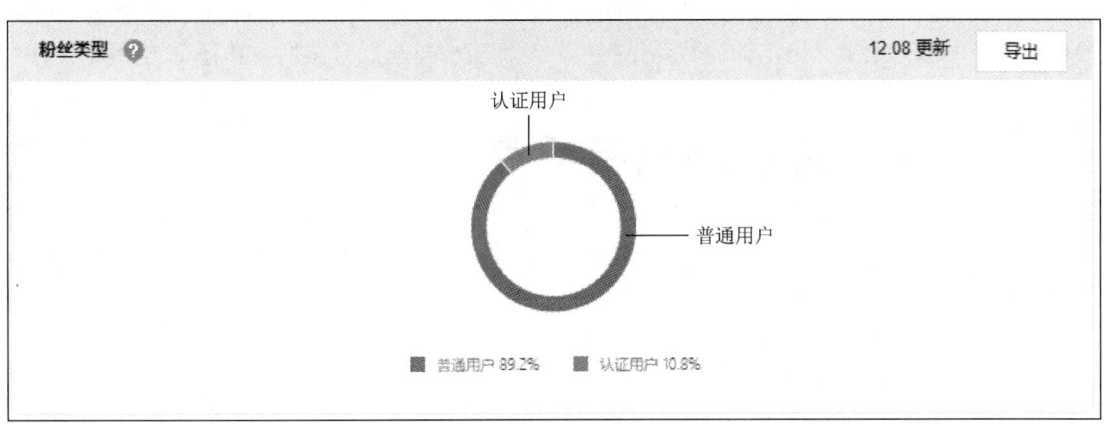

图 8-36 "粉丝类型"页面

8.4.2 互动分析

"互动分析"包括"近 7 天账号互动 top10""我的影响力""我发出的评论"。

1. 近 7 天账号互动 top10

此版块列出了近 7 天与该运营人员运营账号互动最密切的前 10 个账号，运营人员可以重点关注这些粉丝账户，如图 8-37 所示。

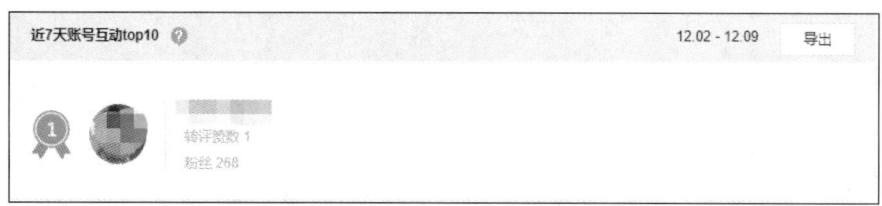

图 8-37　"近 7 天账号互动 top10"页面

2. 我的影响力

在"我的影响力"版块，运营人员可以查看近 7 天、近 30 天、近 90 天和任意选择时间段内的影响力、活跃度、传播力和覆盖度四个指标。

（1）影响力：通过作者发微博状况、微博被评论、被转发的情况及活跃粉丝综合计算得出，该指标可衡量一个微博账号发布微博的影响力大小。

（2）活跃度：发布高质量的博文吸引粉丝积极转发评论、私信好友聊天均能迅速提高活跃度。

（3）传播力：博文被转发、被评论的次数和人数越多，该账号的传播力越强。

（4）覆盖度：当天登录的粉丝数和互动的粉丝数越多，则覆盖度越高。

这四个指标的数据能为运营人员提供微博影响力的变化情况，进而能够制定有效率的运营策略。

3. 我发出的评论

在"我发出的评论"版块，运营人员可以查看近 7 天、近 30 天、近 90 天和任意选择时间段内的发出的总评论数、日均评论数两个指标，从而查看自己账号微博发布评论的情况。

8.5　知微数据分析平台

知微是目前一款功能强大的微博数据分析工具，可以分析单条微博的传播路径，找出关键节点、转发次数、地域分布等信息。

通过百度搜索"知微"，单击其官网即可进入，如图 8-38 所示。

图 8-38　知微登录向导

1. 总览

在总览中，用户可以看到"曝光量""情感值""内容评价""用户总体评价""短链点击数"指标，如图8-39所示。

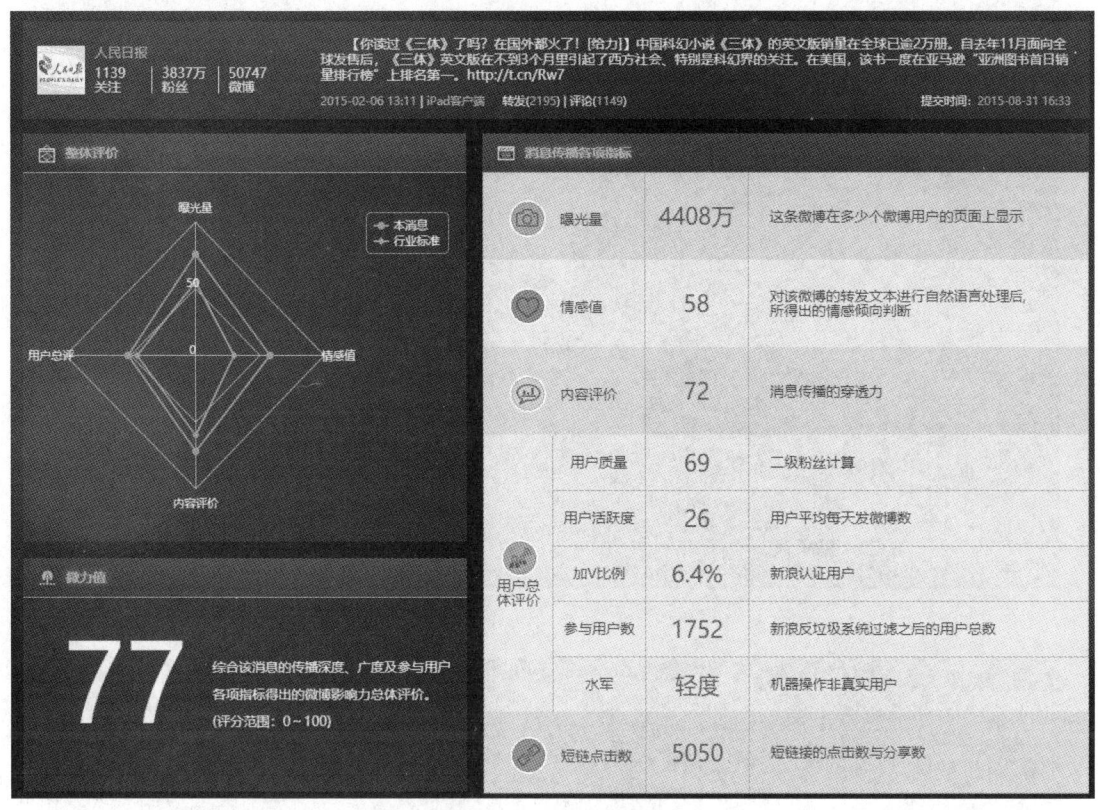

图 8-39　知微页面总览

"微力值"指综合该消息的传播深度、广度及参与用户各项指标加权后得出的微博影响力总体评价。

2. 传播分析

用户通过传播分析可以查看"转发时间趋势""传播关键用户""关键用户传播途径"，如图8-40所示。转发时间趋势即各时间段转发量数值及相应的参与意见领袖，关键用户即对消息传播起关键作用的微博账号。

3. 传播路径

用户通过传播路径可以查看消息传播的主要方式，如图8-41所示。消息传播以类似"双子星"模式发散出去，"人民日报"对本次消息传播起到了关键作用。

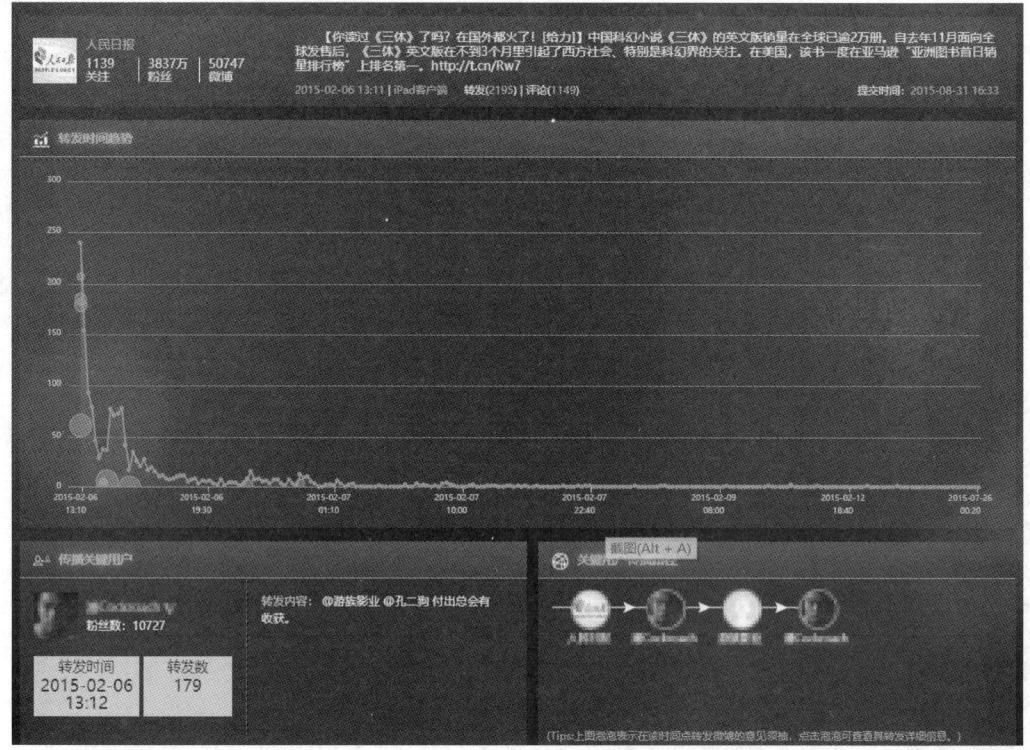

图 8-40　知微传播分析页面

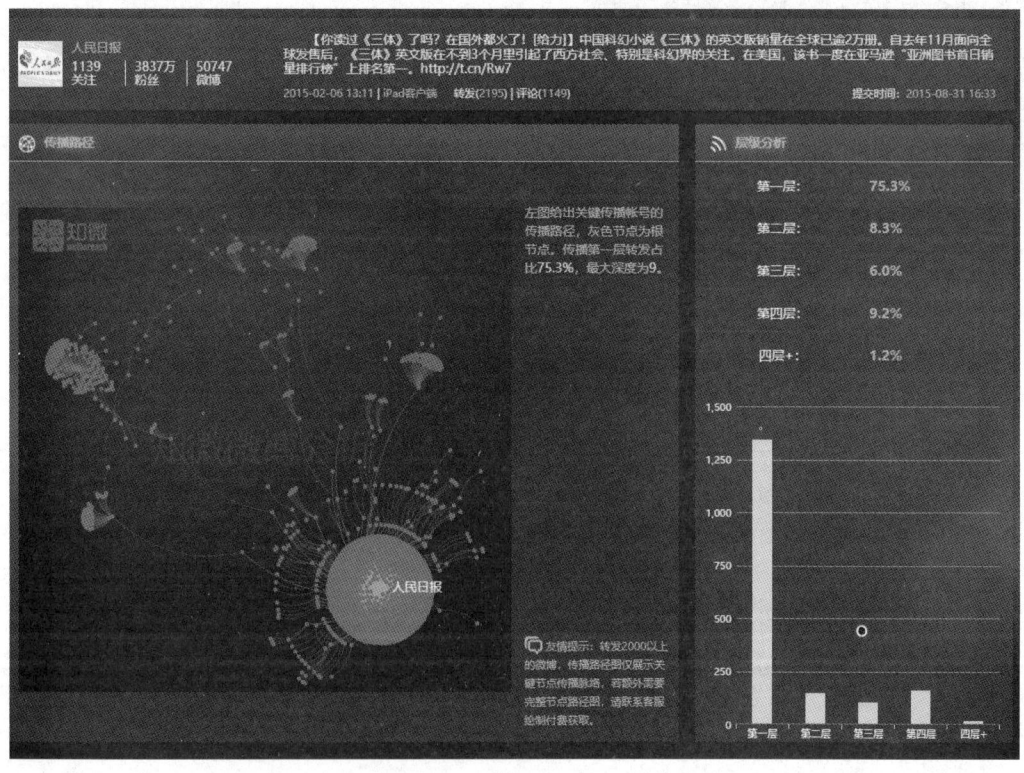

图 8-41　知微传播路径页面

4. 参与者信息

在"参与者信息"版块，用户可以查询"微博来源""微博认证""男女比例""粉丝数量""活跃用户"，如图8-42所示。

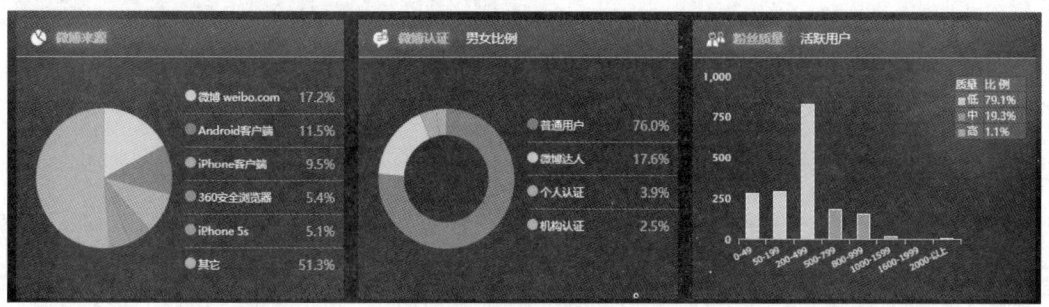

图 8-42　知微参与者信息页面

5. 引爆点

在"引爆点"版块，用户可以查询对本条微博影响力扩散起到关键作用的十大关键账号，继而关注这些账号，以建立深度链接，如图8-43所示。

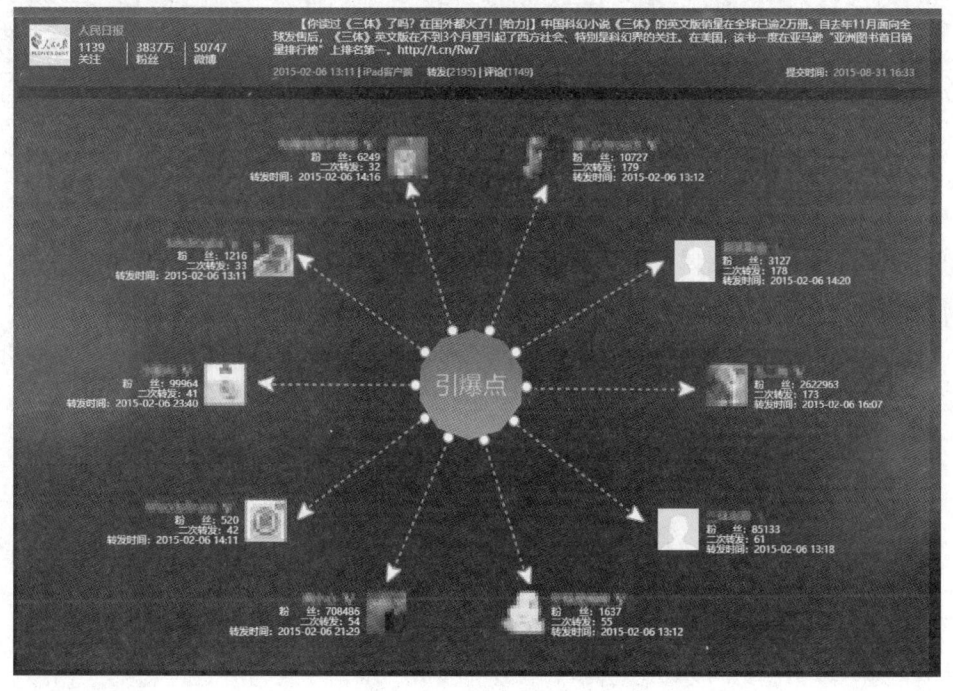

图 8-43　知微引爆点页面

6. 短链分析

在"短链分析"版块，用户可以分析"短链地址""点击数""分享数""评论数""点击地域分布""点击/转发比例"等，如图8-44所示。

通过短链分析，用户可以迅速了解链接点击分布情况，从而有针对性地提升链接点击数据。

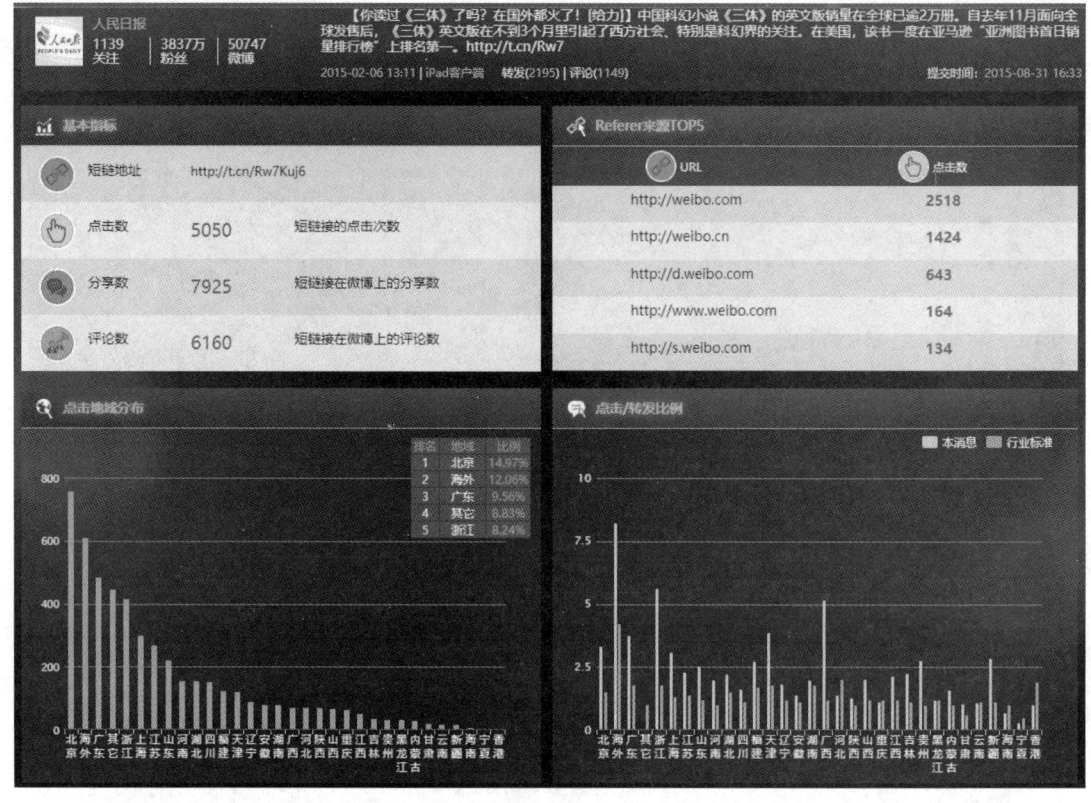

图8-44 知微短链分析页面

7. "水军"分析

出于各类目的,部分微博账号的粉丝是花钱买来的。

(1)假粉:由新浪微博推荐系统直接引导新用户关注某一账号,账号增加的这些新用户粉丝称为"假粉"。"假粉"并不是账号本身内涵所吸引的粉丝,而是在外力推动下的产物。从更广的意义上来说,在通常情况下,"假粉"还包括"僵尸粉"。

(2)僵尸粉:顾名思义,由程序控制的无人工参与或极少数人工参与的无感情机器账号。"僵尸粉"最早期的存在是粉丝买卖的产物,后期扩展到更多的微博领域,例如,企业营销活动凑人气、企业广告单击骗指标等。

某微博账号的粉丝数量在14万以上,但其微博的点赞数和转发数不足两位数,由此可推断此账号可能存在大量的"假粉"或"僵尸粉"。

通过"水军"分析,可以知道营销商有没有投放"水军"来制造虚假繁荣,竞争对手是否投放"水军"来扰乱市场,结合"水军"分析可以给企业一个真实的微博营销数据。

8. 内容分析

用户在"内容分析"版块中可以查看"情感值""关键字""关键词"的提及和转发,如图8-45所示。

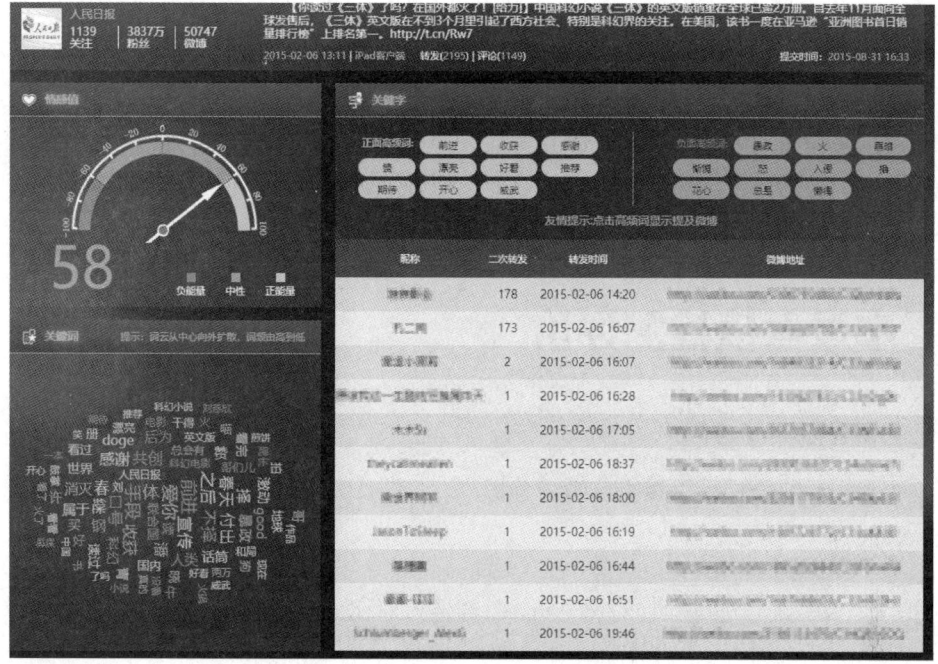

图 8-45 知微内容分析页面

情感值指该条微博中呈现的正能量数值、中性能量数值、负能量数值。

关键字、关键词是指给出转发语中的高频词,并分别按顺序给出正面高频词和负面高频词,并可查看正面高频词和负面高频词的提及次数,以及提及该关键词的微博,如图 8-46 所示。

提及关键词的转发包括转发昵称、转发时间、微博地址等。

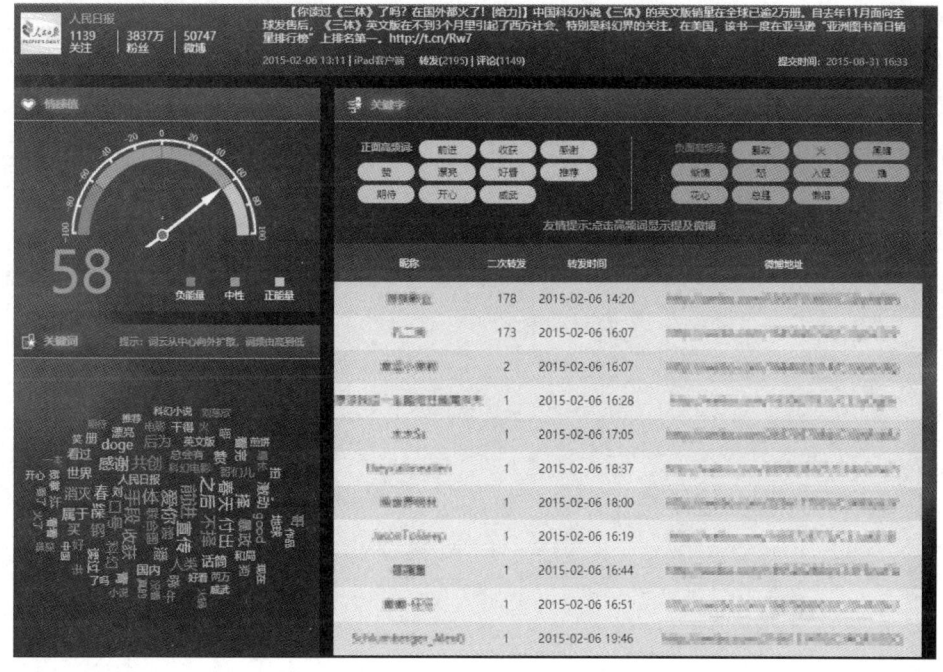

图 8-46 知微关键词页面

本章知识小结

本章通过介绍微博的相关分析功能和方法，使读者更加清晰地了解微博的信息传播和分析机制，了解微博数据分析的步骤和内容，以便于更好地进行实际操作。读者同时也能了解知微数据分析平台的运作方式和功能。

本章考核检测评价

一、名词解释

博文　点击趋势分析　引爆点　短链分析

二、简答题

1. 找一个目标账号进行粉丝对比分析，总结通过对比分析可以得到哪些提升微博运营效率的方法？
2. 根据本章内容，总结出至少3点提升微博阅读量的措施。

三、案例分析

从2019年3月份开始，凡客微博只有10万粉丝，6月份有30多万粉丝，远不如京东有400多万粉丝，按照转发评论数来说，并没有很高。但我们仍然说凡客是微博营销的成功范例，请分析这种说法的原因。

第 9 章

抖音数据分析

【学习目标】

1. 了解抖音数据的基本构成和抖音数据分析的目的；
2. 掌握抖音基本数据的分析，能够进行简单的数据可视化；
3. 掌握抖查查和飞瓜数据平台的使用方法。

【学习重点、难点】

重点：抖音数据的分析和可视化。
难点：抖查查和飞瓜数据平台的使用方法。

【本章思维导图】

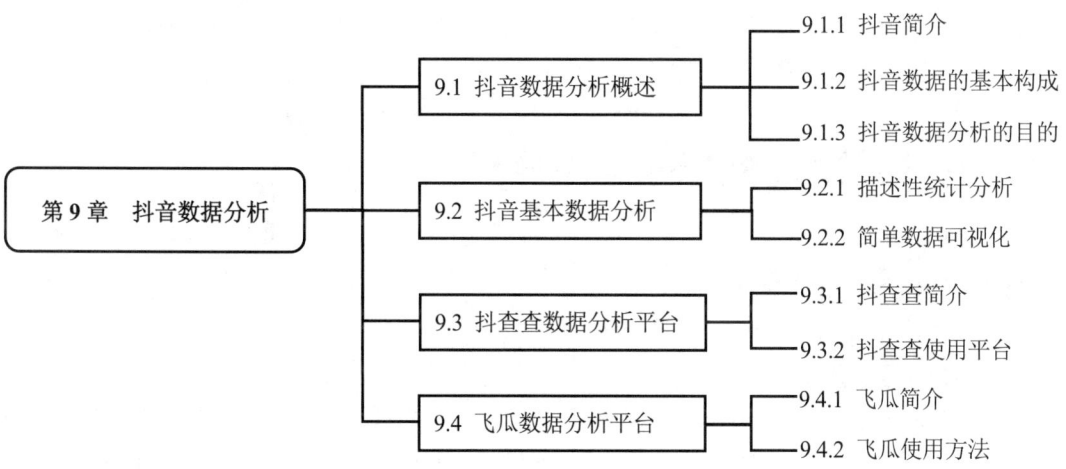

【案例导入】

抖音时代：重构短视频社交新格局

抖音是一款音乐创意短视频社交软件，该软件于 2016 年 9 月 20 日上线，创建了一个面向年轻人的音乐短视频社区。用户可以自主选择背景音乐，拍摄短视频，形成自己的作品，上传到抖音账号，还可以与其他用户互动。此外，抖音还为用户提供了一些技术类功能，如慢镜头、闪一下等特效，以及视频编辑、拍摄快慢等，让用户可以创造性地制作短视频，不再是简单的对口型。

特效、创意、动感的歌曲与舞蹈本身就对年轻人有极强的吸引力，再辅之以说唱、二次元、电音等元素，抖音在极短时间内吸引了大批粉丝。再加上今日头条的支持，抖音迅速脱颖而出。

在上线几年之后，抖音仍在高速发展，并在内容消费之外拓展其影响力。2020年9月15日，第二届抖音创作者大会举办。在当天的主题演讲中，字节跳动CEO张楠公布了抖音最新的数据：截至2020年8月，包含抖音火山版在内，抖音的日活跃用户已经超过6亿。

在会上，抖音还公布了创作者扶持成绩单，过去一年，有超过2200万人在抖音合计收入超过417亿元。张楠表示，未来一年，抖音希望把这个数字翻一番，让创作者们的收入达到800亿。

抖音海外版Tik Tok在很多国家实现了突破性增长，国际化进程比较顺利。

抖音之所以成功，离不开正确的管理和运营方式。抖音以其内容的差异化和良好的产品体验持续吸引大量客户，成为拥有亿级流量的App产品。

除此之外，利用大数据平台进行分析，以独特的算法机制进行内容推荐，也是抖音迅速走红的重要原因之一。拥有亿级流量的抖音每天都会产生海量数据，对这些海量数据进行分析，发现数据中的规律和异常现象，不仅能够监控抖音日常的运营情况，还能分析出抖音成功的因素。

当前网络上具有多种专门分析抖音数据的大数据平台，如抖查查和飞瓜数据平台，利用这些数据分析平台，能够快速了解抖音当前的数据变化情况，有利于了解互联网类公司的运营方式。

辨证与思考

思考：抖音中会有哪些类型的数据？哪些是比较重要的数据？

提示：抖音的主要定位是一个以吸引年轻人为主的短视频社交平台，用户流量和用户活跃度应当是比较需要关注的数据。

9.1 抖音数据分析概述

▶▶ 9.1.1 抖音简介

（1）抖音的发展背景。

自影像技术诞生以来，全世界范围内十分受欢迎的短视频就是音乐短视频，即MV（music video）。但是拍摄MV需要诸多条件，如齐全的设备、专业的人员、合适的场地和高昂的拍摄费用等，这些都限制了MV在大众范围的流行程度。

2014年，第一个实现全球化的短视频产品Dubsmash应运而生，开创了对口型潮流，引来小咖秀模仿。用户可以在其应用程序上配合小咖秀提供的音频字幕进行对口型表演，题材覆盖了卡通动画及电影和广告短片等，短片录制完成后，可以分享给他人。Dubsmash对口型表演的音频时长不到10秒，降低了表达成本，增加了内容趣味，恰巧因为这个低成本内容使其很容易扩散。

抖音就是 Dubsmash 的学徒。2016 年 9 月 26 日，今日头条旗下的抖音 App 正式上线。这款产品开始的名字是"A.me"，很快在 2016 年 12 月 22 日的版本迭代中，正式更名为"抖音短视频"，不得不提到的一点是"抖音"更名无疑是成功的，相较于"A.me"，"抖音"更便于用户记忆。在当时的市场，小咖秀、快手和美拍是移动端短视频领域的明星产品，谁也未曾想到，在不到一年的时间里，小咖秀和美拍日渐陨落，抖音逆势增长，与快手成为短视频领域的两大"独角兽"。

（2）抖音的主要特点。

抖音作为潮流社交软件，以原创和分享为核心理念，使其快速在社会中流行起来。抖音如此受欢迎的原因绝对不是偶然的。经过新一轮的分析，抖音与其他短视频软件相比有几个明显的区别。

① 准确的客户定位。

抖音用户整体来看有年轻化的倾向，这就给了商家更大的压力，年轻意味着求新，年轻用户追求的都是新颖的内容。抖音正好以其短视频的独创性，用最新的、最有意思的内容打开年轻用户的心理界限。正是由于这样准确的客户定位，抖音才能快速地在年轻人群中流行起来。

② 快捷的互动功能。

抖音除了拥有丰富的内容，还可以通过简短的视频实时互动。这种新颖的互动方式实际上形成了一个大的社交网络，让你能看到生活中的各种事物。这种形式在抖音上形成了坚固的保护网。抖音的互动群体是大众，是一个个平凡生活中的人，这样的互动方式更容易让普通人产生共鸣，从而扩大抖音的社交影响力。

③ 独特的用户原创特性。

抖音能够持续保持活力的原因就是用户既有原创的能力，又有再创的能力。根据这两个方面，用户创作出源源不断的新鲜短视频。用户可以在抖音自定义的短视频模板中进行原创，也可以根据个人喜好完全原创一个短视频，这种选择的多样性使得抖音牢牢地吸引住了众多用户。

④ 今日头条投资的资源支持。

今日头条借助其核心算法优势，在新闻资讯领域已经获得成功，而这一算法对于草根内容创作者来讲也有概率产出爆文并获取可观收益，这是吸引内容创作者入驻的关键，也是今日头条与微信相对封闭的内容生态系统的差异。今日头条最核心的算法优势也用在了抖音上面，一开始就在产品层面加入算法推荐模型保证内容分发效率，让每个内容创作者都有可能成为焦点，这让抖音很快成为今日头条战略级产品。

（3）抖音大事记（见表 9-1）。

表 9-1　抖音大事记

时　　间	事　　件
2016-09-26	A.me 正式上线
2016-12-22	A.me 更名为抖音短视频
2017-01-09	获得今日头条数百万种子投资
2017-03-13	岳云鹏转发带有抖音水印的短视频，转发量 5083、点赞量 83175

续表

时间	事件
2017-08-11	产品负责人透露 VV 已经超过 10 亿
2017-08-16	应用宝#星 App 榜#成为 7 月五大流行应用
2017-09-02	举办首届抖音 idou 夜，开始向线下拓展
2017-09-22	和爱彼迎、雪佛兰、哈尔滨啤酒首次品牌视频广告合作
2017-11-10	今日头条 10 亿美元收购 Musical.ly 并与抖音合并
2017-12-30	同步赞助江苏卫视、浙江卫视和湖南卫视跨年演唱会
2018-01-23	泰国免费榜单第一名，国际化凸显成效
2018-04-18	北京工商局约谈抖音要求即时阻断违规直播
2018-07-03	因内容存不良影响，抖音海外版 Tik Tok 在印尼被封
2019-04-16	短视频移动应用抖音国际版 Tik Tok 遭到印度政府下架
2019-10-31	抖音国际国内负责人发生变化，张楠负责抖音国内，朱骏负责抖音国际产品 Tik Tok，并直接向张一鸣汇报
2019-12-15	抖音获 2019 中国品牌强国盛典十大年度新锐品牌
2020-01-02	美陆军以"安全"为由禁用抖音国际版 Tik Tok
2020-01-08	火山小视频和抖音正式宣布品牌整合升级
2020-07-20	禁止联邦雇员在政府设备上使用 Tik Tok

▶▶ 9.1.2 抖音数据的基本构成

抖音作为当下拥有亿级流量的 App 产品，拥有海量的用户数据和平台数据。2020 年 9 月 15 日，字节跳动 CEO 张楠公布了抖音最新的数据。在用户方面，截至 2020 年 8 月，包含抖音火山版在内，抖音的日活跃用户数已经超过 6 亿。

针对如此庞大的数据量，在分析之前，我们首先需要简单了解一下其数据的基本构成情况，具体如下所示。

（1）基础指标。

基础指标是指大多数具有流量的产品都会拥有的数据类型，也是需要优化的直接指标，需要适当处理才能更好地进行分析。通常这类指标都能够直接在抖音 App 上观测到，从基础指标中能够获取一些简单信息，从这些信息中能够大致了解该视频的热度，以及整个 App 中用户的关注热点。

基础指标通常显示的是内容质量，通过对内容质量相关维度的深度挖掘，就能够从中找到规律，并将优质内容特征层层拆分、放大，针对劣质内容共性找到最佳解决方案，从而有效判断出各维度的内容及运营策略是否需要调整。

基础指标主要包括 8 个：播放量、平均播放量、点赞量、平均点赞量、评论量、平均评论量、转发量和平均转发量。

（2）互动指标。

互动指标是在基础指标的基础上进行处理的，用以表示内容质量的相对指标，如点赞率、评论率和转发率等。互动指标是以播放量为关联基数的相对指标，互动指标的比值越高，说明相关指标质量越好。各互动指标的具体计算方式如下。

点赞率=点赞量/播放量；
评论率=评论量/播放量；
转发率=转发量/播放量；
互动量=点赞量+评论量+转发量；
互动率=互动量/播放量。

（3）价值指标。

价值指标本义是指以货币作为价值尺度来度量社会财富或劳动成果多少的一种总量指标，如商品销售额、工业总产值、利润额、负债额等。抖音中的价值指标是指反映抖音用户所能带来的流量及其收益的指标，常用的价值指标有带货力和赞粉比。

带货力：通过转发率（收藏率）及评论、舆情监控，进行带货能力的评定。

赞粉比=获赞总数/粉丝总数。赞粉比数值越大，在一定程度上代表内容的拉新能力和粉丝的认可程度越高。

▶▶ 9.1.3 抖音数据分析的目的

做数据分析，必须要有一个明确的目的，知道自己为什么要做数据分析，想要达到什么效果。比如，为了评估产品改版后的效果比之前有所提升，或者通过数据分析找到产品迭代的方向等。

针对抖音数据分析的目的主要有以下几类。

（1）分类。

分类的基本原理是将元数据使用具有已知分类的相似数据来研究分类规则，然后将这些规则应用于未知分类数据，预测数据属于哪个类别。抖音可以利用数据分析将客户按照多种规则进行分类，如用户活跃度、贡献能力等，对分类后的用户使用不同的开发和维护策略，最大化地提高客户资源的使用效率。

（2）预测。

预测是指对数字连续变量的预测，而不是对分类变量的预测，通过对抖音数据的预测，能够为未来决策提供支持性的意见或建议。如果预测下一个阶段用户数量会上涨，则需要对 App 的运载能力进行升级。

（3）关联规则和推荐系统。

关联规则或关联分析是指在诸如捆绑之类的大型数据库中找到一般的关联模式。在线推荐系统使用协作过滤算法，该协作过滤算法是基于给定的历史购买行为等级，浏览历史或任何其他可测量的偏好行为，甚至其他用户购买历史的方法。协同过滤可在单个用户级别生成"购买时可以购买的东西"的购买建议。

因此，在许多推荐系统中使用了协作过滤，以向具有广泛偏好的用户提供个性化推荐。通过关联规则和推荐系统，能够对不同类型的客户进行精准定位，对其进行差异化服务，以保留更多的老用户并开发新用户。

(4) 数据探索和可视化。

数据探索的目的是了解数据的整体情况并检测异常值，通过图表创建的数据浏览称为"数据可视化"或"可视化分析"。对于数值变量，可使用柱形图、箱形图和散点图来了解其值的分布并检测异常值。对于分类数据，可使用柱形图分析。通过数据可视化，能够清晰直观地看到数据的变化趋势和分布情况。

9.2 抖音基本数据分析

了解了抖音数据的基本构成和抖音数据分析的目的后，需要对抖音的数据进行基本的分析。基本数据分析主要包括两个方面：描述性统计分析和简单数据可视化。

9.2.1 描述性统计分析

基本的统计分析分为描述性统计分析和推断性统计分析。

描述性统计分析的范畴是对已有的样本数据进行分析，计算它们的一些统计特征，如样本均值、方差等；推断性统计分析则是通过已有的样本数据，对未知的总体进行推断，估计我们感兴趣的未知参数值。

描述性统计分析也称基本统计分析，是指运用制表、分类、图形及计算概括性数据来描述数据特征的各项活动。描述性统计分析要对调查总体变量的有关数据进行统计性描述，其中主要包括数据的频数分析、集中趋势分析、离散程度分析、分布分析及一些基本的统计图形。

(1) 数据的频数分析。

数据的频数也称"次数"，指变量值在不同小组中的数据个数。频数与总数的比值为频率，数据的频数（频率）数值越大，表明该组标志值对总体水平所起的作用也越大。

如图 9-1 所示，图中的数据来自《2019 抖音大数据报告》，这就是抖音数据的频数分析。通过数据的频数分析，我们就能初步掌握数据取值的情况，对把握数据特征也是十分有帮助的。

(2) 数据的集中趋势分析。

数据的集中趋势又称"数据的中心位置""集中量数"等，用来反映数据的一般水平，它是表明总体分布的一个重要特征值。根据变量数列的集中趋势，可以了解研究总体的集中趋势和一般特征，数据的集中趋势分析常用的指标有平均数、分位数、中位数和众数等。

如图 9-2 所示，图中的数据同样来自《2019 抖音大数据报告》，这就是抖音数据的集中趋势分析，其指标是平均数，用方块面积大小代表平均播放次数。

(3) 数据的离散程度分析。

数据的离散程度是指通过随机观测变量各个取值之间的差异程度，来衡量风险大小的指标。通过对数据离散程度的分析，可以反映各个观测个体之间的差异大小，常用的指标有极差、四分位差、方差、标准差、变异系数。

在抖音中，使用描述离散程度的指标可以了解不同维度下数据的差异，如不同地区用户的流量变化稳定程度、不同时间段用户使用时长的变化稳定程度等。

图 9-1 抖音数据的频数分析

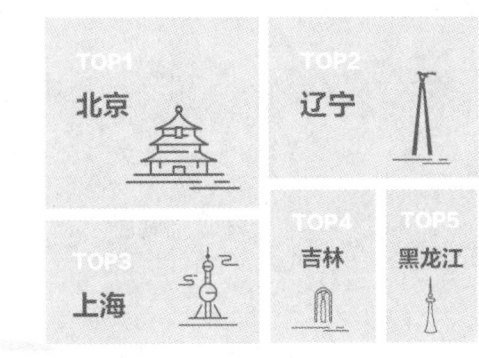

图 9-2 抖音数据的集中趋势分析

（4）数据的分布。

在统计分析中，通常要假设样本所属总体的分布属于正态分布，因此需要用偏度和峰度两个指标来检查样本数据是否符合正态分布。

偏态分布与正态分布相对，其分布曲线左右不对称，是连续随机变量概率分布的一种，可以通过峰度和偏度的计算，衡量偏态的程度。偏态分布可分为正偏态和负偏态，正偏态曲线右侧偏长，左侧偏短；负偏态曲线左侧偏长，右侧偏短，如图 9-3 所示。

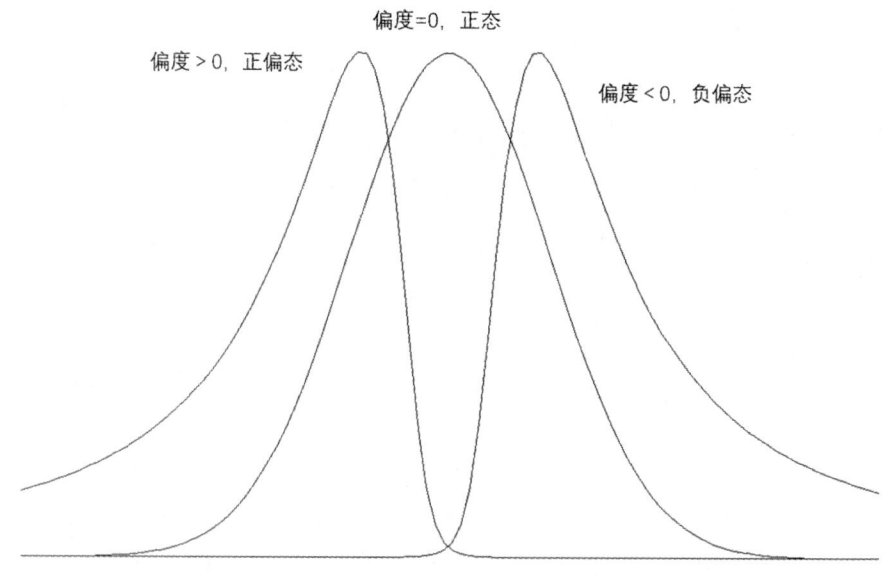

图 9-3　数据的偏态分布情况

峰度又称峰态系数，是表征概率密度分布曲线在平均值处峰值高低的特征数。直观来看，峰度反映了峰部的尖度，峰度高意味着方差增大是由低频度的大于或小于平均值的极端差值引起的。样本的峰度是和正态分布相比较而言的统计量，如果峰度大于 3，则峰的形状比较尖，比正态分布的峰要陡峭；反之亦然。

如图 9-4 所示，当峰度值越大时，表现在正态分布图中就是图像峰部的尖度越大。

在抖音数据中，可以使用峰度和偏度判断元数据大致的分布情况，根据统计学原理，可进一步判断数据的有效性和真实性。

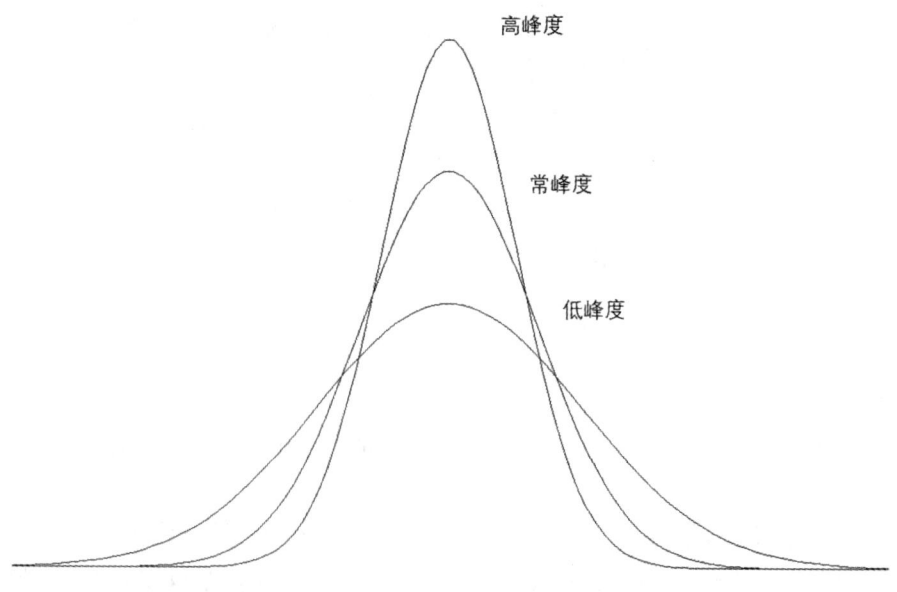

图 9-4　数据的峰度变化情况

9.2.2 简单数据可视化

完整的数据可视化，是关于数据视觉表现形式的科学技术研究。其中，这种数据的视觉表现形式被定义为以某种概要形式抽提出来的信息，包括相应信息单位的各种属性和变量。

它是一个处于不断演变中的概念，其边界在不断扩大。数据可视化主要指的是技术上较为高级的技术方法，而这些技术方法允许利用图形、图像处理、计算机视觉及用户界面，通过表达、建模及对立体、表面、属性和动画的显示，对数据进行可视化解释。与立体建模之类的特殊技术方法相比，数据可视化所涵盖的技术方法要广泛得多。

数据可视化的意义在于，可视化作为人脑的辅助工具，可以替我们保留一部分信息。其次，图形化的符号可以将用户的注意力引导到重要的目标中。

数据可视化的终极目标是洞悉蕴含在数据中的现象和规律，这里面有多重含义：发现、决策、解释、分析、探索和学习。一个好的数据可视化，能够带给人们的不仅是视觉上的冲击，还能够揭示蕴含在数据中的规律和道理。

简单的数据可视化就是指用图形的形式来表达数据，比用文字表达数据更清晰、更简明，这种用图形表达数据的方式就是简单数据可视化。简单数据可视化也是描述性统计分析的最后一种，其分析数据的一般方法就是绘制统计图。

抖音数据的简单可视化就是用简单的统计图来表达数据，图 9-5 中展示了折线图和柱形图。折线图能够清晰直观地展示抖音日活跃用户的上涨趋势，柱形图能展示出各个城市总点赞量的相对差异。

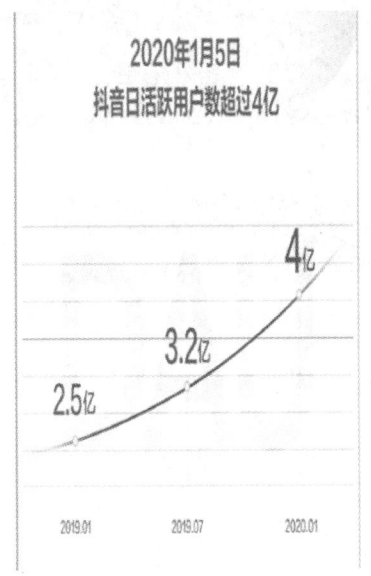
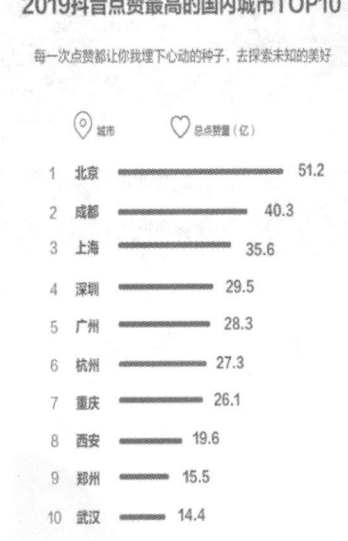

图 9-5　抖音数据的简单可视化

9.3 抖查查数据分析平台

随着抖音的快速走红，与之对应的数据分析平台也层出不穷，如飞瓜数据、抖查查、66榜和灰豚数据等。抖查查是北京爱普优邦科技有限公司旗下推出的专业的短视频数据分析平台，其主要的分析对象就是抖音数据源。

9.3.1 抖查查简介

抖查查拥有抖音排行榜、热门视频、脚本库、电商分析等数据分析和查询功能，提供热门视频、音乐、爆款商品及优质账号，利用大数据追踪短视频市场趋势及流量趋向。助力抖音创作者账号运营内容定位、粉丝增长、粉丝画像优化及流量变现。抖查查平台网站首页如图9-6所示。

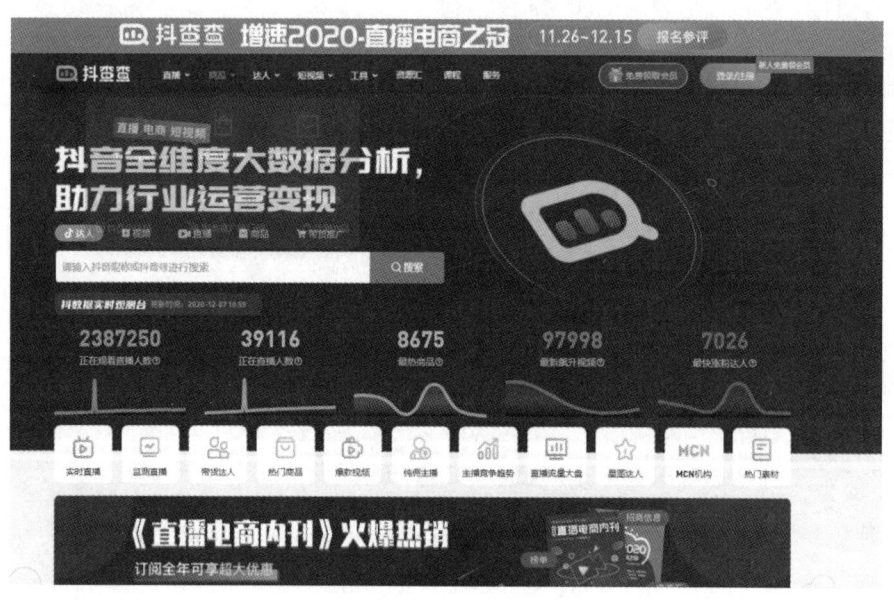

图9-6 抖查查平台网站首页

抖查查平台主要包括五大功能模块，即创意洞察、达人分析、电商分析、品牌推广、数据监测。

创意洞察：包含视频飙升榜、热门视频、音乐、话题、脚本库和我关注的素材等数据素材，为短视频创作者提供创意来源。

达人分析：包含粉丝榜、蓝V榜、被封达人榜、达人搜索，链接商家（品牌方）与达人搜索功能。商家通过数据分析与达人达成合作，降低市场调研成本，提高合作效率。

电商分析：包含抖音商品榜、带货视频榜、带货视频飙升榜、电商达人销量榜、热门店铺榜、淘客推广排行榜、抖音好物榜。电商分析模块帮助短视频电商精准了解市场行情。

品牌推广：包含品牌排行榜。商品品牌排行榜帮助达人快速选品。

数据监测：包含监测抖音号、监测视频、对比抖音号、对比品牌、监测商品等。提高平台账号运营人员的运营效率。

9.3.2 抖查查使用方法

首先在浏览器中输入抖查查官方网址，也可以在百度中搜索"抖查查数据分析平台"，进入抖查查官网。

单击网站首页右上方的"登录/注册"按钮，微信扫描二维码后，绑定手机号进行注册，如图9-7所示。

图9-7 抖查查网站首页注册步骤

完成注册后，即可查看网站内的完整数据。导航窗口中有"直播""商品""达人""短视频"等选项，选择"直播"下拉列表中的"直播热销商品榜"选项，如图9-8所示。

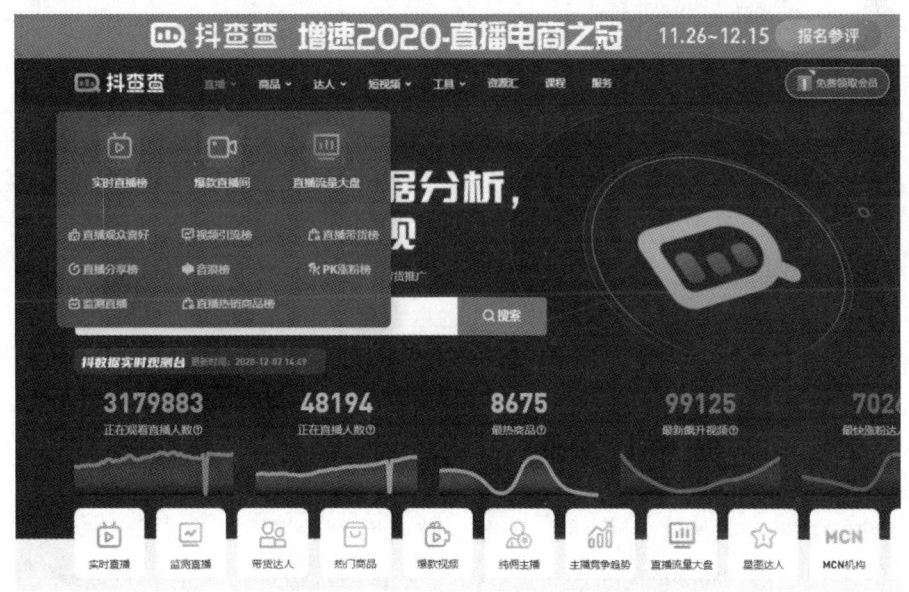

图9-8 抖查查网站首页查看数据分析步骤

跳转后的页面为抖查查工作台页面，如图 9-9 所示。在工作台左边可以选择想要查看的数据，如“直播带货榜”“热门商品榜”“电商达人榜”“视频榜单”等。图 9-9 中选择了“直播带货榜”，在后方即显示详细的数据情况。在数据展示的区域上方还可以选择时间范围和日期，时间范围包括日榜、周榜和月榜。单击“导出”按钮即可导出数据，导出数据的格式如图 9-10 所示。

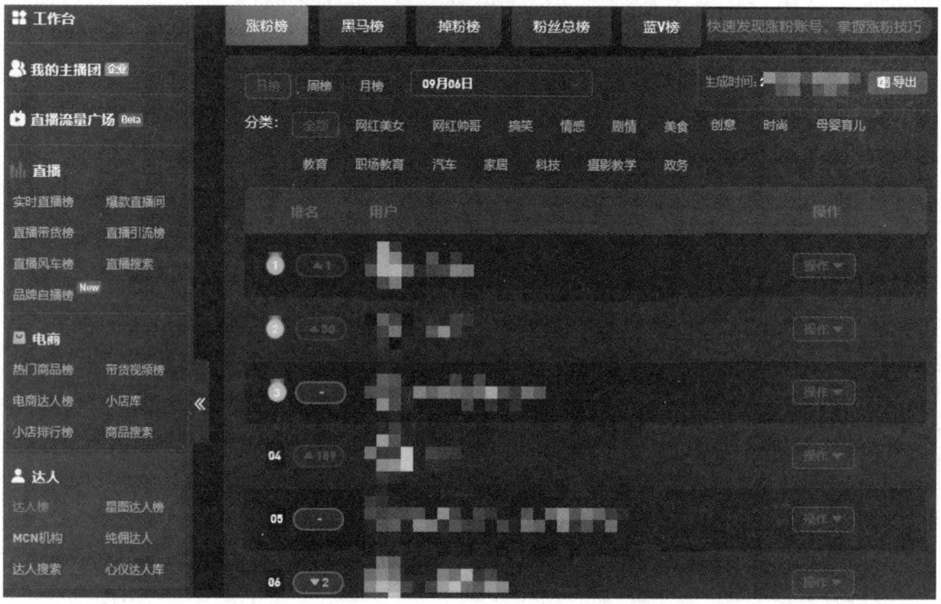

图 9-9　抖查查网站工作台页面

排行	商品	商品成交价范围	直播佣金比例	关联直播达人	关联直播	直播带货销量	直播带货销售额
1	【限时福利】V8p-1专业手机声卡电脑声卡直播声卡手机直播声卡	199.0	43.00%	24	28	35399	7044401.50
2	【源头厂家】赠送补光灯 专业直播设备全套声卡麦克风套装	499.0	50.00%	6	6	13600	6786400.00
3	海泉粉丝尊享体检套餐	1066.0	20.00%	1	1	5595	5964270.00
4	【肆只猫】云南小粒咖啡6罐装	39.9	25.01%	92	116	117660	4694634.00
5	拯救者 Y7000 2020 英特尔酷睿i5 15.6英寸游戏笔记本	6177.0	1.00%	1	1	615	3798855.00
6	【温精灵专属】蒂佳婷药丸面膜	190.0	1.00%	1	1	19713	3745470.00
7	胡海泉推荐 老福黄金 财富金条50g	19139.0	1.00%	1	1	166	3177074.00
8	女士短外套2020春秋新款粉色宽松百搭外套休闲短款拼接上衣秋季	9899.0	10.00%	2	2	320	3167680.00
9	罗蒙男士羽绒裤2020冬季新款外穿防寒保暖裤中青年百搭户外休闲裤	159.0	1.00%	1	1	13926	2214234.00
10	【刘帮主推荐】A81 X00148451F 羽绒服	639.0	20.00%	1	1	3422	2186658.00
11	索泰(ZOTAC)RTX 3060Ti-8GD6 X-GAMING OC 显卡	3199.0	5.00%	1	1	666	2130534.00
12	波司登2020新款女羽绒服工装风B00143222A	1.0~1899.0	0.00%	4	7	1271	1893245.00
13	ESX Studio2020秋冬A-V2055	9999.0	0.00%	1	1	165	1649835.00
14	【老罗推荐】UB230男士羽绒服YZ67UB230-001	359.0	1.00%	1	1	4127	1481593.00
15	琪琪严选，外套加绒加厚可两面穿	129.0	0.00%	1	1	10698	1380041.88
16	【1206罗永浩】Apple iPhone 12支持5G、双卡双待	5799.0	0.00%	1	1	223	1293177.00
17	【衣哥专属】御泥坊清爽水乳套组	179.9	1.00%	1	1	7066	1271173.50
18	SULWHASOO 水乳套装	831.0	2.00%	1	1	1381	1147611.00
19	SULWHASOO 滋盈肌本润颜水乳套装	829.0	2.00%	1	1	1350	1119150.00
20	2020 新款雪地派克服	289.0~2898.0	0.00%	1	2	384	1112832.00
21	【出口款】荣耀SL超豪华零重力按摩椅	3599.0	15.00%	1	1	304	1094096.00
22	波司登女款极寒短款羽绒服鹅绒加厚保暖防风B90142022	899.0	0.00%	1	1	1206	1084194.00
23	小吃猫山药薄片（每袋33克）	2.9~9.9	21.01%	425	538	107257	1061767.25
24	【刘帮主推荐】A146 X00145856F 大廓型休闲大毛领中长款羽绒服	559.0	20.00%	1	1	1885	1053715.00
25	【朱梓骁】JMsolution补水燕wo水母面膜	158.0	5.00%	1	1	6623	1046434.00
26	【轻奢定制】秋冬新款外套 腰带款	199.9	1.00%	1	1	5208	1041079.19
27	【坏果包赔】四川眉山爱媛38果冻橙新鲜水果橙子5斤东三省发中通	36.9	0.00%	1	2	27982	1032535.81
28	【格格粉丝精选】尚杭STA2019外套	8999.0	15.00%	1	1	113	1016887.06
29	波司登羽绒服女中长款2020年新款羽绒服B00143422	1.0~999.0	0.00%	2	2	1005	998007.06
30	巴黎丽兹毛绒风衣 YC0185	299.0	0.00%	1	1	3154	943046.00

图 9-10　抖查查网站下载的数据表信息

若要查看简单的数据可视化，可单击对应商品栏右方的“商品详情”按钮，即可展示相关统计图。单击该按钮进入商品详情页面，如图 9-11 所示。

在图 9-11 中，把该商品的“全网销量数据”“热推达人趋势”“抖音销量数据”“每日关联视频/直播数”以不同形式的统计图进行数据的简单可视化。

第 9 章　抖音数据分析

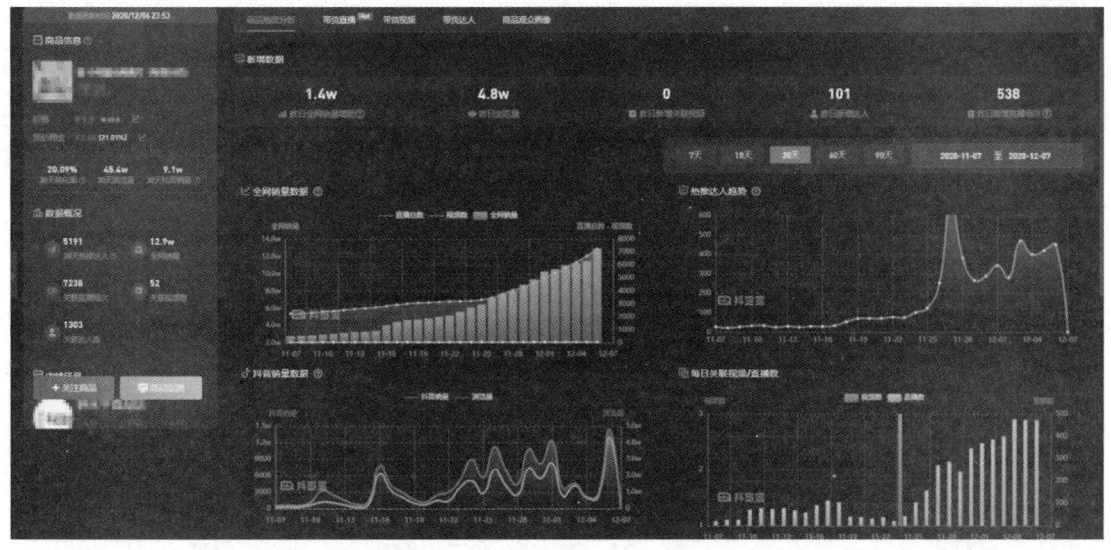

图 9-11　抖查查商品详情页面

使用相同的操作方法，也可以在工作台查看其他数据，以上便是抖查查数据分析平台的简单使用方法。不同的使用者可根据个人数据分析的目的查看不同的数据，以满足自身需要。

9.4　飞瓜数据分析平台

除了抖查查这一经常使用的抖音数据分析平台，还有飞瓜数据分析平台。飞瓜数据是由福州西瓜文化传播有限公司开发的，它是一款短视频及直播数据查询、运营和广告投放效果监控的专业工具。

飞瓜数据提供抖音数据、快手数据和 B 站数据，包括热门视频、音乐、抖音排行榜、快手排行榜、电商数据、视频监控、商品监控等功能。飞瓜数据网站首页如图 9-12 所示。

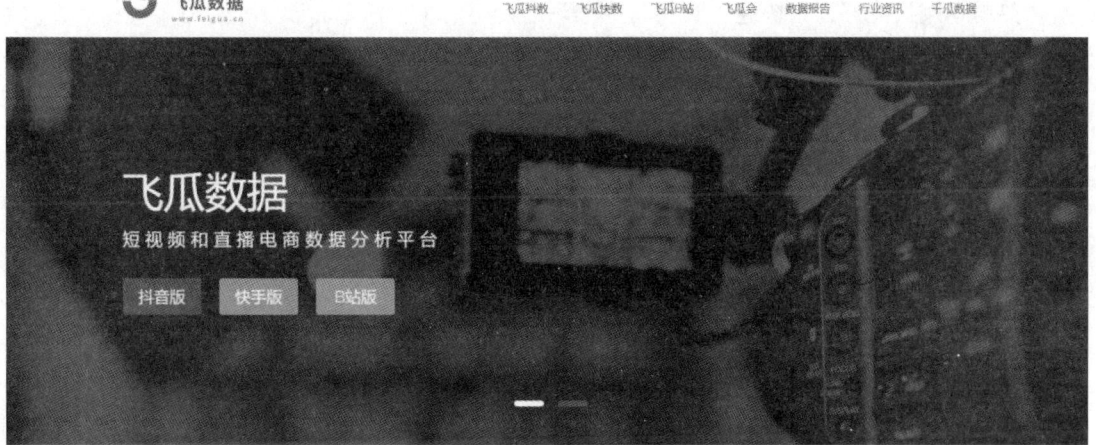

图 9-12　飞瓜数据网站首页

▶▶ 9.4.1 飞瓜简介

飞瓜数据相对于抖查查的数据分析范围更广，其中主要包含抖音版、快手版和 B 站版三大数据分析平台。

1. 飞瓜数据分析平台的产品和服务

飞瓜数据分析平台包含以下几种产品和服务。

（1）热门视频包含抖音平台的最新热点视频。

（2）通过行业排行榜、涨粉排行榜、成长排行榜、地区排行榜、蓝 V 排行榜等，快速寻找抖音优质活跃账号，了解不同领域 KOL 的详情信息，明确账号定位、受众喜好和内容方向。

（3）分析账号运营数据，定位粉丝画像及粉丝活跃时间，更好地了解用户的观看习惯，并同步列出近期的电商带货数据和热门推广视频，以及大数据分析账号带货实力。

（4）账号实时数据监控，实时记录抖音播主 24 小时内粉丝、点赞、转发和评论的增量情况，纵向对比近期 2 天的运营数据趋势，快速发现流量变化情况，更好地把控视频运营的时机。

2. 飞瓜抖音数据分析平台功能模块

飞瓜抖音数据分析平台包括六大功能模块，分别是热门素材、播主查找、数据监测、电商分析、直播分析和品牌推广。

（1）热门素材。

热门素材模块提供各类最新热门视频、热门音乐资源，巧妙借助热点"梗"，将视频融入内容创作中，增加获取大流量机会。

该功能模块包含"热门视频""热门音乐""热门话题""热门评论""今日热门视频"几个功能。

"热门视频"提供抖音平台最新的爆款视频，为视频创作提供更多优质创意。

"热门音乐"为视频创作提供热度上升最快的抖音背景音乐素材，让视频音乐选择更有效。

"热门话题"能够让人快速了解抖音火爆话题，抢占平台流量。

"热门评论"能够让人快速了解热门评论，掌握舆论方向。

"今日热门视频"提供当天最新的爆款视频，便于运营人员了解当前热点视频素材，更好地掌握当前用户的兴趣爱好。

（2）播主查找。

播主查找模块提供播主搜索功能、查找当前播主排行功能和抖音号对比功能，以便用户更好地找到感兴趣的视频内容，了解不同领域 KOL 的详情信息，明确账号定位、受众喜好和内容方向。

该功能模块包含"播主搜索""播主排行榜""抖音号对比"几个功能。

"播主搜索"提供多维度的播主搜索方式，让用户能够快速找到播主信息。

"播主排行榜"可以每日及时更新播主各类排行榜数据，让用户更快找到业内 KOL 王牌播主和新晋达人，学习并借鉴他们的成长经验和专业内容。

"抖音号对比"提供多账号的全面对比，包括账号基础数据对比、抖音电商数据对比，让运营人员更全面地了解各账号之间的数据差异，为后续的运营提供数据基础。若想对比多个播主的直播数据，可使用"抖音号对比"功能，各项数据一目了然。

（3）数据监测。

数据监测模块提供"我的抖音号""视频监控""账号和品牌对比"功能，实现账号发布前时间把控、发布中点赞、评论和转发数据监控，以及发布后的用户、作品和互动数据分析。

该功能模块包含"我的抖音号""我的授权""视频监控""直播监控""视频带货力诊断"几个功能。

"我的抖音号"是为抖音运营人员提供的管理账号界面，通过监控大量抖音播主的每日平台数据变化，实时追踪播主视频传播指数变化，更好地把控视频运营的实际，提升多号运营的效率。

"我的授权"是为了方便用户对自己账号的重要数据进行实时监控，飞瓜数据新上线了"抖音号授权"功能，可以实现以下三个方面。

① 同比播放增量和粉丝增量，精准判断优质涨粉作品。

② 视频播放量阈值提醒，助力豆荚投放。

③ 定位作品爆火时间，帮助豆荚二次加热。

"视频监控"提供分钟级视频趋势监控和数据导出服务，并分析视频传播效果，以及账号增粉数据和带货力度关联产品数据，方便用户快速判断视频内容属性，调整后续视频方向。

"直播监控"可以对抖音直播进行实时监控和预约监控，可分钟级监控直播间的音浪收入、最高在线人数、弹幕数，掌握抖音号直播热度；如果直播有关联商品，还可以监控直播间商品信息，直播间正购买人数弹幕等带货数据，定位播主直播带货潜力。

对带货播主来说，选好商品是第一步，更重要的是拍摄的视频能否真正起到带货的效果。飞瓜数据的"视频带货力诊断"可以帮助用户查看视频的带货影响力数值；了解用户对商品的关注点；查看商品的好中差评。

（4）电商分析。

电商分析提供抖音全网销售商品，视频相关数据检索功能和排行榜单，分析商品热度和在售情况，快速实现购物车商品优选和电商合作的进度。

该功能模块包含"我的商品""热门带货视频""电商视频排行""电商达人销量榜""淘客推广排行榜""商品搜索""抖音商品排行""商品热评视频""热门店铺排行榜"几个功能。

"我的商品"是为抖音运营人员提供的商品管理界面，通过监控大量商品的每日平台数据变化，实时追踪商品的浏览量、销量、关联视频和关联播主数量，方便抖音运营人员快速选出爆款商品。

"热门带货视频"为了方便用户及时跟进学习新发布的带货视频，飞瓜数据推出"热门带货视频"功能，帮助用户发现刚发布的商品带货视频，更支持查看2小时~6小时发布的带货视频。

"电商视频排行"每日及时更新16品类电商短视频排行榜数据，为用户提供时下热门短视频的点赞增量和投放的品牌信息。通过视频指数分析、商品详情分析，可以快速找到哪些播主在推广爆款商品，以及哪些品牌在投放视频。

"电商达人销量榜"以抖音 App 达人销量榜为依据，帮助运营人员快速发现抖音优质带货达人，查看相关热卖商品，了解更多带货数据。

"淘客推广排行榜"每日及时更新16品类商品排行榜数据，为用户提供时下热门淘宝推广商品的销售数据，通过商品热度分析、在售播主分析、推广关联视频分析、商品舆情分析、淘客推广分析操作，可以快速掌握淘宝商品在抖音中的推广情况。

"商品搜索"功能对抖音用户实现电商变现有四大帮助：竞品分析、强强合作、电商运营和直播带货。

"抖音商品排行"每日及时更新16品类商品排行榜数据，为用户提供时下热门商品的销售数据，通过商品热度分析、在售播主分析、推广视频分析，可以快速找到爆款商品，发现最新热门视频。

"商品热评视频"可以精准找到能引发用户对商品感兴趣的视频，视频可以按照点赞、评论和转发进行排序，还可以根据视频点赞数、时长、是否关联商品，以及视频用户画像，快速定位近期让用户对视频里的商品感兴趣的视频。

"热门店铺排行榜"每日为用户更新店铺总销量、销售增量排行数据，通过店铺详情操作，查看热门店铺和热门商品排行，可以快速找到爆款商品。

（5）直播分析。

直播分析提供抖音全网直播现状的数据分析结果，包含直播带货商品的现状、播主的热度即收入概况和各种品牌直播的现状，并以可视化的方式展示。

该功能模块包含"直播带货排行榜""实时带货直播达人榜""音浪收入榜""直播分享热榜""品牌直播排行"几个功能。

"直播带货排行榜"提供了查看19个行业播主的优质的热门带货直播间，用户可通过日榜/周榜/月榜，帮助带货号快速切入直播新战场，实现抖音直播的流量变现。

"实时带货直播达人榜"，由于抖音暂不支持直播回放，用户可通过"实时带货直播达人榜"快速发现抖音正在直播的带货直播间，学习借鉴优质直播技巧；也可直接查看直播间的大屏数据，精准了解直播间的动态销量。

"音浪收入榜"每小时更新一次，一天更新24次，并同步展示播主行业、粉丝数及上榜时的音浪数，用户可以及时跟进观看热门播主的直播，学习他们的直播方式。

"直播分享热榜"可以帮助用户挖掘带货力强劲的播主，实现高效投放；还原播主历史直播场次，记录直播数据；统计播主直播销量，定位适合直播推广的商品。

"品牌直播排行"通过日榜/周榜/月榜，以"直播关联场次"进行排序，帮助用户快速定位近期在抖音直播热推的品牌。"品牌直播排行"不仅可以同步查看品牌近30天的关联直播场次、直播播主、最高人数等数据，还可以根据16个细分行业标签进行筛选，查找各领域近期在抖音直播中热推的品牌。

（6）品牌推广。

品牌推广提供了各品牌在抖音中进行推广的投入程度数据，并给出了品牌的相关排行榜和粉丝画像，从这些信息中可大致了解目前抖音上各品牌的推广情况。

该功能模块包含"品牌搜索""电商品牌排行""品牌对比"几个功能。

"品牌搜索"可以帮助用户快速了解相关的品牌数据，快人一步实现抖音品牌营销布局，找到优质的带货资源进行合作，提高品牌推广的回报率。

"电商品牌排行"不仅可以同步查看品牌周期内的关联播主数、关联视频数、品牌点赞数、品牌评论数和品牌分享数等数据，还可以根据16个细分行业标签进行筛选，查找各领域近期在抖音中热推的品牌。

"品牌对比"通过基础数据对比和趋势图对比展示了各品牌的相关数据,从中发现各品牌在抖音中的品牌推广力度、排行榜和用户分布情况等信息。

飞瓜抖音数据分析平台功能模块展示,如图9-13所示。

图9-13　飞瓜抖音数据分析平台功能模块展示

▶▶ 9.4.2　飞瓜使用方法

在浏览器中输入飞瓜数据网址,即可打开飞瓜数据官网,其网站首页如图9-14所示。

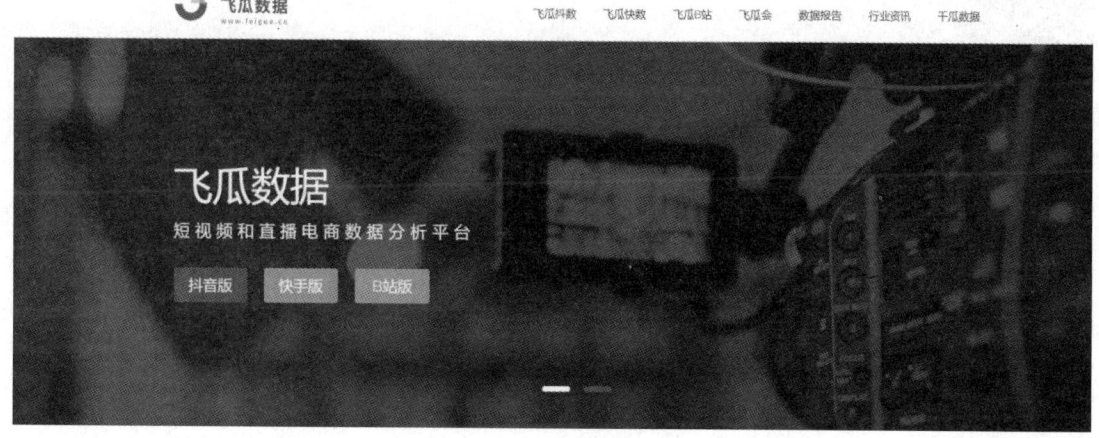

图9-14　飞瓜数据官网首页

在飞瓜数据网站首页单击"抖音版"按钮，即可进入飞瓜抖音数据分析平台，如图 9-15 所示。

图 9-15　飞瓜抖音数据分析平台

在飞瓜抖音数据分析平台中的"帮助中心"可以找到"基础功能"的快速指南，其页面如图 9-13 所示，单击对应的模块名称即可查看详细的使用方法。

飞瓜抖音数据分析平台的工作台界面如图 9-16 所示，工作台中包括之前介绍的各大功能模块。在右侧的展示界面中，上方提供搜索栏，下方包括"直播带货""视频带货""内容涨粉""账号运营"四大功能，用户可以根据个人需求选择所要使用的功能。

若想要使用其他功能，则可以自行选择图 9-13 中的功能模块，查看每个功能模块的介绍，满足个人数据分析的需求。

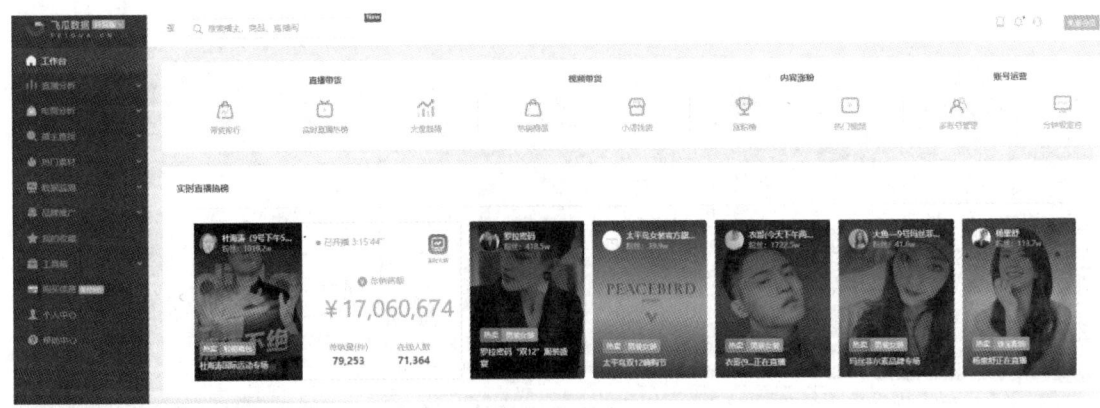

图 9-16　飞瓜抖音数据分析平台工作台界面

本章知识小结

本章介绍了抖音的基本情况，以及抖音数据的基本构成情况，通过对抖音的简单了解，明白为何要对抖音数据进行分析。只有明白了抖音数据分析的目的后，才能更加有针对性地进行分析。使用两个常用的抖音数据分析平台对抖音数据进行分析，能够高效快速地获取想要的信息。熟练掌握和理解抖查查与飞瓜平台的框架与使用方法，能够帮助我们在电子商务运营中先人一步。

本章考核检测评价

一、名词解释

描述性统计分析　数据可视化　峰度和偏度

二、简答题

1. 抖音数据的基本构成。
2. 什么是抖查查，其基本功能包含哪些？
3. 飞瓜抖音数据分析平台的功能模块有哪些？

三、案例分析

随着时代的变迁，越来越多的人加入短视频自媒体的浪潮中，据数据统计，目前抖音下载量居全球最高。思考：为何抖音能这么火？怎么成为抖音大咖？抖音大咖靠什么吸引粉丝？

第10章 网络舆情数据分析

【学习目标】

1. 了解网络舆情数据分析的相关知识：网络舆情概述、网络舆情数据挖掘价值；
2. 了解网络舆情基本数据分析的步骤和内容；
3. 了解新浪舆情通分析平台的运营状态。

【学习重点、难点】

重点：网络舆情数据挖掘的手段技术的理解和运用。

难点：网络舆情数据挖掘的意义；网络舆情信息可视化技术的理解。

【本章思维导图】

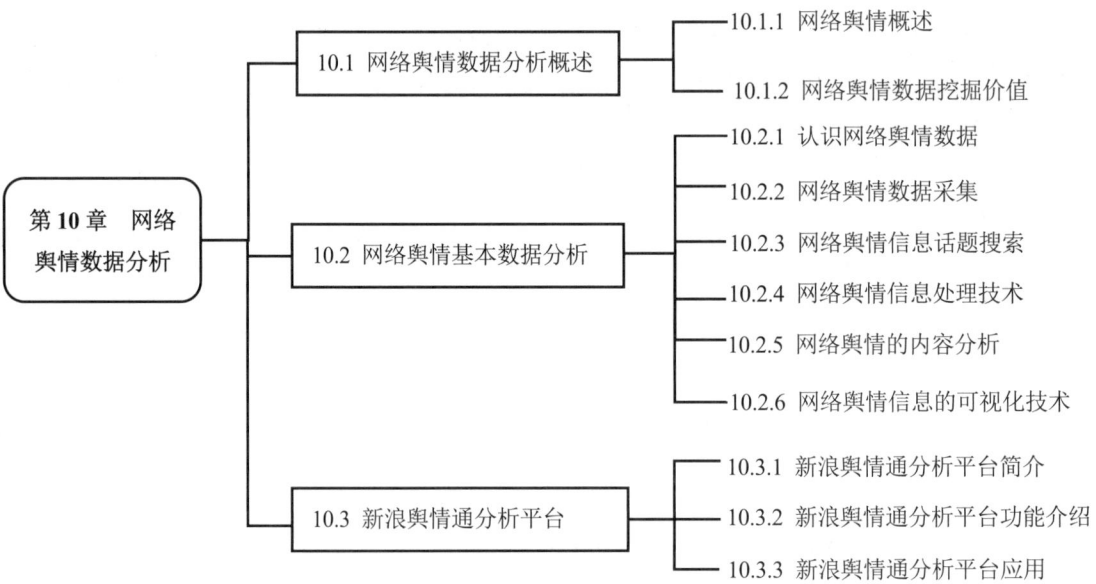

10.1 网络舆情数据分析概述

10.1.1 网络舆情概述

网络舆情是指在一定的社会空间内,通过网络围绕中介性社会事件的发生、发展和变化,使民众对公共问题和社会管理者产生和持有的社会政治态度、信念和价值观。它是较多民众关于社会中各种现象、问题所表达的信念、态度、意见和情绪等表现的总和。网络舆情形成迅速,对社会影响巨大。随着 Internet 在全球范围内的飞速发展,网络媒体已被公认为是继报纸、广播、电视之后的"第四媒体",网络成为反映社会舆情的主要载体之一。

网络舆情是社会舆情在互联网空间的映射,是社会舆情的直接反映。传统的社会舆情可能存在于民间,也可能存在于大众的思想观念和日常的街头巷尾的议论之中,通过社会明察暗访、民意调查等方式获取舆情的效率低下、样本少而且容易流于偏颇,耗费巨大。随着互联网的发展,大众往往以信息化的方式发表各自看法,网络舆情可以采用图灵舆情网络自动抓取技术手段获取,这种方式效率高而且信息保真(没有人为加工),覆盖全面。

网络舆情是以网络为载体,以事件为核心,广大网民情感、态度、意见、观点的表达、传播与互动,以及后续影响力的集合。

网络舆情的表现方式主要为:新闻评论、BBS 论坛、博客、播客、微博、聚合新闻(RSS)、新闻跟帖及转帖等。

近年来,网络舆情对政治生活秩序和社会稳定的影响与日俱增,一些重大的网络舆情事件使民众开始认识到网络对社会监督起到的巨大作用。同时,如果网络舆情突发事件处理不当,极有可能诱发民众的不良情绪,引发民众的违规和过激行为,进而对社会稳定构成威胁。

网络舆情表达快捷、信息多元,多种方式互动。网络的开放性和虚拟性,决定了网络舆情具有以下特点。

1. 直接性

在各个新闻平台,如新浪微博、今日头条、腾讯新闻,网民可以直接在相应的新闻下评论发表意见,实现民情上传下达,使大众意见能更通畅地向上反映。网络舆情相比传统媒体传播重复次数多、传播速度更快。在网络中,只需通过简单的复制粘贴再转发,该信息就能重新传播。这种传播的简易性可以使网络舆情轻易突破监管部门的约束,加大监管和维护网络秩序的难度。

2. 丰富性和多元化

互联网环境所具有的虚拟性、匿名性和实时交互特性使网民在传播网络信息时并不十分注重言论的合理性,对自己言论所造成影响的责任感降低。网络舆情因此呈现多元化、非主流的特点。网民可以表达和传递各种文化类型、思想意识、价值观念、生活准则、道德规范,这其中有积极健康的言论,也有消极和有害的言论,以致网络舆论内容五花八门、异常丰富,多元化的信息传递为民众提供了广阔的空间,也为搜集真实且丰富的舆情提供了素材。

3. 突发性

网络舆情热点的形成具有迅速性和突发性,由于互联网覆盖的广阔性和可及的便利性,一旦发生重大事件,该事件不仅成为人们关注的焦点,还迅速成为舆论热点,如微博的热搜榜,能根据用户点击量实时更新舆论热点,使网络舆论以最快的速度传播。

4. 隐蔽性

网络为网民提供了一个虚拟、自由、畅所欲言的环境,互联网环境不似现实环境具有有效有序的规则和监督,网民可以隐蔽自己的真实身份从而畅所欲言,但也可能带来一些有害隐患。

5. 偏差性

虽然互联网为网民提供了一个畅所欲言的环境,充分表达民生民意,但网络舆情还是不能等同全部人民的立场。因为部分言论是由于网络空间法律道德约束较弱产生的,这些言论会给社会带来不利影响,如网络谣言、反社会倾向、偏激和非理性言论等。

▶▶ 10.1.2 网络舆情数据挖掘价值

随着互联网技术的迅速发展,网络为我们的生活与工作带来了更多的便利,也改变了人类社会的各个方面(如工作和社会活动)。此外,网民基数急剧增加,刺激不同的网络服务模式和商业模式进一步增长和发展。由于网络具有匿名性、虚拟性等特点,网民可以很自由地在社交网络平台上发表自己对现实中各种热点事件的看法,越来越多的人参与进来,这就形成了网络舆情。与传统舆情相比,网络舆情的传播范围和传播速度都是传统舆情无法比拟的,它最直接、最快速地反映了社会大众的看法,对社会产生的影响变得越来越大。网络在反映社会舆论和表达舆情中起着非常重要的作用。因此,如何有效监管和引导网络舆情成为政府相关工作人员面临的一个重大挑战。面对如此庞杂的数据信息,使用人工调控的方式处理会存在诸多不合理性,通过数据挖掘技术解决此问题成为最好的选择。

目前,网络舆情数据量越来越大,可以通过网络实时检测和筛选海量数据,发现网络舆论的热点话题,它能有效地监测和判断舆论和情绪的倾向。有关部门可以利用这种方式很容易地在纷繁复杂的信息中掌握其监测工作的重点。因此,把重点放在关键点可以提高监测和管理工作的针对性和有效性,使相关部门更好地应对网络舆情。如何应对频繁发生和快速传播的网络舆论,如何有效监控和引导网络舆论,如何应对网络舆论危机已经成为中国网络舆情部门和相关从业人员面临的三个关键问题,这已经成为影响社会稳定与建立维护和谐社会的先决条件。

1. 数据挖掘反映社会情绪

网络舆情是以网络为载体、以事件为核心,通过互联网渠道传播,使民众表达对某些热点、焦点问题具有倾向性和影响力的观点的情况,集合众多态度和声音形成社会舆情事件。

在新媒体时代，民众既是信息的浏览者，又是信息的发布者，网民自发在平台上发起话题，实时上传事件发展过程。网络环境为民众打造了表达意见、提出诉求和维护权利的空间，网络环境具有方便快捷的表达方式，网民们积极参与、争相发声，将亲身经历和在现实中不便表达的内心想法真实表露出来，形成前所未有的巨大舆论场，从而反映社会对事件的普遍情绪。

2. 数据挖掘促进社会发展

由于网络平台互动的快速发展，群众上网后主动表达观点，传播有代表性民意和真实的信息，在网络上形成一个无限的资料库。正面的舆论在发展的过程中逐渐变得成熟、理性，能客观地反映群众心声；而负面的舆论会受到其他各种客观因素的影响，经过一系列的发酵，引发非理性的社会舆情。因此，通过对网络舆情的关注和收集，站在维护网民合法利益的角度做决定，一方面有利于有关部门负责人科学制定决策，充分听取网民的意见，避免引发网络舆情；另一方面通过网络平台分析、研究，有关部门介入并调查，在平台上发声，疏导民众情绪，推动社会和谐发展。

10.2 网络舆情基本数据分析

10.2.1 认识网络舆情数据

新媒体的出现和发展不仅使网络舆情的数据量急剧膨大、传播速度不断加快，而且其价值密度呈现出更加明确的"稀疏性"。新媒体环境下网络舆情的大数据特征突出。大数据具有4个特征，即数量大、速度快、多样性突出、价值密度低。网络舆情自诞生以来一直都存在多样性的特征，即包含结构化、非结构化和半结构化的多种数据形式。

1. 社交+自媒体形成新兴网络舆论场，信息量最大化

以微信为例，微信首先是一种自媒体，微信社交功能反映用户现实社交的关系，它加强了用户之间的联系。信息在这些用户形成的封闭圈子里流动，带有一定的私密性。微信公众号的出现使信息传播突破了"熟人社交"的模式，营造了新的公共空间，社交+自媒体的应用软件越来越多，这种新媒体形态改变了舆论场权重配比，舆情互动的广度和深度以几何级增长，熟人圈子和自媒体平台里的交叉分享传播可以瞬时产生大量新信息，大数据环境下网络舆情的海量性特征由于形成新兴舆论场而呈现爆发式的倍增态势，舆情信息量达到了历史上的最大化。

2. 网络媒体去中心化，传播扩散迅速

在新媒体兴起并且发展势头猛烈的情况下，信息传播的环境呈现出多元、开放的特征。传统的以主流媒体为单一核心节点的模式不复存在，多信源传播模式取而代之，且各信源之间可相互作用。如果把这些信源描绘成一个个节点并连接起来，最终呈现的是"处处皆中心"的分布式网络传播结构。在这个传播网络中，每个节点都是具有极强传播功能的中心，而节点与节点间彼此自由连接，它们之间的影响会通过网络形成非线性因果关系。这种去中心化实现了人们对热点信息获取的累积效应和多向反馈，使舆情信息的传播面更广、传播速度更快、爆炸性传播与时效性的特点更加突出，负面影响因"蝴蝶效应"与"坏事疯传法则"使事态扩大，舆情抓取、分析和引导也更加困难。

3. 对抗性话语明显增多，舆论价值密度降低

在新媒体环境下，尤其是自媒体的出现，每一个人都有平等自由的话语权和传播权，使得网络乱象层出不穷，网络舆论常常呈现难以控制的局面，"众生哗然"成为新兴舆论的代名词，与此同时在漫无边际的舆情海洋中以负面情绪为主的交互信息和反馈信息所占比重不断增高，对抗性话语不断涌现。大量情绪化的评论和对抗性话语使舆情信息价值密度不断降低，"稀疏性"在舆情信息量最大化的情况下更加凸显。如何在低价值密度的海量舆情信息中引导千万个零散的个体回归正当性认同是舆论治理的终极目标。

▶▶ 10.2.2 网络舆情数据采集

网络舆情分析，广义上包括从网络舆情的信息采集开始到舆情信息服务这一系列的流程，首先从互联网上采集舆情信息，对采集得到的 Web 页面进行预处理，在预处理的基础上进行关键信息的抽取，然后利用关键信息对舆情信息进行内容上的分析，最后将分析结果提供给用户。

网络数据自动采集一般分为数据抓取与数据存储。数据抓取完成从网络信息源中获取页面数据的工作，数据抓取过程中解决的主要问题是网络爬虫的实现及优化，具体包括 Deep Web（深层网页）下载、网页脚本解析、更新搜索控制、爬行的深度和广度控制等。

搜索引擎基本的工作原理是：网络爬行程序根据特定的爬行策略（如宽度优先、深度优先），周期性地采用多线程并发的方式将网页抓取并存储到本地的文件系统，然后将它们提交给索引器；索引器负责对抓取的网页进行数据处理，包括选择、抽取、主题分类、集合等操作，同时将网页内容转化为关系数据库的方式存储，最后遍历该数据库建立索引文件；信息检索模块执行检索操作，对检索词与索引词进行匹配运算，检索出包括检索词的网页及逆行相关性排序，然后将其呈现给用户。搜索引擎的工作流程如图 10-1 所示。

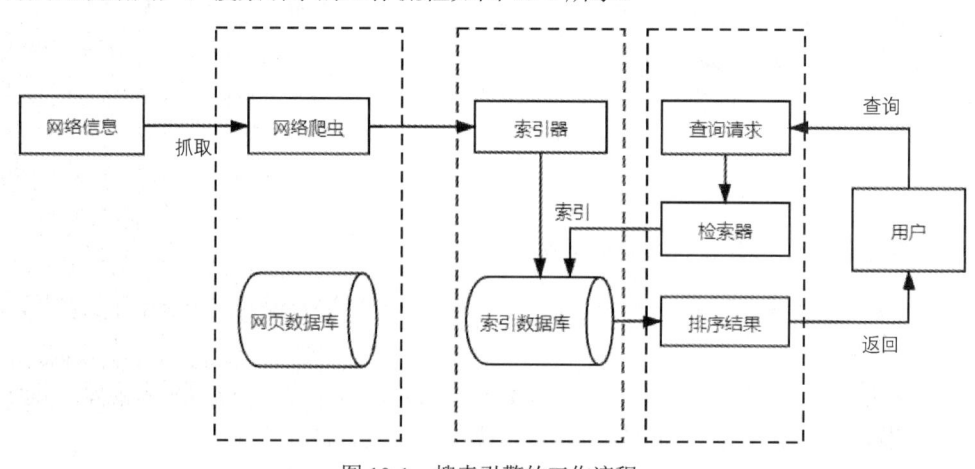

图 10-1　搜索引擎的工作流程

由上述基本原理可知，搜索引擎主要由以下三个部分组成。

1. 采集器

搜索引擎信息源的采集器通过网络爬行器或人工的方式来遍历 Web 站点，依照某种策略将 Web 信息下载到本地，网络爬行器压着网页的出链接前进，通过反复下载网页并不断从中发现尚未爬行的 URL，建立和更新网页数据库来保证网络资源的有效性和及时性，其主要的搜索策略有：广度优先搜索策略、深度优先搜索策略、随机访问、IP 段扫描搜索策略等。采集器对整个搜索引擎质量有至关重要的影响。

2. 索引器

数据采集系统将网页信息存放到本地之后，为了加快对用户的响应速度，提高查询性能，需要对网页库建立高效的索引。索引器对收集到的网页进行分析，提取网页相关信息，包括来源 URL、编码格式、页面内容包含的所有关键词、关键词位置、生成时间、更新时间、大小、链接情况等，再根据一定的相关度计算得到每一个网页针对页面文字及超链接中每一个关键词的相关度，然后用这些相关信息建立网页索引数据库。搜索引擎普遍借鉴了传统信息检索中的索引模型，包括倒排文档、矢量空间模型、概率模型等。建立索引库就是为了把文档内容表示成一种便于检索的方式，并存储在索引数据库中。索引结构和效率的好坏是数据检索效率的关键，索引结构要求易于实现和维护、检索速度快、空间占用低。现行最有效的索引结构是倒排文档，倒排文档是用文档中所含的关键词作为索引，以文档作为索引目标的一种结构。

3. 检索服务

当用户输入查询关键词后，查询请求经过检索器处理，从网页索引数据库中查找符合该关键词的所有相关网页。相关网页针对该关键词的相关信息在索引库中都有记录，只需综合相关信息和网页级别形成相关度数值，然后进行排序，相关度越高，排名越靠前。最后由页面生成系统将搜索结果以链接和摘要的形式返回给用户。搜索引擎经历了从人工搜索引擎到自动搜索引擎的过程，并逐步向智能化、个性化方向发展。虽然目前已经有许多成功的商业搜索引擎，但是由于运行原理、检索机制等自身固有的特点，搜索引擎还存在一些缺点和不足。特别是以当前 Web 信息的增长态势，一个搜索引擎很难采集所有主题的网络信息，即使各主题的信息采集比较全面，但由于主题太过宽泛，也很难将各主题都做得既专业又精准，这样就造成在用户的检索结果中返回了大量"垃圾"信息。同时，由于采集的信息容量大，势必给数据更新带来很大的开销，降低了更新率。当前，即使百度这样优秀的搜索引擎，在采集覆盖度方面、特定主题的数据搜索方面及数据库更新方面也难以满足所有要求。

▶▶ 10.2.3 网络舆情信息话题搜索

话题检测与跟踪是一种检测舆情新出现的话题并追踪该话题发展动态的信息智能获取技术，其实质是主题搜索引擎技术。面向专业主题的搜索引擎是对网络中某个主题的信息进行采集、索引并整合，然后抽取需要的数据进行处理后再以某个满足用户个性化需求的形式返回给用户。面向专业主题的搜索引擎是与通用搜索引擎相对应的一个概念，属于仅覆盖网络某一领域的

"垂直搜索引擎",为用户提供某个主题或域的网络资源的检索服务。由于它运用了专业领域知识、相关度计算、机器学习等智能化策略,因此比通用搜索引擎更加准确有效。这类搜索引擎的特点是主题资源覆盖率高、专业性强、针对性强,充分考虑了用户的个性化需求。

构造主题搜索引擎的核心是面向主题的爬行技术。主题爬虫会分析每个页面的链接,判断哪些链接指向的网页可能和预定主题相关,对这些链接进行优先爬行,和主题无关的链接则选择放弃。它的目标是尽可能地收集与特定主题相关的网页,同时最大限度地避免无关网页的下载,这些对于节省硬件和网络资源都有明显的意义。

1. 网络舆情信息话题搜索的基本架构

网络舆情信息话题搜索的技术架构由 3 个主要功能模块组成:信息采集模块、数据处理模块、前端应用模块,其整体架构如图 10-2 所示。

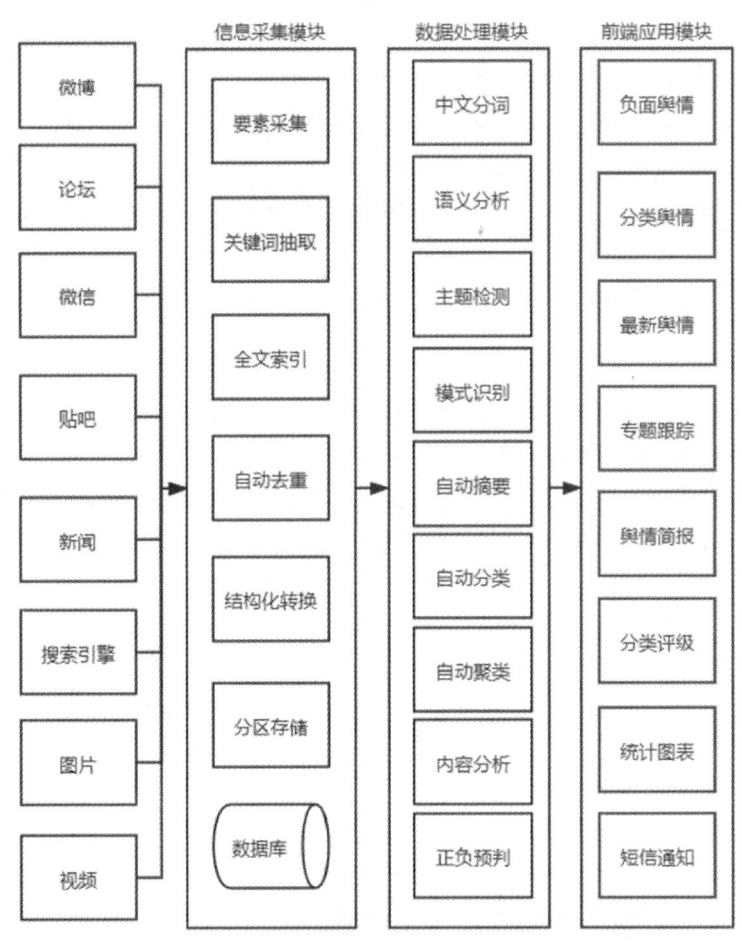

图 10-2　话题搜索的系统架构

信息采集模块可对来自微博、论坛、博客、贴吧、新闻、搜索引擎等的文字、图片及音视频进行采集,主要有采集要素、提取关键词、建立全文索引、自动去除重复信息、结构化转换、分区存储等功能模块,结构化转换之后的数据存入数据库。在抓取数据后,需要对收集到的信息进行预处理,如格式转换、数据清理、数据统计。对于新闻评论,需要过滤掉无关信息,将新闻的标题、出处、发布时间、内容、单击次数、评论人、评论内容、评论数量等进行保存。对于 BBS 论坛微博等,需要记录帖子的标题、发言人、发布时间、内容、回帖内容、回帖数量等,最后形成格式化信息。

数据处理模块对信息采集模块采集到的原始数据进行处理,包括根据语义分析结果自动分词及自动摘要、自动分类与聚类、模式识别、正负性质预判等。数据处理模块是网络舆情分析系统的核心,涉及的最主要的技术包括文本分类、聚类、观点倾向性识别、主题检测与跟踪、自动摘要等计算机文本信息内容识别技术。其中,基于语义的内容识别方法仍存在很多问题和困难。

前端应用模块主要提供用户需求层的信息,具体包括热点搜索、关键词搜索、自动汇总统计、自动推荐关键词、采编辅助功能及生成各类用户需要的统计报表等。系统对采集分析的数据可以通过负面舆情、分类舆情、最新舆情、专题跟踪、舆情简报、分类评级、统计图表和短信通知等形式推送给用户。

由图 10-2 可知,对舆情信息的分析与处理必须要浏览和查找海量的网络信息,包括网络新闻报道、相关评论、微博、贴吧、论坛等,从这些信息中提取与事件相关的舆情信息,然后分析其时间与空间的分布情况,再通过多种手段和渠道进行正确的舆论方向引导。网络信息具有即时性,对突发事件的处理应在事件发生的第一时间加以引导和控制,因此,在网络舆情分析系统中,海量信息的处理效率是关键因素,同时,海量的网络信息中包含大量的非结构化数据,这就涉及大数据问题。

2. 话题搜索的若干技术

面向主题搜索引擎以构筑某一专题或学科领域的互联网信息资源库为目标,智能地在互联网上搜集符合这一专题或学科需要的信息资源,能够为包括数字图书馆、学科信息门户、专业信息机构、特定行业领域、公司信息等在内的信息用户提供整套的网络资源建设与开发方案。

(1)主题爬行技术。

主题爬行又称聚焦爬行,是获取网络中特定相关领域页面的关键技术。随着 Web 的发展,其结构越来越复杂,网络信息量以指数级增长,通用爬行技术越发难以访问 Web 上的所有网页,并难以及时进行更新。主题爬行技术是在传统爬行技术的基础上,加入文本分类、聚类及 Web 挖掘等相关技术用于捕获相关主题的网页信息。与对所有链接不加选择的通用爬行不同,主题爬行分析每个页面的链接,预测哪些链接指向的网页可能和预定主题相关,对这些链接进行优先爬行,而舍弃那些和预定主题无关的链接。

(2)主题爬行的基本原理。

网络爬虫是搜索引擎的基础组成部分,它是搜索引擎工作流程中的起点,它的性能直接影响搜索引擎的整体性能。网络爬虫在采集 Web 信息时,是把互联网当作一个有向图来处理的,互联网中每一个单一的网页都被看成是有向图中的一个节点,由某一网页指向其他网页的超链接可以被看成是有向图中的有向边。传统爬虫从一个或若干初始网页的 URLs 开始,沿着网页上的超链接,按照某种策略(如宽度优先、深度优先、Best-First 等)爬行,抓取相应的网页,并不断从当前页面上抽取新的 URL，经过处理后将其放入爬行队列中。如此循环，直到爬行队列为空或满足系统某个爬行停止条件。

网络爬虫在互联网上爬行的过程可以看成是对一个有向图进行遍历的过程。从整个互联网拓扑图来看，网络爬虫自动沿着页面间的链接形成边，从一个页面到另一个页面访问 Web，逐步访问到整个拓扑图上的每一个节点，这是通用网络爬虫典型的工作流程，如图 10-3 所示。目前大多数网站都使用这种网络爬行器从互联网上搜集各种资源。

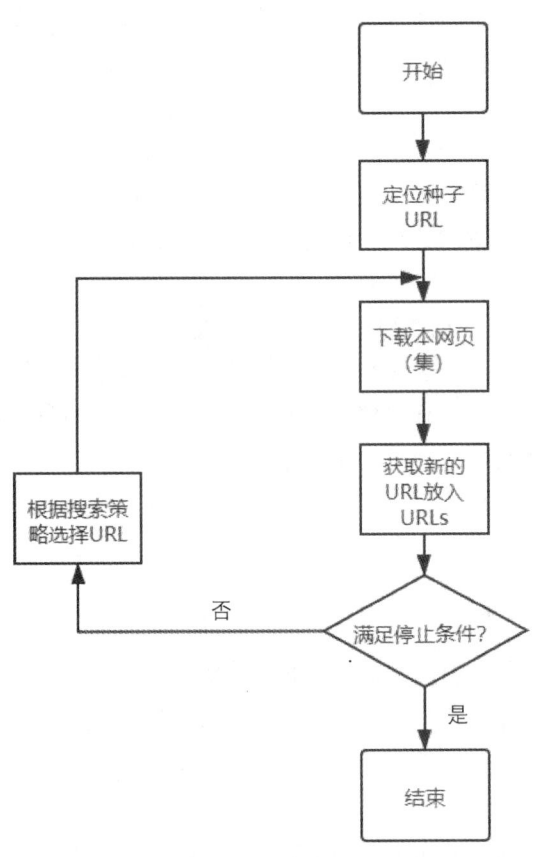

图 10-3　通用网络爬虫的工作流程

主题爬虫是从网络中收集一个关于特定主题的 Web 页面，与通用网络爬虫不同，它关注的只是某一专业领域的信息，因此主题爬虫在搜索过程中没有必要对整个 Web 遍历，只需要选择与本领域相关的页面进行访问。与通用网络爬虫相比，主题爬虫在网页采集技术上有很大不同，其算法和工作流程更为复杂。主题爬虫在搜索 Web 时，需要根据一定的网页分析算法过滤掉与主题无关的链接，保留有用的链接并将其放入等待抓取的 URL 队列；然后，它将根据最佳优先策略从队列中选择下一步要抓取的网页 URL，并重复上述过程，直到达成系统的某一条件时停止，其流程如图 10-4 所示。显然，通过它的工作使下载的相关网页数量最大化，不相关网页数量最小化，这极大地提高了信息检索的查准率。当所有主题相关网页被爬虫存入本地数据库后，必须在本地数据库中进行进一步分析、过滤，并建立索引，以便搜索。

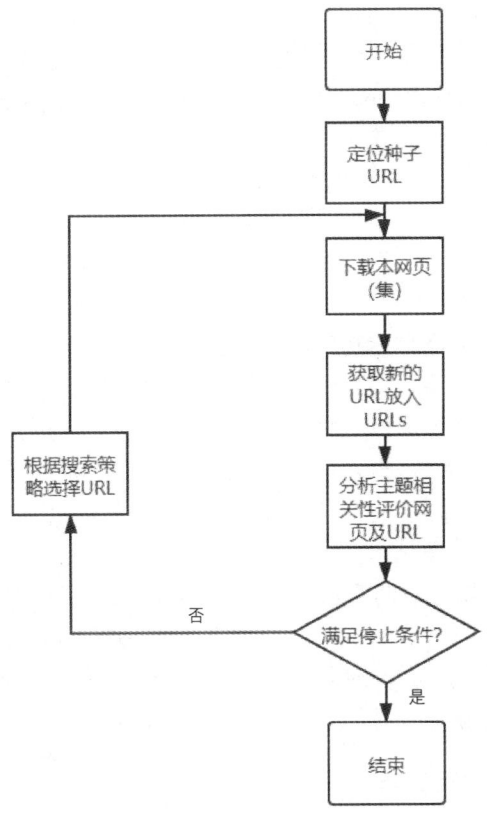

图 10-4　主题爬虫的工作流程

▶▶ 10.2.4　网络舆情信息处理技术

目前大数据的相关技术应用最成熟的是由 Apache 基金会提出的 Hadoop 解决方案。Hadoop 是由 Apache 发起的开源分布式计算框架，其目的是解决海量结构与非结构信息的存储与处理问题。Hadoop 的核心机制通过 HDFS 文件系统和 MapReduce 算法进行存储资源、内存和程序的有效利用与管理。通过 Hadoop 可以轻易地将多台普通的或低性能的服务器组合成分布式的运算—存储集群，提供大数据量的存储和处理能力。

基于 Hadoop 存储海量数据、处理非结构化数据的优势，结合网络舆情分析系统的技术架构，我们认为可将 Hadoop 技术应用到网络舆情分析系统的信息采集模块和数据处理模块中。下面将从多个方面提出 Hadoop 对典型的网络舆情分析系统的改进。

1. 海量数据的抓取过程

网络舆情分析系统与搜索引擎的区别是，搜索引擎在抓取页面时一般使用广度优先策略，系统根据 URL 地址进行重复采集，对于论坛、贴吧、微博等舆情载体不会按照主帖、跟帖、翻页的方式进行精确采集，其采集深度无法满足舆情分析系统的需要。网络舆情分析系统需对新闻、论坛、博客、贴吧等舆情载体进行全面采集，尤其是针对论坛、贴吧等这些舆情高发的网站。

典型的网络舆情分析系统中的数据抓取过程是先使用专门的采集器来抓取数据,将数据结构化转换之后存储到数据库中,再将这些数据建立索引,在数据量很大的情况下,数据库的插入操作效率会变得很慢。而 MapReduce 的抓取算法可省去将数据全部插入的过程,直接处理抓取的数据,将数据采集的时间大大缩短。

另外,Hadoop 的分布式框架还可将海量数据部署为分布式采集,这种改进也将显著提升数据采集的效率。

2. 海量数据的存储方式

数据采集之后,有些数据需存储起来以供处理。在图 10-2 中描述的典型系统架构中,需要将非结构化数据进行结构化转换,再存储在数据库中。但采用传统数据库对大数据进行处理,对软件和硬件平台的要求都非常高,这将给用户带来十分高昂的成本压力。

而 Hadoop 的 HDFS 文件系统被设计成在一个大集群中可以跨机器的可靠海量存储的文件。此分布式文件系统与关系型数据库的存储方式最大的区别是,HDFS 的横向扩容(scale-out)架构的扩展性很强。关系数据管理技术在大数据时代的最大劣势是关系数据管理系统(并行数据库)的扩展性不能胜任大数据分析的要求。关系数据管理模型追求的是高度的一致性和正确性,面向超大数据的分析需求。纵向扩展(scale-up)系统,即通过增加或更换 CPU、内存、硬盘以扩展单个节点的能力终将遇到瓶颈;横向扩展(scale-out)系统,即通过增加计算节点连接成集群,并且改写软件,使之在集群上并行执行,才是经济的解决办法。

3. 对非结构化数据的管理优势

图 10-2 所示的网络舆情分析系统的信息采集模块将从微博、论坛等网站采集到的非结构化数据使用工具转换为结构化数据,再存储到数据库中。这种结构化转换不仅会极大地影响数据采集及分析的效率,还可能会损失数据的精度。

相比而言,Hadoop 不仅能管理结构化数据,同时还可以管理以非结构化文本为中心的数据,如 Facebook、Twitter、微博。这种处理多类型数据的能力非常重要,它催生了 NoSQL 平台和产品,NoSQL 正是针对非结构化数据而提供的一种新的数据管理模式,牺牲了一些已在 RDBMS 中成为标准的功能(如数据一致性、存取控制、标准查询语言及参照完整性等),从而保证了海量数据的高可用性。而传统关系型数据库如 Oracle、IBM DB2、Microsoft SQL Server 和 MySQL 都不能处理混合数据类型和非结构化数据。

4. 数据处理方式的改变

典型的网络舆情分析系统中应用关系型数据库对数据进行处理,图 10-5 说明了关系型数据库与 Hadoop 技术对大数据的不同处理方式。

由图 10-5 可以明显看出关系型数据管理方式的两个局限性。一是存储方式的局限性,纵向扩展的数据总量有限制。二是 MapReduce 处理大数据时会将任务分解并在运行的多个节点中处理。

在 MapReduce 的默认设置中,数据按块存储在分布式文件系统中,任务提交后分别交给不同的 Map 任务去处理。Map 任务从输入中解析出键/值(Key/Value)对集合,对这些集合执行用户自行定义的 Map 函数得到中间结果,并将该结果写入本地硬盘;Reduce 任务从硬盘上读取数据之后会根据 Key 值进行排序，将具有相同 Key 值的数据组织在一起，最后用户自定义的 Reduce 函数会作用于这些排好序的结果并输出最终结果。

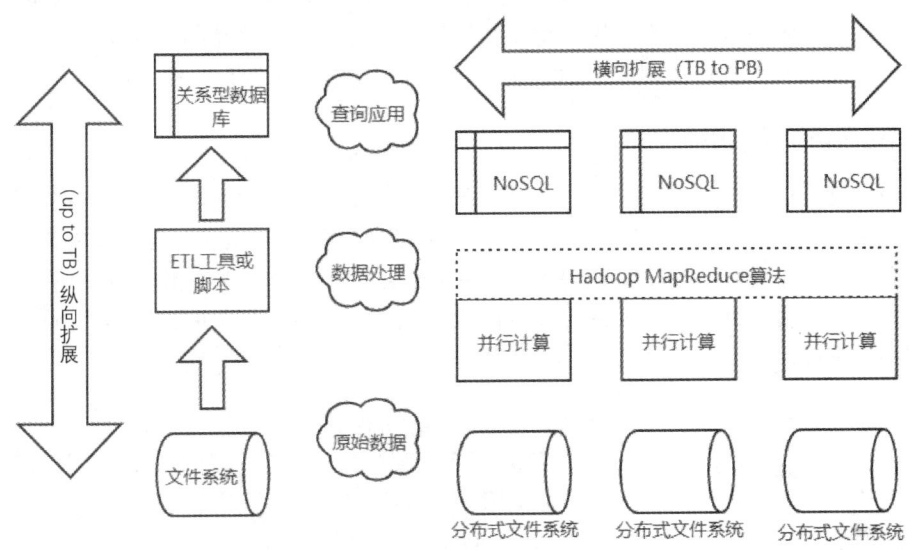

图 10-5　数据处理方式对比

从以上过程可以看出，MapReduce 在数据处理方面的优势主要有两个：一是将问题分而治之；二是把计算推到数据而不是把数据推到计算，可以有效地避免数据传输过程中产生的大量通信开销。

5. 自然语言处理及分类聚类技术的应用

在网络舆情分析系统的数据处理模块中，涉及大量自然语言处理及分类聚类技术的应用，而 MapReduce 已经被用于自然语言处理、机器学习等多个领域。在实现了 Hadoop 架构的系统中，我们也可进一步研究，将这些算法应用到系统中，逐渐将整个系统的架构转换为分布式计算的框架，进一步提升系统的效率，保障系统的实时性。

中文分词、标注、语法分析等 MapReduce 应用也都在机器翻译系统中实现。分类聚类也是机器学习的重要方法，其中很多算法因为复杂度较高，在实际中一直缺乏应用，而 MapReduce 的出现无疑为它们的应用提供了很好的支撑。实际上很多研究者已经研究并实现了相当多的分类聚类算法，如在 Hadoop 平台下基于 SVM 的分类算法。但分类聚类算法的发展还不太成熟，可将其作为今后系统升级的方向。

▶▶ 10.2.5　网络舆情的内容分析

1. 网络舆情实务工作

范围广、交互性强、更新速度快的互联网传播从根本上改变了传播者与受传者之间的关系，是对传统新闻媒介的传播模式的解构和颠覆。在网络这个人们共同拥有的信息平台上，传播者和受传者处于完全平等的地位，共同享有根据自己的需要选择信息的自由和发表意见和观点的权利。这些意见和观点得到越来越多的重视，并且指导着我国的网络舆情实务工作的开展。

目前，我国舆情监测网建设也取得了一定的成果，大部分地区或单位舆情监测网由舆情站、舆情监测点、舆情信息员3个层次构成。舆情监测网的核心是及时有效地实现舆情反馈，一般包括定期反馈和随时反馈。定期反馈是每个舆情信息员每月向舆情监测点反馈信息，经舆情监测点整理后以舆情专报的形式向舆情站反馈；随时反馈主要用于应对一些突发事件。

2. 网络舆情系统概述

国内投入使用的大多数网络舆情系统都是最近几年提出和建设的，由于业务不同和关注点不同，这些舆情系统也存在一些较大的差异。有成功案例的系统实施厂商，有些来源于内容/资源提供商，有些来源于信息检索或内容处理软件厂商，也有一些是从互联网公司转型发展而来，还有一些系统不属于厂商实施，而是由相关部门根据自己的需要直接指导建设、定制开发及推广的，具体比较如表10-1所示。

表10-1 网络舆情系统概述

网络舆情系统	功能模块
Autonomy网络舆情聚成系统	定向跟踪采集、跨语种和跨媒体的信息分析、舆情信息收集、预警信息处理、专题跟踪处理、专题趋势分析、信息分布分析、舆情信息挖掘、舆情报告整编等
北大方正智思舆情监测分析系统	舆情的采集和存储、舆情的分析和处理及舆情服务、通过系统数据及历史舆情信息学习获得的各类知识管理
公安部高校校园舆情分析预警智能管理系统平台	对各种网络信息来源数据进行收集、处理、分析，为决策支持提供多种数据分析手段

▶▶ 10.2.6 网络舆情信息的可视化技术

网络舆情信息可视化是对网络中大量即时出现的舆情数据的可视化，是数据分析过程中必不可少的一个阶段。在网络舆情信息可视化方面，目前的研究方向主要是将关系数据库或数据仓库中的数据，从不同的抽象层次将属性、维度进行联合之后，以不同的形式展现给用户，这种呈现方式称为"前端展示"。国内相继开展了网络舆情信息可视化技术方面的研究，并取得了一些成绩。将数据的各个属性值以多维数据的形式表示，可以从不同的维度观察数据，从而对数据进行更深入的观察和分析。

1. 数据挖掘可视化的发展

数据挖掘是从大量的数据中提取或"挖掘"知识。广义的观点是，数据挖掘是从存放在数据库、数据仓库或其他信息库中的大量数据中挖掘有意义的知识的过程。数据挖掘被视为数据管理与分析技术自然进化的产物。可视化在数据挖掘中是一个多面手，能使人在视觉上理解多维数据中的复杂模式，通过观察数据在多重维数和多重图形窗体中的存在形态，可以直观、迅速地揭示数据趋势，帮助验证数据挖掘模型的可信度。

目前可视化技术用于网络舆情等数据挖掘，一般作为表示工具，如生成最初的视图，解析复杂结构的数据和显示分析结果，而分析方法本身并不包括可视化。

2. 数据挖掘可视化模型

传统的数据挖掘过程以机器为中心，而融和了可视化技术的数据挖掘过程是以人为中心的。这样做的好处是，提高了数据挖掘过程的灵活性、有效性和与用户的交互性。

可视化技术在数据挖掘中能起到以下作用。

（1）通过提供对数据和知识的可视化，可以利用人类的模式识别能力评估和提高挖掘出的结果模式的有效性。

（2）利用可视化技术建立用户与数据挖掘系统交互的良好沟通通道，使用户能够使用自己丰富的行业知识来规整、约束挖掘过程，改善挖掘结果。

（3）提供对挖掘结果的可视化显示，使用户对结果模式有深刻直观的理解，从而打破传统挖掘算法的黑盒子模式，用户对挖掘系统的信赖程度大大提高。图 10-6 分别说明了可视化技术在数据挖掘不同阶段的应用。

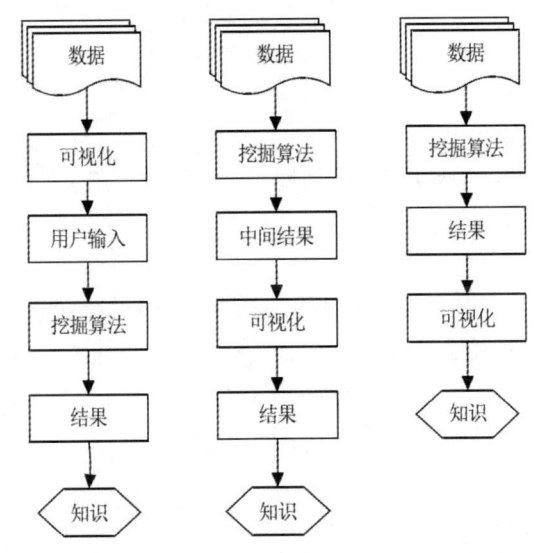

a）预先可视化　b）过程可视化　c）结果可视化

图 10-6　可视化技术在数据挖掘中的应用

数据挖掘可视化就是将挖掘出的模式或知识转换为可显示的图形的过程，主要分为以下三个步骤。

（1）模式（知识）分析与转换。对模式（知识）的数据特征进行分析，为图形元的设计及显示提供依据。

（2）模式（知识）映射。将模式（知识）转换为图形，根据数据分析的结果和行业的习惯及标准，完成图形元的设计。

（3）图形元绘制。将图形元归类并合理布局，利用图形元的位置、时间及视觉特征描述数据变化，完成图形显示。

数据挖掘可视化模型如图 10-7 所示。

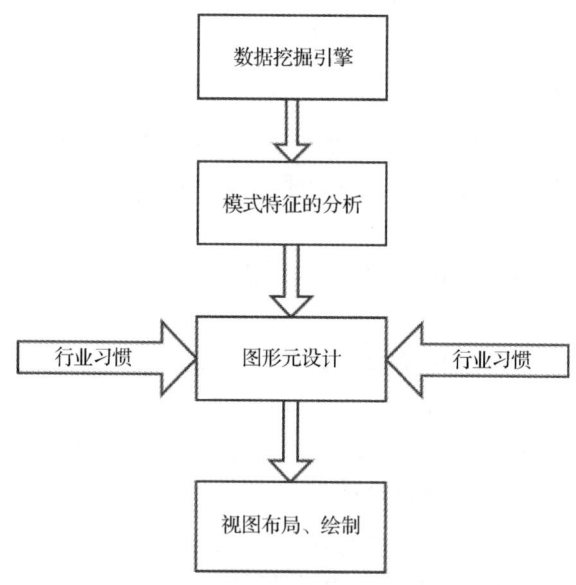

图 10-7　数据挖掘可视化模型

3. 数据挖掘引擎

负责对源数据的预处理、转换和分析处理，以发现隐藏在大量数据背后的模式和知识。

4. 模式特征分析

模式是重复出现的数据集，这个数据集的特征主要包括数据的类型、变量之间的相互关系、数据的采样频率和变量的取值范围等。以某雷达情报为例，目标模式的数据类型分为离散量和连续量。离散量有目标类型、目标属性。可以采用符号直接表示这些离散量，通过符号的颜色变化表示状态的改变。连续量有目标的坐标、速度、高度等。

5. 图形元设计

图形元设计依据模式特征的分析及应用系统要求提供的视图数量。

6. 技术应用及其作用

面向对象技术和组件技术是目前流行的软件设计技术，借助面向对象技术，针对不同的数据挖掘方法、挖掘对象、挖掘结果，采用不同的可视化方法，将对象保存在用户建立的挖掘库中，根据应用随时载入系统。用户可以根据自己的喜好和习惯改变视图的位置，操作方便、灵活。

数据挖掘事先并不知道会挖掘出什么结果，也不知道挖掘模型会得到什么样的挖掘结果；借助各类技术，可视化为分析大量复杂的数据提供了帮助；数据挖掘和可视化的结合能够大大提高决策的速度和效率，是各指挥决策层的有力工具。

10.3 新浪舆情通分析平台

10.3.1 新浪舆情通分析平台简介

新浪舆情通是上海蜜度信息技术有限公司研发的政企舆情大数据服务平台。

新浪舆情通以中文互联网大数据及新浪微博的官方数据为基础，24小时不间断采集新闻、报刊、政务、微博、公众号、博客、论坛、视频、网站、客户端等全网 11 大信息来源，每天采集超过 1.4 亿条数据。新浪舆情通自上线以来，已经为 7000 多个政企机构提供包含信息监测、全网事件分析、微博事件分析、竞品分析、评论分析、定制简报、大屏指挥系统等在内的全方位舆情服务，帮助政企机构快速发现、及时处置和正面引导社会热点话题、突发事件。新浪舆情通平台界面如图 10-8 所示。

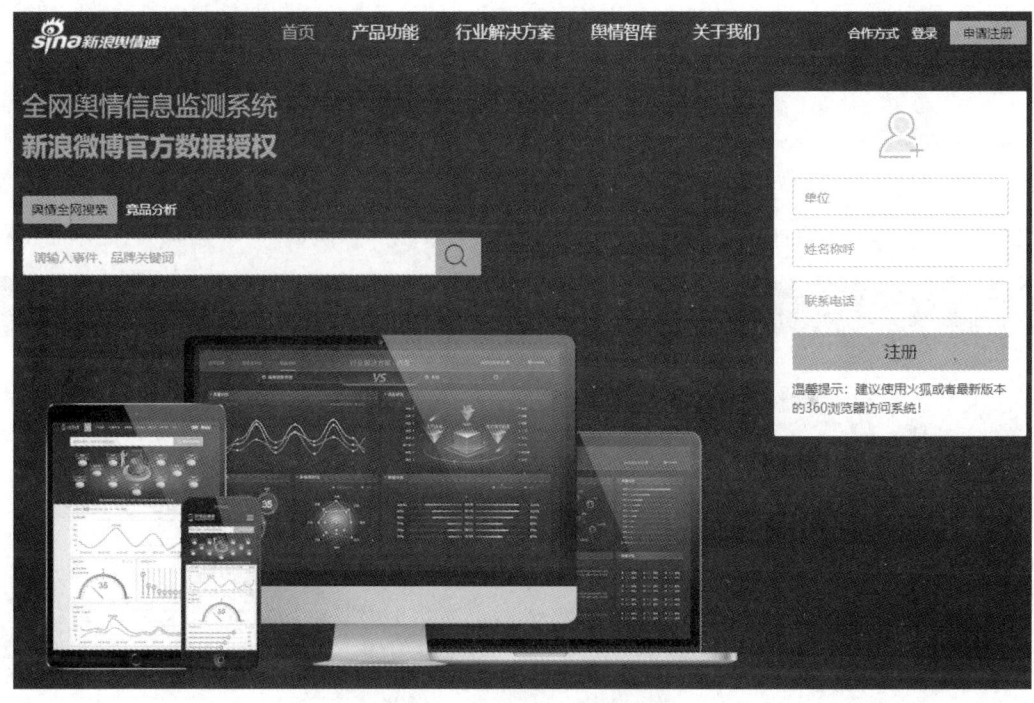

图 10-8　新浪舆情通平台界面

10.3.2 新浪舆情通分析平台功能介绍

新浪舆情通分析系统主要包含信息监测、舆情预警、大数据分析、简报报告、数据大屏。

1. 信息监测

信息监测包含"信息列表""图表分析""定向监测""预警开关"。通过大数据分析技术对即时信息进行监测和处理，如图 10-9 所示。

图 10-9 "信息监测"界面

2. 舆情预警

新浪舆情通的舆情预警共有 5 种方式:"PC 弹窗""微信""邮件""App 客户端""短信",多维预警,有效保障信息安全,如图 10-10 所示。

图 10-10 "舆情预警"界面

3. 大数据分析

大数据分析系统包含"全网事件分析""微博事件分析""微博传播效果分析""竞品分析",如图 10-11 所示。

第 10 章　网络舆情数据分析

图 10-11　"大数据分析"界面

4. 简报报告

用户可自行添加简报素材，快速生成简报，也可向新浪舆情通专业人士提出需求，定制专业化报告，如图 10-12 所示。

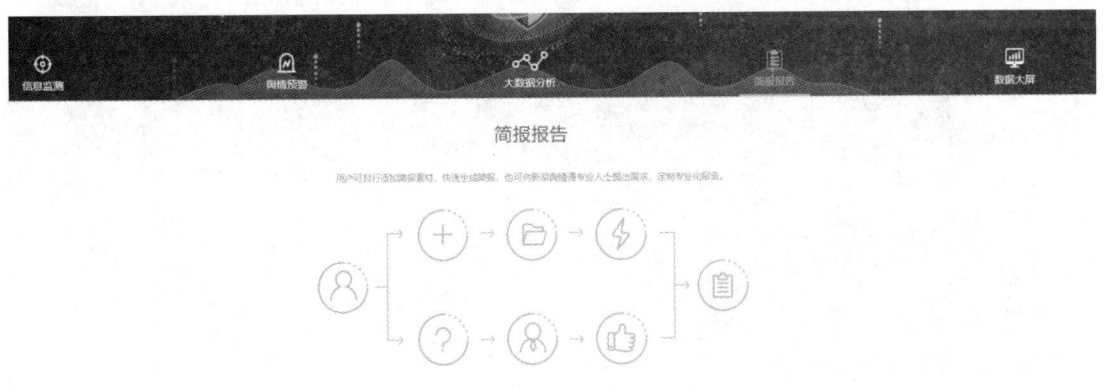

图 10-12　"简报报告"界面

5. 数据大屏

将经过系统分析后的数据按照可视化数据划分板块，并以视图方式发布，如图 10-13 所示。

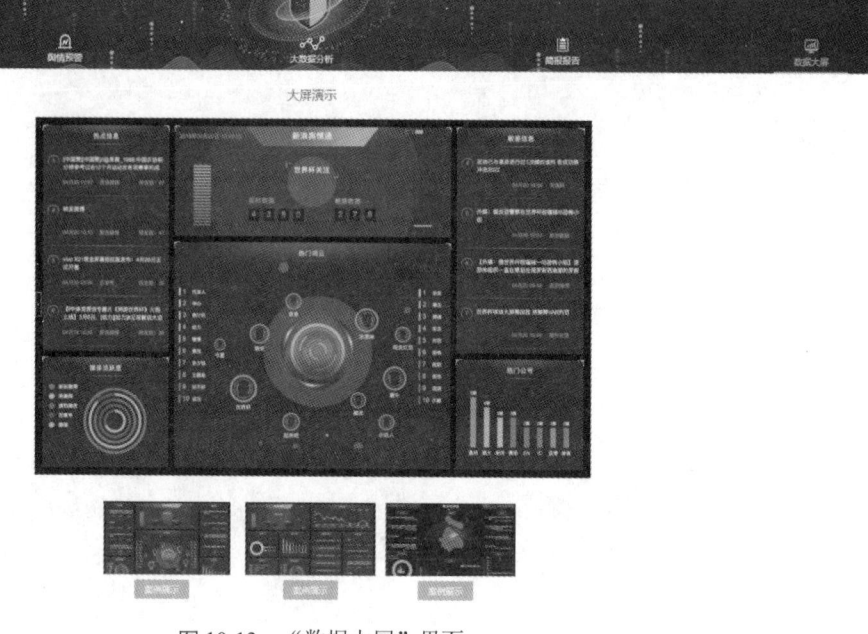

图 10-13 "数据大屏"界面

▶▶ 10.3.3 新浪舆情通分析平台应用

新浪舆情通分析平台应用广泛，在政务、企业品牌、互联网、金融、融媒体、教育、KOL效果评估等方面均有应用，是政企业分析数据提出针对性建议和措施的有效参考途径，如图 10-14 所示。

图 10-14 平台应用范围

本章知识小结

本章通过介绍网络舆情分析的相关内容，介绍了网络舆情分析的步骤和价值，对用户更好地把握网络信息的本质起到促进作用。网络舆情数据分析主要有以下几项内容：认识网络舆情数据、网络舆情数据采集、网络舆情信息话题搜索、网络舆情信息处理技术、网络舆情的内容分析、网络舆情信息的可视化技术。

本章简要介绍新浪舆情通分析平台，为用户提供一种更好地搜集分析数据并应用于实践的操作工具。

本章考核检测评价

一、名词解释

RDBMS　Hadoop　MapReduce　新浪舆情通

二、简答题

1. 网络舆情具有哪些特点？
2. 根据本章内容，总结大数据具有哪些特点？
3. 根据本章内容，描述网络舆情分析的内容。

三、案例分析

"勾兑门"事件后，海底捞没有做任何狡辩推诿的举动，反而第一时间在微博上发表声明，并配合媒体及有关部门调查，同时老板张勇也在个人微博上表示愿意接受公众检查监督。海底捞官方的坦诚、公开、透明、敢于负责任的态度，从一开始就赢得了消费者、媒体的宽容谅解，对于一个知错能改、态度诚恳的企业，公众也会给予最大的包容，这个事件很快就平息。请从网络舆情角度分析事件平息的原因及带给你的启示。

参考文献

[1] 邢宝进.《Excel 2010 表格与图表技巧速查手册》[M]. 北京：电子工业出版社.

[2] 恒盛杰咨询.《Excel 2016 公式，函数与图表从入门到精通》[M]. 北京：机械工业出版社.

[3] 张文霖等.《谁说菜鸟不会数据分析》[M]. 北京：电子工业出版社，2014.

[4] 邵贵平等.《电子商务数据分析与应用》[M]. 北京：人民邮电出版社，2018.

[5] 王力剑等.《新媒体和电商数据化运营》[M]. 北京：清华大学出版社，2019.

[6] 陈文广等.《微信运营管理之道》[M]. 北京：电子工业出版社，2016.

[7] 刘勇，秋叶等.《新媒体营销概论》[M]. 北京：人民邮电出版社，2017.

[8] 巫小波等.《召回舆情特征分析及应用策略：大数据时代企业应对召回事件处理手册》[M]. 北京：中国标准出版社，2019.

[9] 勾俊伟等.《新媒体数据分析：概念、工具、方法》[M]. 北京：人民邮电出版社，2017.

[10] 张文锋，黄露.《新媒体营销实务》[M]. 北京：清华大学出版社，2018.

[11] 王国平.《Tableau 商业分析与可视化》[M]. 北京：清华大学出版社.